유대인의 천재교육·EQ교육·지혜교육

IQ는 아버지
EQ는 어머니 몫이다

제 3 권

제6부 5장~제8부 3장

현용수 지음

한국인과 유대인 자녀 교육의 비교 분석,
교육의 근본 문제와 그 해결 방안 제시

쉐마
도서출판

IQ·EQ 박사 현용수의 유대인의 자녀교육
《IQ는 아버지 EQ는 어머니 몫이다》 총론 ③

IQ는 아버지 EQ는 어머니 몫이다 3

초판 23쇄(국민일보, 1996년 7월 1일)
 2판 19쇄(조선일보, 1999년 1월 1일)
　　29쇄(도서출판 쉐마, 2015년 09월 11일)

지은이　현용수
펴낸이　현용수
펴낸곳　도서출판 쉐마
등　록　2004년 10월 27일
　　　　제315-2006-000033호
주　소　서울특별시 강서구 공항대로71길 54
　　　　태진한솔아파트 상가동 3층(염창동 263)
전　화　(02) 3662-6567
팩　스　(02) 2659-6567
이메일　shemaiqeq@naver.com
홈페이지　http://www.shemaIQEQ.org
총　판　한국출판협동조합(일반)
　　　　생명의 말씀사(기독교서점)

Copyright ⓒ 현용수(Yong Soo Hyun), 2005
본서에 실린 자료는 저자의 서면 허가 없이 복제를 금합니다.
Duplication of any forms can't be published without written permission.

ISBN 978-89-9559-001-0　04230

값 17,000원

도서출판 쉐마 는 무너진 교육을 세우기 위한 대안으로
인성교육과 쉐마교육의 원리와 실제를 연구하여 보급합니다.

Biblical Jewish Education

Father Develops I.Q.
Mother Nurtures E.Q.

Vol. **Three**
Parts 6- ⑤ ~ 8- ③

By
Dr. Yong-Soo Hyun

**Presenting
Modern Educational Problems
and It's Solution**

1999(Second Edition)

Shema Publishing House
Seoul, Korea

❶ 유대인다운 유대인은 어머니에 의하여 양육된다. 사진은 아침에 아들이 일어나자마자 화장실로 데리고 가 율법에 맞추어 손 씻는 법을 가르치는 유대인 어머니. 매일 반복하여 가르친다.

유대인 가정의 어두움은 어머니가 밝힌다. 따라서 어머니가 신앙적으로 어두우면 온 가족이 어둡다. 사진은 안식일이 시작되기 10분 전 촛대에 불을 밝히는 유대인 어머니. 촛대의 수는 가족 수와 같다. ❷

여성은 남성에 비하여 EQ가 풍성하다. 사진은 집안 언니가 동생에게 유월절 행사에 대하여 가르치는 정겨운 모습. ❸

❹ 유대인의 결혼식은 저녁에 훗파라는 장막 속에서 치러진다. 장막은 성전을 상징한다. 따라서 가정은 성전이다. 사진은 신랑이 결혼 예식 중 기도문을 외우면서 하나님의 행복한 가정이 되기를 눈물로 간구하는 모습.

❺ 새로 구입한 두루마리 성경(토라)을 회당에 안치할 때는 결혼 예식으로 그 절차가 진행된다. 이것은 하나님의 말씀이 이스라엘 백성과 결혼한다는 뜻이다. 따라서 하나님은 신랑, 이스라엘 백성은 하나님의 신부격이 된다. 사진은 토라가 훗파라는 장막 속에서 회당으로 이동되는 장면. 그 주위로 회당의 수많은 인파가 노래를 부르고 춤을 추며 따르고 있다. 궂은 비가 오는데도 회중이 많다.

유대인의 결혼식은 신랑과 신부가 '케투바'라는 계약서에 서명하는 것으로 시작된다. 그리고 두 증인이 서명한다. 연약한 신부를 보호하기 위함이다. 사진은 이 결혼식의 증인인 랍비 마빈 하이어(본서에 추천서를 쓰신 분) 씨가 결혼 계약서인 '케투바'에 서명하는 모습. 그는 예시바 대학교 학장이며 세계적인 유대인 지도자이다.

❻

❼

유대인 아버지는 가정의 머리로서 자녀를 위하여 축복 기도를 해준다. 사진은 시집가는 딸을 위하여 축복 기도 해주는 신부의 아버지.

❽ 유대인 어머니는 절기 때마다 '할라' 빵을 만든다. 이것은 가정의 어머니가 타락한 인간을 다시 빚는 것을 상징한다. 사진은 유치원에서 할라 빵 만드는 법을 지도하는 유대인 교사. 유대인 유치원 교사는 대학을 갓 나온 처녀가 아니고 성숙한 EQ를 소유한 5,60대 어머니여야 한다.

❾ 유대인은 초막절날 뒷마당에 초막을 짓고 그 곳에서 온 가족이 1주일 간 조상들의 광야 40년 간의 고난을 기억하며 지낸다. 맥추절과 겸하기 때문에 초막에 과일 장식도 해놓는다. 사진은 초막 안에서 아버지가 자녀들에게 초막의 유래에 대하여 설명하고 있는 모습.

❿ 유대인은 순교할 때도 "그 이름(여호와)을 성결하게 하라"고 외치며 담대히 죽는다. 여호와 하나님의 성호를 성결하게 하기 위한 순교이기 때문이다. 뒤에 서 있는 나치군들의 비웃음이 대조를 이룬다. 사진은 나치의 사형 집행을 기다리는 동안 기도 복장을 하고 기도하는 한 유대인. 옆에 이미 학살당한 형제들이 즐비하게 누워 있다.

⑪ 유대인은 승리의 날보다 패배의 날을 더 기념한다. 그들은 자녀들에게 고난을 기억하는 한 유대인은 구원받을 수 있다고 가르친다. 사진은 유월절 절기 음식(Seder). 4백 년 애굽에서의 고난을 기억하기 위한 고난의 떡인 '마짜'(밑부분)와 '쓴 나물', 그리고 '삶은 계란'이 보인다. 계란은 열이 없을 때는 물 같지만 열을 가하면 단단해진다. 유대인의 신앙도 고난의 열을 받을 때 단단해진다는 교훈을 새기기 위한 것이다.

⑫ 정통파 유대인은 자신의 종교적 전통을 지키기 위하여 언제 어디서든 남의 눈을 의식하지 않는다. 사진은 망국 백성의 한을 안고 기도하는 1세의 간절한 모습과 2세의 천진난만한 모습. 오른쪽 뒤편에 서 있는 이방인이 이들을 보고 웃고 있다.(예시바 대학 복도에 있는 사진)

미국에 거주하는 유대인 자녀들이 여름 방학 때 이스라엘을 방문하여 통곡의 벽에서 민족의 평화와 번영을 위하여 함께 기도하는 모습. 자녀에게 나라와 민족을 사랑하도록 가르치는 애국심 교육은 기독교 교육의 필수이다. 성숙한 신앙인은 나라와 민족을 사랑한다.

정통파 유대인의 절기는 성경의 내용을 효과있게 전달하는 중요한 교육 방법이다. 사진은 유월절 절기 식탁에서 자녀들이 고난의 역사에서 해방된 기쁨을 맛보며 하나님의 은혜와 애굽에서의 고난을 기억하는 장면. 한 사람씩 일어나 자신이 공부한 것을 온 가족들 앞에서 발표하고 있다. 이 예식은 저녁 7시부터 새벽 3시까지 무려 8시간 동안 진행된다.

이 책을 우리 주 예수 그리스도와
아버님 없이 5남매를 눈물로 키워 주신
이순례 어머님께 바칩니다.

"마땅히 행할 길을 아이에게 가르치라
그리하면 늙어도 그것을 떠나지 아니하리라"
(잠 22:6)

수정 증보판을 내면서

〈IQ는 아버지, EQ는 어머니 몫이다〉에 대한 독자들의 열화 같은 성원에 놀랐다. 하나님의 은혜였다. 수없는 격려 전화와 집회 요청이 쇄도하였다. 이와 함께 전인 교육에 대한 독자들의 질문과 요구가 잇따랐다. 그래서 구약의 유대인 자녀 교육을 신약적으로 다시 해석하고 한국 기독교에 맞도록 적용시키며 대폭 수정, 보완하여 성경적 자녀 교육 원론을 완성하게 되었다.

더 추가된 내용은 '선교학적 측면에서 본 2세 교육', '수직 문화와 수평 문화의 3단계 차원', '한국인의 EQ와 성숙한 EQ', '사랑의 매', '쉐마와 성도의 의무', '유대인의 천재 교육 방법, 탈무드식 논쟁법', '효도 신학', '교육의 내용과 형식', '예수님의 효도', '토라와 결혼한 유대인', '유대인이 기억해야 할 6가지', '왜 인간에게 고난이 중요한가?' 등 전반적으로 무려 3백 80여 쪽이 첨가되어 총 3권으로 출판하게 되었다.

끝으로 쉐마 운동을 위해 너무나 헌식적으로 기도해 주시고 사랑을 베풀어 주신 여러분들과 이 책을 출판한 조선일보사에 감사드린다.

미국 웨스트 로스앤젤레스 쉐마 연구실에서
현용수

추천의 말 ―

새로운 교육의 패러다임

　현용수 교수가 성경적 유대인 자녀 교육에 관한 〈IQ는 아버지, EQ는 어머니 몫이다〉란 책을 펴낸 것을 기뻐하며, 될 수 있는 한 많은 사람들이 꼭 읽고 연구하여 실제 자녀 교육에 적용해 보도록 추천하는 바이다.
　본서는 성경적 유대인 자녀 교육을 한민족 자녀 교육의 방법으로 접목시킨 새로운 교육의 패러다임이다. 현용수 교수의 저서를 이와 같이 추천하는 데에는 몇 가지 이유가 있다.
　첫째, 내가 한때 총장으로 있던 대학에서 화학공학을 전공하고 미국에 가서 여유있는 삶의 터전을 잡았던 그가 신학을 공부하고 이어서 기독교 교육을 연구했다는 점에서 그의 튼튼한 학문적 기초에 대해서 신뢰감을 갖는다.
　둘째, 본서는 문헌 연구나 탐문에서 얻은 지식의 전달이기보다는 유대인들의 교육 현장인 탈무드 학교와 정통파 유대인 가정에서 그들과 같이 생활하면서 그들의 교육을 탐구해 얻은 지식을 토대로 한 책을 만들어 냈다는 점에서 존경이 간다.
　셋째, 현대 교육이 발전했다고는 하지만 참으로 인간다운 인간을 길러내는 데는 계속 실패하고 있다는 것은 현대 교육이 대표하는 세속 교육의 한계를 드러내는 것이다. 그러한 효능 없는 세속 교육을 보완해 주거나 혹은 대체할 수 있는 새로운 교육 대안을 찾고 있던 차에 강력한 시사점을 내포하는 유대인의 가정 교육을 종합적으로 정리해서 우리들에게 제시해 준 점에서 현 교수의 이번 저서를 높이 평가하는 바이다.

넷째, 부모를 공경하고 자녀를 노엽게 하지 말아야 하는 가정이 하나님의 법과 축복에서 멀어져만 가고 있는 오늘날, 우리에게 도움을 주는 성공 사례들이 애타게 요구되고 있는데, 현 교수께서 근거를 갖춘 많은 사례들을 제시해 주고 있으니 이 어찌 반갑지 않겠는가?

끝으로 인격 형성을 위한 교육은 학교에서보다는 가정에서, 그리고 사회의 모든 삶의 현장 속에서 이루어진다는 사실을 학교 교육에만 매달리다시피 하는 한국의 부모들에게 이해시키고 그들의 자녀 교육에 대한 시야를 넓히는 기회가 된다는 믿음으로 나는 이 책을 모든 부모와 교사들에게 권하고 싶다.

전 국무총리
이영덕

이영덕

추천의 말 II

개혁주의 교육에 공헌할 것

한 민족의 역사는 교육에 의하여 흥하고 망한다. 신약 시대 교회사의 흐름도 기독교 교육의 방향과 그 교육의 내용에 따라 흥하기도 하고 쇠하기도 하였다. 유대인의 성공적인 삶 역시 그들의 교육에 있음은 주지의 사실이다.

그러나 구약 성경과 탈무드에 의한 유대인의 생존과 천재 교육의 비밀은 아직도 우리에게 충분히 알려지지 않았다. 그러던 차에 현용수 교수의 〈IQ는 아버지, EQ는 어머니 몫이다. 부제: 성경적 유대인 자녀 교육〉을 접하게 되었다.

본인이 가까이서 아끼던 현용수 교수는 신학교를 졸업하고 기독교 교육학을 전공한 후 랍비 신학교에서 수학하면서 유대인 자녀 교육을 학문적으로 폭넓고 깊게 연구했을 뿐만 아니라 정통파 유대인의 탈무드 학교와 정통파 유대인 가정에서 그들과 함께 생활하면서 그들의 교육의 비밀을 캐는 데 오랜 세월을 투자하였다. 그리고 교육학적인 측면에서 새롭게 '유대인의 자녀 교육'이란 주제를 학문적으로 정리하였다. 따라서 이 저서는 이론과 실제를 겸한 기독교 교육학의 새로운 패러다임을 구축한 방대한 연구의 결실이다.

본서는 한국인과 유대인의 자녀 교육을 비교 분석하면서 '현재 우리가 당면하고 있는 인간 교육의 문제는 무엇이고, 그 해결책은 무엇이며, 그 교육의 방법은 무엇인가'란 질문에 대하여 명쾌한 답을 주고 있다. 특히 본서는 천재적인 유대인 자녀 교육 자체가 바로 토라 말씀이고, 말씀 속에 그들의 생존 비밀이 있음을 확인시켜 주고 있다. 저자는 개혁주의 신학이 '오직 성경(Sola Scriptura)'인 것처럼 기독교 교육도 "성경으로 돌아가라"고 외친다. 따라서 이 저서는 자유주의 신학이 승하는 이 때에 개혁주의 교육에 크게 공헌하리라 믿는다.

나는 개인적으로도 미국 '나성 한인교회'를 섬길 때 현용수 교수를 초청하여 교육 세미나를 개최해 크게 도전받은 바 있다. 목회자 및 신학생들에게는 물론 일반 평신도들에게도 이 저서를 꼭 권하고 싶다.

전 총신대학교 총장
김의환

추천의 말 III

유대인의 자녀 교육을 통해
우리 교육 문제의 해결 방법 제시

　오늘 우리 사회가 겪고 있는 가치관의 혼돈과 도덕적 무질서는 사회의 기본 단위인 가정의 뿌리가 크게 흔들리는 데서 비롯된다고 해도 과언이 아니다. 전래의 대가족 제도가 무너진 자리에 핵가족화가 박차를 가하면서 가정의 기본 체제가 혼란을 겪고 있다.
　특히 세대차로 빚어지는 갈등과 대립은 곧잘 불화와 탈선으로 이어져 사회 문제를 야기시키고 있다. 하나님의 인간 창조가 '가정 창조' 라 해도 지나치지 않다는 사실에서 볼 때 오늘의 가정 부재 문화는 곧 하나님의 인간 창조를 무시하는 반역 행위요, 가정 파괴는 곧 하나님의 창조 질서를 해치는 죄악이요, 도전으로 볼 수 있다.
　현대 사회가 겪고 있는 가치관의 혼란과 이로 인한 성장 세대들의 탈선을 보면서, 하나님 나라 문화 형성의 대행 기관인 교회와 기독교 가정은 성경 말씀에 기초한 철저한 자녀 교육의 역사적 소명에 응답해야 할 시점에 서 있다.
　이러한 시대적 요청과 때를 같이 해서 미국에서 2세 교육에 깊은 관심을 갖고 연구해 오신 현용수 박사가 성경적 유대인 자녀 교육에 관한 책을 출판하게 된 것을 매우 환영한다. '자녀 교육을 어떻게 할 것인가' 를 생각하면서 성경적 모델을 찾을 때, 우리는 구약의 쉐마(신 6:4-9)에 기초한 이스라엘 가정의 자녀 교육에 주목하게 된다.

　세계 역사상 최악의 조건에도 불구하고 가장 우수한 민족으로 지탱해 온 그 배후에는 유대인 부모들의 토라와 탈무드에 기초한 신본주의의 절대 가치를 그들 문화의 중심에 두고 철저한 사상 교육을 자녀들에게 행한 부모들의 헌신과 열정이 자리하고 있음을 우리는 본다.

　본서의 저자 현용수 박사는 미국 교포 자녀들의 2세 교육에 특별한 관심을 가지고 유대인의 자녀 교육에 관한 연구를 위해 랍비 신학교와 탈무드 학교에서 다년간 수학했다. 그리고 정통 유대인의 가정에서 생활하면서 얻은 경험과 함께 방대한 자료를 수집해서 신학대학교와 교회들을 순방하면서 유대인의 자녀 교육을 강의한 적도 있고, 지상에 글을 연재하기도 했다.

　저자의 확신은 신앙(사상)이 없는 민족은 일시적으로는 흥할 수 있지만 곧 망하고 만다는 역사적 교훈을 바탕으로 한 것이며, 유대인의 교육 철학 속에 자리한 성경적 자녀 교육 원리가 오늘의 흔들리는 기독교 가정의 자녀 교육의 실제 지침이 될 수 있다는 것이다. 따라서 이 저서의 내용은 한국 교육의 근본 문제를 정확히 지적하고 그 해결 방법을 제시한 책이다.

　부모 되기는 쉬우나 부모 노릇 하기는 참으로 어려운 시대에 살면서 자녀 교육을 어떻게 할까 고민하는 기독교 가정의 부모들에게 이 책은 좋은 지침서가 될 수 있다고 믿고 이에 적극 추천한다.

장로회 신학대학교 총장
고용수

추천의 말 IV

유대인 생존의 비밀을 정확히 지적
토라와 탈무드 가정 교육

　많은 학자들이 유대인의 생존의 비밀에 관해 관심을 가져왔습니다. 수천 년의 박해와 유랑에도 불구하고 살아난 유대인의 생존에 관한 학설들은 수 없이 많습니다.

　현용수 박사가 비유대인으로서 유대인의 생존의 비밀을 정확히 지적한 사실은 의외이며, 이를 축하합니다. 현 박사는 유대인에게는 토라 - 그들의 가장 신성한 율법서 - 에 대한 충성심이 생존의 도구였고, 죄악이 만연하는 바다를 표류하는 동안 성결을 지키게 한 결정체란 것을 확신하고 있습니다. 그는 3천 년 이상을 유대인을 다른 민족과 구별되게 한 교육의 기법, 부모에게서 자녀에게 자자손손 끊어지지 않는 연결 고리로 유대주의의 메시지를 전한 구전의 방법에 주목하고 있습니다. 그는 이러한 방법의 핵심을 빌어 그가 속한 한국 민족이 그들의 전통과 가치를 보존할 수 있는 힘을 찾으려 합니다.

　현 박사는 수년 간 정통파 유대인 공동체에서 열심히 연구했습니다. 그는 유대인의 교육 이론을 연구해 왔고, 철저한 관찰을 통하여 실제적인 유대인의 생활 방식을 조사했습니다. 우리는 그가 우리의 로스앤젤레스 예시바의 학자들과 접촉하고 특별히 그의 연구를 지도하기 위하여 탈무드와 유대학 교수인 랍비 이츠학 에들러스테인과 만나게 된 것을 기쁘게 생각합니다.

　우리는 그가 지구촌의 많은 사람에게 두 가지, 도덕과 관용을 전파하는 노력에 성공하기를 기원합니다.

로스앤젤레스 예시바 대학교 학장

진실한 랍비　마빈 하이어

ב״ה

yeshiva of los angeles

Rabbi Marvin Hier
Dean

Rabbi Sholom Tendler
Rosh Hayeshiva
Director, Academic Programs

Rabbi Meyer H. May
Executive Director

Rabbi Nachum Sauer
Rosh Kollel

Mr. Paul S. Glasser
Director

Rabbi Yitzchok Adlerstein
Director,
Jewish Studies Institute

Rabbi Harry Greenspan
Coordinator,
Beit Midrash Programs

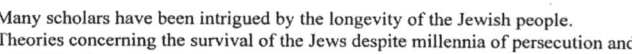

April 2, 1996

To whom it may concern:

Many scholars have been intrigued by the longevity of the Jewish people. Theories concerning the survival of the Jews despite millennia of persecution and exile fill volumes.

Dr. Yong-Soo Hyun should be congratulated for pointing to a factor that is unusual for a non-Jew to note. Dr. Hyun believes that the faithfulness of the Jews to the Torah - their corpus of Divine Law - conferred upon them the tools for survival, and the resolve to keep holiness afloat in a sea of unholy influences. He is intrigued with the educational technique that has distinguished the Jewish people for over three millennia - the method of oral transmission that passes on the message of Judaism from parent to child, from one generation to the next in an unbroken chain. He is attempting to distill some of these tools in a way that may help his own Korean people find the strength to preserve elements of their tradition and values.

Dr. Hyun has spent a few years of hard research studying the Orthodox Jewish community from the inside. He has studied Jewish educational theory, and investigated practical Jewish lifestyle by thorough observation. We are pleased that he has turned to the scholars associated with our own Yeshiva of Los Angeles, particularly Rabbi Yitzchok Adlerstein, a member of our Talmud and Jewish Studies faculty, for guidance in his research.

We wish him success in his endeavors to spread both morality and tolerance to large populations of the globe.

Sincerely,

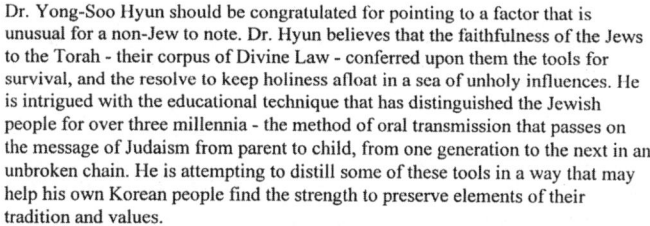

Rabbi Marvin Hier
Dean

9760 West Pico Boulevard, Los Angeles, CA 90035/(310) 553-4478

머리말

유대인의 성공적
자녀 교육의 비결은 무엇인가

  한국만큼 교육에 열심이면서도 교육에 문제점이 많은 나라도 드물다. 왜 현대 교육은 점점 더 발달하는데 인간은 더 타락하는가? 이는 왜 신학은 점점 더 발달하는데 교회는 더 쇠퇴해 가고 있는가의 질문과 일맥 상통한다.
  저자는 이 명제를 풀기 위하여 현대 교육의 근본 문제를 연구하던 차 현대 교육의 철학적, 교육학적, 그리고 신학적인 문제점을 발견하고 그 해결 방안을 유대인의 성경적 자녀 교육에서 발견하였다. 유대인의 성공적인 천재 교육(IQ)과 감성 교육(EQ)의 비밀은 성경과 특수한 전통적인 교육 방법, 그리고 성경적인 삶에 있었다. 현대 교육이 아니었다.
  이 책은 구약 성경에 근거한 유대인 자녀 교육의 원리를 소개하고, 개혁주의 기독교의 입장에 적합한 신약을 포함한 성서적인 새로운 기독교 교육의 패러다임을 제시하였다(왜 기독교인이 유대인 자녀 교육을 배워야 하나에 대하여는 제1권 제1부 제1장 Ⅲ-3 참조). 그리고 학문적인 면에만 치중하지 않고 실생활에 적용할 수 있도록 썼다. 글의 현장감과 독자의 이해를 돕기 위하여 사진을 곁들인 것은 물론 저자가 겪은 유대인과의 경험들을 많이 소개하였다. 아울러 우리 민족이 해야 할 교육적인 비전도 제시하였다.

또한 저자는 수년 전 한국 교회가 서구 문화를 어떻게 해석하고 한국의 전통 문화와 가치를 어떻게 해석할 것인가에 대한 물음에 답하기 위하여 '한국의 전통 문화와 가치가 인간의 종교성과 영적 만족감에 미치는 영향'을 실험적으로 연구(Empirical Research)한 바 있다(저자의 기독교 교육학 박사 학위 논문: Biola University, Talbot Graduate School of Theology, 1990).

이로써 '왜(Why) 한국 전통 문화와 가치를 가르쳐야 하는가' 하는 이유를 찾았다. 그리고 이를 토대로 〈문화와 종교 교육(쿰란출판사, 1993)〉이란 책을 발간하여 '2세 종교 교육의 방향'을 학문적으로 제시하였다. 따라서 본서는 그 후편으로 '어떻게(How) 1세의 신앙 유산을 세대 차이 없이 후대에 전수할 수 있을까'에 대한 그 방법론이다.

이 책은 다음과 같은 한국의 교육에 관한 제반 문제점들에 초점을 맞추어 쓰여졌다.

첫째, 전인 교육의 측면에서 왜 한국은 국제화하기 힘든가?

둘째, 도덕과 윤리적 측면에서, 현대 교육학은 점점 더 발전하는데 왜 인간은 점점 더 타락하고 있는가? 그리고 어떻게 부모가 자녀에게 존경받을 수 있나?

셋째, 신앙적 측면에서, 왜 교회 성장이 둔화되는가?

넷째, 역사 속에서 살아남은 민족의 특성은 무엇인가?

다섯째, 선교학적 측면에서 '2세 교육'은 왜 '2세 선교'인가?

이에 대한 답을 주기 위해 본서는 전 3권에 걸쳐 제1부: 서론, 제2부: 현대 교육과 유대인 자녀 교육은 무엇이 다른가? 제3부: 유대인의 가정 교육,

제4부: 유대인 자녀 교육의 내용은 토라와 탈무드, 제5부: 유대인의 효도 교육, 제6부: 유대인의 어머니 교육, 제7부: 유대인의 고난의 역사 교육, 제8부: 글을 마치면서로 구성되어 있다. 본서는 평신도는 물론 각급 학교 교재로도 사용할 수 있도록 일일이 내용의 출처를 밝히고자 노력하였다.

저자는 그 동안 미국과 한국의 극동방송에서 '유대인의 자녀 교육'에 대해 강의한 것과 신학교에서 강의한 강의안을 정리하여 한국의 월간 목회, 국민일보, 목회와 신학, 한국일보(미주판) 등에 연재하면서 10년 간의 연구 끝에 이 책을 완성하게 되었다.

지나고 보니 부족한 점도 많지만 하나님의 섬세하신 계획 속에 부족한 종이 쓰임 받았음을 솔직히 고백하지 않을 수 없다. 독자 여러분에게 도움이 된다면 오직 우리 주 예수 그리스도에게만 감사와 찬송과 영광을 드린다.

이 책을 집필하는 데 있어 많은 정통파 유대인들의 특별한 도움을 받았다. 정통파 탈무드 학교인 Yeshiva University의 학장이시며 Simon Wiesenthal Center 국제 본부장이신 랍비 Heir와 랍비 Cooper 부학장님, 그리고 특별히 저자에게 탈무드를 가르쳐 주고 절기 때마다 자신의 집에 초대하여 탈무드의 삶을 연구하게 도와 준 Yeshiva University의 탈무드 교수인 랍비 Adlerstein 부부와 그 가정에 심심한 사의를 표한다. 또한 서기관 랍비 Kraft 씨 부부, Aish Ha Torah 회당의 랍비 Cohen 씨 가정과 그의 많은 정통파, 핫시딤파 랍비들, 보수파, 개혁파 랍비들 및 유대인 친구들에게 감사한다. 이들의 특별한 도움이 없었으면 저자의 연구는 완성될 수 없었다. 또한 정통파 유대인의 생활 모습을 카메라에 담을 수도 없었다. 또한 Fuller 신학대학원의 Judaism 교수이신 Glasser 박사님에게 특별히 감사한다. 그리고 저자를 물심 양면으로 도와 주신 국내외 많은 교계 어른들과 쉐마기독교 교육연구원 회원들께 감사한다.

　마지막으로 나를 키워 주신 어머님과 형님 내외분께 감사드린다. 지금도 내조를 아끼지 않는 아내 황(현)복희, 그리고 원고 정리 작업을 도와 준 내일의 희망(hope)인 네 아들들 승진(Stephen), 재진(Phillip), 상진(Peter), 호진(Andrew)에게 감사한다.

　　　　　　　　　　　　　미국 웨스트 로스앤젤레스 쉐마 연구실에서
　　　　　　　　　　　　　　　　　　　　　현용수

이 책을 쓴 목적은 다음과 같은 교육의 문제점들을 해결하기 위함이다

제1권 제1장에서 다음과 같은 문제점들을 지적하였다.

I. 전인 교육 측면에서: 왜 한국은 국제화하기 힘든가?

II. 신앙적 측면에서: 왜 교회 성장이 둔화되는가?

III. 도덕과 윤리적 측면에서:

현대 교육의 발전에도 불구하고 왜 인간은 더 타락하고 있는가?

그리고 어떻게 부모들이 자녀들에게 존경받을 수 있나?

저자는 이 문제점들을 유대인식 자녀 교육 방법으로
해결할 수 있다고 확신한다.

차례

제3권

수정증보판을 내면서 • 19

추천의 말
이영덕 (전 국무총리) • 20
김의환 (총신대학교 총장) • 22
고용수 (장로회 신학대학교 신학대학원장) • 24
마빈 하이어 (로스앤젤레스 예시바 대학교 학장) • 26

머리말 • 28

제6부 유대인의 어머니 교육

제5장 어머니는 자녀 정서(EQ) 교육의 원천이다

Ⅰ. 자녀의 정서 교육은 어머니의 가슴에서 시작된다 • 47
  1. 어머니의 따뜻한 가슴에서 자녀의 따뜻한 마음이 자라난다 • 47
  2. 어머니는 젖과 꿀(EQ)이 흐르는 가나안 땅이다 • 50
  3. 따뜻한 가슴을 지닌 여성은 최고의 카운슬러 • 52
    A. 시집간 딸의 상처를 치료해 준 어머니의 예 • 52
    B. 여성의 따뜻한 가슴은 인간의 상처받은 마음을 치료한다 • 54
      1) 마음의 상처를 치료받은 A목사의 체험기 • 54
      2) 여성의 가슴과 남성의 가슴의 차이 • 56

　　　　3) 남성은 EQ가 전혀 없는가 • 58
　　4. 어머니의 가슴과 멀어진 현대인의 문제점 • 60
II. 유대인 어머니는 가정에 불을 밝힌다 • 63
　　1. 아내는 가정이다 • 63
　　　　A. 유대인 아내의 권한 • 63
　　　　B. 유대인 여성의 특별한 세 가지 임무와 정결 예식(Mikkvah) • 65
　　2. 유대인의 안식일은 어머니의 촛불 점화로 시작된다 • 69
　　3. 유대인 어머니가 가정에 빛을 밝히는 이유 • 72
　　4. 유대인 신부는 신랑 주위를 일곱 바퀴 돌아라 • 74
　　5. 정통파 유대인 회당의 남자석과 여자석 사이에 칸막이를 치는 이유는? • 77
III. 여성은 아름답게 가꾸어라 • 79
　　1. 여성은 가정의 꽃이다 • 79
　　2. 유대인 여성의 몸 가꾸기 • 82

제6장 어머니의 자산은 눈물이다

I. 서론 • 87
　　1. 현대 사회의 가장 큰 적은 무엇인가 • 87
　　2. 눈물이란 무엇인가 • 89
II. 눈물에 대한 성서신학적 견해 • 91
　　1. 남성은 불, 여성은 눈물의 상징 • 91
　　　　A. 남성이 지닌 불의 속성 두 가지 • 91
　　　　B. 여성이 남성의 불을 불답게 해주는 두 가지 방법 • 94
　　　　　　1) 첫째, 남성과 결혼하라 • 94
　　　　　　2) 둘째, 남성의 불과 여성의 갈비뼈 역할: 눈물 • 95
　　2. 여성이 사회를 따뜻하게 하는 방법 • 97
　　　　A. 유대인 여성은 가루 반죽으로 할라 빵을 빚는다 • 97
　　　　B. 여성은 남성의 재료인 흙에 물을 부어라 • 101
　　　　C. 여성이 남성보다 강한 이유 • 102
　　3. 유대인에게 이상적인 신부감의 세 가지 요소 • 104
　　4. 하나님은 EQ 상담자: 하나님의 사람은 왜 눈물이 많은가 • 105
　　　　A. 하나님의 은혜를 받아야 눈물이 나온다 • 105

      B. 성서에 나타난 눈물의 사람들 • 108
Ⅲ. 눈물의 여인들의 예 • 110
    1. 성 어거스틴의 어머니 모니카 • 110
    2. 이민 가정의 예 • 113
    3. 저자의 예 • 115
Ⅳ. 결 론 • 120
    1. 어머니 교육의 요약 • 120
    2. 지정의(知情意)의 사람이 되려면 • 123

제7장 유대인 어머니의 교육학적 임무

Ⅰ. 아버지와 어머니의 역할 차이 • 125
Ⅱ. 유대인 어머니는 교육의 상징 • 128
    1. 유대인 어머니의 교육 철학 실천 • 128
    2. 흑인과 결혼한 유대인 어머니의 자녀 교육 성공담 • 132
Ⅲ. 유대인 어머니의 예절 교육 • 135
    1. 토라 없는 곳에 예절 없다 • 135
    2. 유대인의 정직한 생활 교육: 선악간의 분별력 • 138
    3. 유대인의 근면 교육 • 140
    4. 유대인의 내핍 생활 교육 • 143
    5. 유대인의 청결 교육 • 147
Ⅳ. 유대인의 선행 교육 • 151
    1. 유대인의 자선(쩨다카, 慈善), 그 성서적 근거 • 151
    2. 유대인이 자선(쩨다카, 慈善)을 행하는 방법 • 155
    3. 유대인 어머니의 쩨다카 교육 • 158
Ⅴ. 유대인의 잠들기 전 이야기 교육 • 161
    1. 유대인의 하루 정리의 시간 • 161
    2. 유대인 어머니의 잠들기 전 이야기 교육 • 162
    3. 유대인이 잠들기 전 마지막으로 하는 일: 쉐마 기도 • 165
Ⅵ. 유대인 어머니의 식사 교육 • 167
    1. 서론: 유대인의 음식과 생활 • 167

2. 유대인의 코셔 음식 계율 • 169
　　3. 유대인의 식탁 문화 • 173
Ⅶ. 어머니는 가정의 질서를 가르쳐야 한다 • 176
　　1. 완전한 에덴의 모습 • 176
　　　　A. 아담의 고민과 그 해결 방법 • 176
　　　　B. 남성과 여성의 세 가지 질서의 원리 • 179
　　2. 하나님의 축복은 질서를 통하여 내린다 • 180
　　　　A. '마짜'인가 '모쩨'인가 • 180
　　　　B. 하나님의 축복은 머리를 통하여 내려온다 • 182
　　　　C. 사랑이 쉬운가, 순종이 쉬운가 • 183

제7부 유대인의 고난의 역사교육

제1장 서론

제2장 유대인의 고난의 역사
Ⅰ. 구약 시대의 고난의 역사 • 195
Ⅱ. 신약 시대의 고난의 역사 • 198
Ⅲ. 유대인의 고난에 대한 호소 • 200
　　1. 유대인에 대한 기독교인의 편견 • 200
　　2. 유대인이 거할 땅은 가나안뿐이다 • 204
Ⅳ. 유대인의 인사법과 한국인의 인사법 차이 • 206

제3장 유대인은 왜 고난의 역사를 교육시키나
Ⅰ. 인간의 본성과 유대인의 특성 • 210
　　1. 인간의 본성 • 210
　　2. 유대인의 특성 • 211

    　　A. 유대인은 수치의 역사를 기록하여 가르친다 • 211
    　　B. 기억함의 신학(Theology of Remembrance) • 216
II. 유대인이 고난의 역사를 기억하는 이유 • 219
    1. 자신들의 죄를 각성하기 위하여 • 220
    2. 고난에서 구원해 주신 하나님께 감사하기 위하여 • 222
    3. 유비무환의 교육을 위하여 • 224
    4. 절망 속에서도 희망을 갖기 위하여 • 227
    5. 한국인 2세 교육에 적용 • 230
    　　A. 고난의 역사 교육, 그 네 가지 이유의 요약 • 230
    　　B. 구 조선총독부 건물, 어떻게 해야 하나 • 231
III. 유대인의 키두쉬 하솀과 순교 정신 • 235
    1. 키두쉬 하솀에서 그랄 이스라엘까지 • 235
    2. 기독교인의 키두쉬 하솀과 그랄 이스라엘 • 239
IV. 용서와 기억함의 심리학 • 240
    1. 용서와 기억함은 무엇이 다른가 • 240
    2. 기독교적 민족주의는 국수주의와 무엇이 다른가 • 243
    　　A. 사랑의 우선 순위 • 243
    　　B. 국수주의의 위험성과 샐러드 볼 이론 • 246
    　　C. 독일과 일본의 다른 점을 기억하자 • 250

제4장 유대인의 고난의 역사 교육 방법

I. 절기 교육(Ritual Education) • 253
    1. 유대인의 절기 교육 • 253
    　　A. 초막절 • 253
    　　B. 티샤 바브(Tishah B' Av) • 257
    2. 한국인의 절기 교육에 적용 • 259
II. 고난의 역사 현장 교육 • 264
    1. 유대인의 고난의 역사 현장 교육: 맛사다 • 264
    2. 유대인이 로마에 패한 이유: 유대인과 기독교인의 견해 차이 • 270
    3. 한국인의 고난의 역사, 현장 교육에 적용 • 271

　　　　A. 한국인의 고난의 역사 • 271
　　　　B. 한국의 맛사다, 병자호란과 삼전도비 • 273
　Ⅲ. 고난의 역사 박물관 교육 • 276
　　1. 유대인의 고난의 역사 박물관 • 276
　　2. 유대인 자녀는 고난의 역사 박물관을 보고 어떻게 변하나 • 277
　　　　A. 유대인은 정체성을 갖고 유대 민족을 위하여 산다 • 277
　　　　B. 6일 전쟁 승리의 비결: 유대인의 애국심 • 281
　　3. 한국인의 고난의 역사 박물관 교육에 적용 • 283
　　　　A. 한국인 1세가 해야 할 일: 옛 자료를 귀하게 여기자 • 283
　　　　B. 서대문 형무소와 유관순 열사: 한국인 자녀는 고난의 역사
　　　　　　박물관을 보고 어떻게 변해야 하나 • 286
　　　　C. 한국인 디아스포라의 문제점과 그 해결 방안 • 289
　　　　　　1) 해외 교포의 실상 • 289
　　　　　　2) 다큐멘터리 영화를 통한 고난의 역사 교육 • 290
　　　　　　3) 한국 정부가 해외 교포 자녀를 진정한 한국인으로 만들려면 • 293
　　　　　　4) 한국 기독교의 뿌리 교육과 기독교 박물관 설립의 필요성 • 294
　Ⅳ. 고난의 역사를 기억하게 하는 교육 방법의 창안 • 298
　　1. 유대인의 생활 예식(결혼)을 통한 고난의 역사 교육 • 298
　　2. 한국인의 생활 예식을 통한 고난의 역사 교육 적용 • 302
　Ⅴ. 왜 인간에게 고난이 중요한가 • 304
　　1. 고난은 인간의 타락과 교만을 절제시킨다 • 304
　　2. 사상은 사막에서 나온다 • 308
　　3. 고난은 지혜를 낳게 한다 • 311
　　4. 고난은 인내와 의지를 강하게 키운다 • 314
　　　　A. 고난은 인내라는 지혜를 키운다 • 314
　　　　B. 고난은 의지력과 담대함을 키운다 • 316
　　5. 고난은 감사의 사람으로 만든다 • 319

제5장 결론

제8부 글을 마치면서

서론

제1장 율법에 대한 바른 이해
Ⅰ. 유대인의 율법은 꼭 나쁜가 • 330
Ⅱ. 교육의 내용에는 율법도 있어야 한다 • 338
Ⅲ. 경건한 기독교인의 율법의 예 • 341
   1. 청교도의 율법 • 341
   2. 아미쉬 사람들의 율법 • 343
Ⅳ. 결론 • 347

제2장 유대인과 한국인의 유사점
Ⅰ. 한국인의 교육 사상은 없었는가 • 349
Ⅱ. 한국인의 선민 사상, 교육에 응용 • 352
   1. 한국인의 선민 사상 요소 • 352
   2. 한국인에 맞는 기독교 교육 철학을 정립해야 한다 • 361

제3장 결론

참고 자료(References) • 369

제1권의 내용입니다

제1부
서론

제1장 한국 자녀 교육의 문제점과
       유대인식 자녀 교육의 필요성
제2장 유대인은 누구인가
제3장 유대인의 선민 교육

제2부
현대 교육과 유대인 자녀 교육은 무엇이 다른가?

제1장 세대 차이는 기독교 교육의 적이다
제2장 수직 문화와 수평 문화

제3장 현대 교육과 유대인 자녀 교육의 차이점
제4장 참인간 교육의 순서
제5장 성공 요인: IQ보다 EQ(감성 지수)가 더 중요하다
제6장 결론: 우리는 한국 민족 교육을 위하여 무엇을 해야 하나

제3부

유대인의 가정 교육

제1장 서론
제2장 유대인 자녀의 개념
제3장 유대인 부모의 의무
제4장 유대인의 교육 장소

제2권의 내용입니다

제3부
유대인의 가정 교육

제5장 유대인 가정의 아버지 교육

제4부
유대인 자녀교육의 내용은 토라와 탈무드

제1장 토라와 탈무드
제2장 유대인의 지혜 교육
제3장 유대인 부모의 직업 전수 교육
제4장 요약

제5부
유대인의 효도 교육

제1장 성경적 효도 교육이란 무엇인가
제2장 부모를 공경해야 하는 이유
제3장 부모의 권위와 축복권
제4장 부모 공경 방법
제5장 자녀에게 부모 공경을 가르침으로써 얻는 유익
제6장 효도 교육의 결론

제6부
유대인의 어머니 교육

제1장 서론
제2장 하나님의 역사 주관 방법
제3장 어머니가 유대인이어야 유대인이다
제4장 어머니의 본질

제6부

유대인의 어머니 교육

제3권은
제2권 제6부 '유대인의 어머니 교육' 중
제4장 '어머니의 본질'에 이어
제5장 '어머니는 자녀 정서(EQ) 교육의 원천이다' 부터 시작합니다.

제5장

어머니는 자녀 정서(EQ) 교육의 원천이다

Ⅰ. 자녀의 정서 교육은 어머니의 가슴에서 시작된다

1. 어머니의 따뜻한 가슴에서 자녀의 따뜻한 마음이 자라난다

"어머니를 잃은 아이는 문고리가 없는 문과 같다"(Tokayer, 1989a, p. 230). 어머니에 대한 유대인의 격언이다. 문을 열고 싶어도 잡고 의지할 문고리가 없어서 열지 못하는 답답함! 그것도 어린아이에게 말이다. 어머니는 어린아이에게 절대적인 존재이다. 어머니의 사랑 없이 자란 사람은 성격이 난폭하고 정서적으로 불안하다. 그 이유에 대해 알아보자.

유대인의 탈무드는 랍비 요셉이 어머니가 가까이 다가오는 소리를 듣고는 인사하기 위하여 한 말을 이렇게 기록하고 있다. "거룩하신 성령이 오시고 있다. 나는 일어나 경의를 표해야만 한다"(Tokayer, 1989a, p. 229). 그는 어머니를 '하나님'이라고 표현하지 않고 '성령'이라고 표현했다. 하나님이 공의라면 성령은 포근한 은혜와 관련된다. 즉 말씀이 이성적인 머리라면 성령은 뜨거운 가슴을 상징한다. 그리고 뜨거운 가슴은 인간의 정서를 뜻한다. 따라서 어머니의 교육은 자녀의 정서를 풍요롭게 해준다.

어머니의 정서 교육은 어머니의 가슴에서부터 시작된다. 어머니의 가슴은 자녀의 정서, 눈물, 그리고 사랑의 원천이 된다. 어머니의 자녀 교육은 아이에게 젖을 물리면서 본격적으로 시작된다. 포근한 어머니의 가슴과 따뜻한 체온은 아이의 정서 발달에 절대적인 영향을 준다. 자녀가 불안하게 자라느냐, 그렇지 않으면 안정감을 갖고 자라느냐도 어머니에게 달려 있다.

교육 심리학자 에릭슨은 이를 "신뢰 또는 불신"으로 표현했다(Erikson, 1982). 어린아이가 놀라 심하게 울다가도 어머니의 가슴에 안기면 바로 울음을 그치고 안정감을 되찾는다. 따라서 어머니는 자녀와 함께 살면서 많이 안아 주어야 한다. 아기와 살을 자주 맞대며 키워야 한다. 이를 '스킨십(skinship)'이라고 한다.

심리학자 프로이드에 의하면, 아기에게는 본능적인 욕구가 있다. 예를 들면, 입의 만족이나 항문의 만족 등이다. 아기는 어머니의 젖꼭지를 빨면서 입의 만족감을 채운다. 이 시기에 아기 욕구가 충족되어야 커서도 정서적으로 안정감을 갖는다. 아기가 어머니의 젖을 얼마나 많이 빨고 자랐느냐는 자녀들의 정서에 커다란 영향을 미친다.

많은 형제들 속에서 자란 자녀 가운데 몇째가 가장 인정이 많고 눈물이 많은가? 대부분 막내이다. 그 이유는 막내가 가장 오랫동안 어머니의 젖을 소유할 수 있기 때문이다. 피임이 없던 시절 어머니가 연년생으로 자녀를 낳으면 형은 어머니의 젖을 조금 빨다가 동생에게 양보해야 했다. 그러나 막내는 학교에 다닐 때까지도 어머니의 가슴을 소유할 수 있었다. 어머니의 젖줄은 자녀들의 생명줄이 아니던가. 그리고 어머니의 가슴은 푸근한 인류의 고향이다.

어머니가 아기에게 모유를 먹일 때 엄마와 아기 간의 정신적인 일체감인 유대(bonding)가 훨씬 더 긴밀해지고, 아이나 엄마의 만족감과 기쁨도 우유를 먹일 때보다 훨씬 크며, 아이가 정서적으로 더 안정감을 느낀다는 것이 증명되었다(미주 크리스천신문, 1996년 2월 3일, p. 6). 이뿐 아니라 모유를 먹이면 아기의 건강은 물론 산모의 건강도 좋아져서 유방암, 난소암, 골다공증에 걸릴 확률도 적어진다(중앙일보, 모유를 먹여야 산모·아기 모두 건강, 1995년 10월 18일, 미주판).

유대인 어머니는 자녀를 정(情)으로 키운다. 사진은 아들을 가슴으로 껴안아 사랑을 표현하는 유대인 어머니. 오른쪽 문설주에 메주사가 보인다.

반대로 혼자 오래 산 여성은 암 발병률도 높다. 그 예로, 수녀들의 유방암 발병률이 일반 여성들보다 2배나 높다는 연구 보고서도 발표되었다. 그 이유는 임신이나 수유 경험이 없기 때문인 것으로 분석되었다(중앙일보, 혼자 오래 산 수녀들, 유방암 일반인 2배, 1998년 3월 13일).

오늘날의 유대인 어머니는 어떠한가? 이스라엘의 키부츠 농장에서 밭일을 하는 바쁜 주부라도 꼭 아이에게 젖을 먹여 키운다. 키부츠에서 일하는 영국계 유대인 엄마의 이야기를 들어 보자. "아침에 집에서 젖을 짜놓고 일을 하러 나갈 수도 있지만 일부러 그렇게 하지 않는다. 아기가 내 품속에서 젖을 먹어야 나의 사랑을 충분히 느낄 수 있다. 아이를 정서적으로도 안정된 사람으로 키우고 싶기 때문이다"(박미영, 1995, p. 139). 유대인은 자녀를 껴안는 것이 습관화되어 있다. 어머니의 사랑의 표현이다. 유대인의 속담에 "오른손으로 벌을 주었으면 왼손으로 껴안아 주라"는 말이 있다. 이 격언은 부모가 자녀를 키울 때 처벌과 애정 표현을 적절히 조화시켜 할 것을 가르친다 (Shilo, 1993, pp. 83-84).

유대인의 이러한 교육은 모두 성경에 그 기초를 두고 있다. 따라서 성경을 모르면 유대인의 천재 교육을 설명할 길이 없다.

2. 어머니는 젖과 꿀(EQ)이 흐르는 가나안 땅이다

어머니의 가슴은 자녀의 정서 교육에 지대한 영향을 미친다. 그렇다면 모유(母乳)를 먹여 키운 자녀들은 모두 훌륭하게 흠 없이 자랄 수 있다는 말인가? 그렇지 않다. 모유를 먹이면 아이가 어머니의 가슴을 접촉할 수 있어 분유보다 좋다는 말이지 모두가 다 좋은 결과를 얻는다는 뜻은 아니다. 모유를 먹고 자란 사람들 중에도 정서적으로 풍성하고 안정된 성숙한 사람이 있는가 하면 불안하고 메마른 사람도 있다. 그 이유는 무엇인가? 어머니가 어떠한 자세로 자녀에게 모유를 먹였느냐에 따라 다르다. 어머니가 모유를 어떠한 자세로 먹여야 하는가에 대하여 알아보자.

에리히 프롬이라는 유대인 심리학자가 있다. 그는 저서 〈사랑의 기교 (Fromm, 1989)〉에서 '어머니'를 '약속의 땅'으로 비유했다. 땅은 어머니의 상징이다. 하나님이 주신 약속의 땅 가나안은 두 가지, 젖과 꿀이 흐르는 땅이다. 마찬가지로 어머니도 약속의 땅 가나안처럼 두 가지, 첫째, 젖을 주고, 둘째, 꿀을 주는 사람이라고 말했다(p. 45).

그의 말에 의하면 어머니의 젖은 사랑의 첫번째 조항으로, 아기를 돌보는 것과 생존의 확인을 상징한다. 두 번째 조항, 꿀은 생의 달콤함, 즉 생에 대한 사랑과 살아 있다는 행복감을 상징한다. 이것은 정서적인 '느낌(EQ)'을 말한다.

그러나 불행하게도 세상의 어머니들이 젖만 주고 꿀은 안 주는 경우가 허다하다. 에리히 프롬은 어머니가 자녀에게 젖을 먹이는 것도 중요하지만 어떠한 마음을 갖고 젖을 먹이느냐는 꿀의 역할도 중요하다고 역설했다.

"젖은 대부분의 어머니들이 주고 있지만 꿀은 극소수의 어머니만이 주고 있다. 꿀을 주기 위해서는 좋은 어머니가 될 뿐만 아니라 행복한 사람이 되어야 한다. 그러나 많은 사람이 이 목적을 완수하지 못하고 있다…. 생에 대한 어머니의 사랑은 어머니의 염려와 마찬가지로 전염성이 있다. 두 가지 태도 모두 아이의 전 인격에 깊은 영향을 준다. 사실상 어린아이와 어른 중에서 젖만 얻은 사람과 젖과 꿀을 모두 얻은 사람을 구별할 수 있다(p. 45)."

에리히 프롬에 의하면, 어머니 마음 속의 선과 악은 자녀에게 그대로 전염된다. 악한 어머니는 자녀에게 육체적인 양식인 젖과 함께 악한 마음도 전한다. 그러나 풍성한 정서와 인생의 행복은 전달하지 못한다. 이렇게 되면 아이에게 인격적으로 나쁜 영향을 준다. 결국 악한 아내는 남편에게만 나쁜 영향을 끼치는 것이 아니라 자녀에게까지도 나쁜 영향을 끼친다. "어머니가 신경질적으로 아이에게 젖을 먹이면 아기는 설사한다"는 한국인 어머니의 말이 빈말이 아니다.

미국 바이올라 대학교의 심리학 교수 네레모아는 이에 대하여 단호하게 "여자가 자녀를 돌보는 일을 지겹게 여긴다면 그녀의 태도를 바꿀 수 있는 어떠한 조치를 취해야 한다…. 오늘날 우리와 함께 살고 있는 수많은 자녀들이 어느 날엔가는 정신병원이나 형무소를 메우게 될 것이다"(Narramore, 1979, p. 104)고 경고했다.

그러나 어머니가 기도하는 마음으로 찬송가를 부르며 행복한 마음으로 아기에게 젖을 빨게 하면 자녀는 어머니의 아름다운 신앙을 닮아 갈 것이다.

이러한 어머니는 젖과 꿀을 동시에 공급하는 여인이다. 즉 육적인 양식과 보이지 않는 영혼의 양식을 함께 공급하는 여인이다. 이것이 바로 하나님을 위한 여성의 귀한 사역이다.

여성의 가슴의 중요성은 비단 어머니에 한정된 것이 아니다. 모든 여성에게 적용된다. 모든 여성이 생리적인 젖을 줄 수는 없지만 정서적 사랑의 꿀은 줄 수 있다. 하나님이 남성과 여성을 그렇게 차이 나게 만드셨기 때문이다. 본서의 초점은 어머니의 가슴에서 나오는 아름다운 사랑의 꿀이 자녀에게 가치 있는 것처럼, 모든 여성이 사랑의 꿀을 가진 가슴을 갖도록 노력해야 한다는 것이다. 여성이 사랑의 꿀을 가진 가슴을 소유하려면 아름다운 마음을 가져야 한다. 인간의 외적 아름다움보다도 내적 아름다움이 더 중요하다는 것은 이 때문이다.

약속의 땅 가나안으로 지음 받은 믿음의 어머니는 하나님의 선택 받은 어머니이다. 하나님의 은혜의 단비를 받아 마땅히 젖과 꿀을 동시에 낼 수 있는 복된 가나안 땅, 언약의 여인들이 되어야 한다.

3. 따뜻한 가슴을 지닌 여성은 최고의 카운슬러

A. 시집간 딸의 상처를 치료해 준 어머니의 예

어머니는 최고의 카운슬러이다. 이 주제를 설명하기 위하여 예를 들어보자. 저자에게는 누님 한 분이 계시다. 같은 마을의 청년한테 시집을 갔다. 시집간 이후 어쩌다가 친정집에 와서 자는 날이 있다. 그 때는 저자가 어렸기 때문에 어머니와 누나와 한 방에서 같이 잤다. 그런데 누나가 온 날은 잠을 잘 수가 없었다. 밤새도록 누나와 어머니가 이야기를 나눴기 때문이다.

　이야기의 내용은 대략 두 가지이다. 첫째는, 시집가기 전 어머니 속을 너무 썩여드려서 죄송하다는 참회의 뜻과, 둘째는, 시집살이에 대한 내용들이다. 시시콜콜한 것까지 모두 어머니에게 고해 바친다. 아무리 시집을 잘 가도 그 나름대로 며느리에게는 부담스런 부분들이 있는 법이다. 그 동안 아무에게도 말하지 못했던 시부모에 대한, 윗동서들에 대한, 그리고 시동생과 시누이에 대한 비밀스런 얘기들을 어머니에게 다 털어놓는다. 어머니만은 자기 편인 것을 믿기 때문이다.

　어머니는 별로 말이 없으시다. 궁금한 것만 물으시고는 끝없이 듣고만 계신다. 이야기를 나누던 두 모녀는 훌쩍이며 운다. 새벽녘에 가서는 어머니가 옛날 여인들의 시집살이를 구수하게 들려 주신다. 그러면서 어떻게 살았는지 모른다고 말씀하신다. 우시면서

성숙한 여성의 가슴은 따뜻하고 포근하다. 그렇기 때문에 따뜻한 가슴을 지닌 여성은 최고의 카운슬러이다.

말이다. 여성의 길은 그렇게 살면서 성숙해지며 보람도 느낀다는 뜻이다. 모든 어려움을 이기라는 뜻이다. 그리고는 누나를 껴안아 주신다. 누나는 어머니의 가슴에 안긴다. 이 때 눈물이 절정을 이룬다.

　그런데 아침에 보면 누나의 얼굴이 밝아져 있다. 새 힘을 얻은 것이다. 어

머니를 찾아올 때의 어둡던 모습은 사라지고 밝고 활기에 차 있다. 그 이유는 무엇인가? 어머니의 따뜻한 가슴이 딸의 모든 스트레스를 해결하여 준 것이다. 딸은 자신을 억눌렀던 무거운 짐을 모두 어머니의 가슴에 내려놓았기 때문에 새로운 기분으로 새 날을 맞은 것이다. 그리고 그 새 힘으로 다시 시집에 가서 고된 시집살이를 할 수 있는 것이다.

여기에서 어머니는 예수님 혹은 성령을 상징한다. 성도가 예수님께 모든 것을 아뢸 때, 성령은 따뜻한 가슴으로 우리의 모든 아픔을 치료해 주신다. 그리고 성도는 그 힘으로 힘든 세상을 다시 이기며 살아갈 수 있다. 어머니는 예수님처럼 최고의 카운슬러이다.

B. 여성의 따뜻한 가슴은 인간의 상처받은 마음을 치료한다

1) 마음의 상처를 치료받은 A목사의 체험기

여성은 남성의 최고의 카운슬러이다. 이 주제를 설명하기 위하여 이론은 다음으로 미루고 먼저 예를 들겠다. 여성의 가슴은 어린 자녀들만의 고향은 아니다. 모든 인간의 고향이다. 여성은 남성에게 육체적인 면뿐만 아니라 정신적인 안식처도 된다. 다시 말하면, 여성의 따뜻한 가슴은 남성의 심리적인 문제도 치료해 주는 위대한 힘이 있다. 이에 대한 예로 미국에서 목회하시는 A목사님의 간증을 들어 보자(미주 복음신문, '메아리' 칼럼 연재, 1994년 12월 11일).

A목사는 매우 가난하게 자란 분이다. 그러나 하나님의 은혜로 한국에서 신학을 마치고 오래 전에 미국으로 유학을 왔다. 그는 언어의 어려움, 문화의 어려움, 학문의 어려움, 그리고 경제적인 어려움 때문에 고통을 많이 받았다. 설상가상으로, 계속된 독신 생활에서 오는 외로움은 이루 말할

수 없었다. 사랑을 주지도, 받지도 못했다. 일종의 상사병이었다. 그의 마음에 따뜻하고 풍성한 EQ가 부족해 그의 정신은 메마를 대로 메말라 있었다. 이러한 외로움은 우울증으로 악화되었고, 마침내 정신병적 증세까지 나타났다. 무엇을 하든 집중이 안 되고 불안하였다. 생의 위기였다. 이러한 환경에서 하나님께서 그의 병을 어떻게 고치셨나 그의 간증을 통해 알아보자.

A목사에 의하면, 하나님께서는 그의 사정을 아시고 천사 같은 여성을 보내 주셨다. 어느날 같은 신학교에 다니는 예쁜 백인 여학생한테서 뜻밖의 전화가 왔다. 감지덕지한 마음으로 그녀와 데이트를 하게 되었다. 저녁 식사를 하고, 밤에 호숫가에 가서 둘은 벤치에 앉았다. 그의 소원은 그녀를 한번 안아 보는 것이었다. 너무나 외로웠기 때문이다. 그러나 감히 그런 말을 할 수 없는 상대였다. 더구나 그녀는 거리의 여성이 아니고 같은 신학교에 다니는 신앙의 여성, 천사 같은 여학생이 아닌가?

그녀가 그의 뜻을 알아차리고는 그를 연민의 눈빛으로 쳐다보았다. A목사의 말이다. "동정 어린 파란 눈은 나에게 이렇게 말하는 것 같았다. 오래오래 상처난 네 멍든 가슴을, 찬바람이 스며든 네 가슴을 내 가슴에 묻어 보라고. 그리고 사랑이 얼마나 위대하며, 사람이 사람을 사랑한다는 것이 얼마나 큰 기적인지 체험해 보라고. 말을 하지 않고 대화하는 것을 순간 터득하면서 자연스럽게 여인의 가슴을 내 가슴에 깊이 안았다…. 비어 있던 가슴이 뿌듯이 채워지고, 차가웠던 가슴이 훈훈해졌다. 가슴과 가슴이 닿는 순간, 그녀의 따뜻한 마음은 나를 치료하기 시작했다(p. 5)." 여성의 따뜻하고 풍성한 EQ가 그에게 전이되는 순간이었다.

오랜 시간이 흘렀다. 그녀의 품에 있는 동안 그의 정신병적 증상들은 모두 깨끗이 치료되었다. 그 후 그는 그녀를 한 번도 만나지 못했다. 그는 그녀를 하나님이 보내 주신 치료하는 천사로 여겼다. A목사는 이렇게 하나님께 감사했다.

"지금도 나의 정신적인 병을 치료하시기 위하여 그 천사 같은 여학생을 사용하신 우리 하나님을 생각할 때마다 감사하여 눈시울이 뜨거워진다. 나를 치료하신 하나님! 당신의 품에 나를 언제나 안아 주시옵소서. 당신의 사랑을 측량할 수 없나이다. 새벽 기도를 들으시는 주여(p. 5)!"

그의 치료는 남녀간의 육체적인 성행위가 아닌 따뜻한 여성의 가슴만으로도 가능했다. 저자는 이를 추하게 보고 싶지 않다. 하나님이 여성을 어떻게 창조하셨나를 설명하기 위하여 이 예화를 들었다.

2) 여성의 가슴과 남성의 가슴의 차이

A목사의 체험기에서 짚고 넘어갈 대목이 있다. 여기에 등장하는 신학교 여학생과 몸 파는 여성은 무엇이 다른가? 커다란 차이점이 있다. 두 여성 모두 가슴을 가졌다. 그러나 전자는 따뜻하고 부드러운 사랑의 가슴(EQ)을 가졌고, 후자는 육적으로 풍만할 뿐 사랑이 없는 가슴을 가졌다. 사랑이 없는 여성의 가슴은 인간의 영혼을 치료할 수 없다. 고아들이 왜 불쌍한가? 따뜻한 어머니의 가슴을 접하지 못하고 살기 때문이다. 따라서 외적으로 아름다운 가슴도 중요하지만 어머니와 같은 아름다운 정서와 사랑의 꿀을 가진 가슴을 소유하는 것이 더 중요하다.

따뜻한 사랑이 있는 여성은 자녀, 남편, 혹은 여성들까지도 치료할 수 있다. 그 예로 권사님들을 들 수 있다. 때때로 마음의 상처를 받은 젊은 부인들이 연세 많으신 권사님을 찾아가 위로를 받는다. 그 이유는 눈물로 기도하시는 권사님들은 넓고 따뜻한 사랑의 가슴을 갖고 계시기 때문이다. 그런 분들은 훌륭한 상담자가 될 수 있다.

여성의 따뜻한 EQ는 어린이 교육에 절대적인 영향을 끼친다. 유대인은 풍성한 EQ뿐만 아니라 성숙한 EQ를 가진, 아이를 낳아 길러 본 경험이 있는 5,60대 어머니를 유치원 교사로 채용한다. 사진은 정통파 유대인 유치원의 어머니 교사가 어린이를 지도하는 장면.

　이스라엘의 유치원 교사도 대부분 아이를 서넛 키워 본 경험이 있는 주부들이다. 대개 5,60대 할머니들이다. 우리와는 다르다. 대학을 갓 나온 처녀들은 유치원 교사로 채용하지 않는다. 나이 많은 성숙한 여성의 사랑의 가슴으로 아이들을 키우기 위함이다. 젊은 처녀들은 지식(IQ)은 있을지 몰라도 주부들처럼 성숙하고 따뜻한 가슴을 갖고 있지 못하다. 그리고 어린 아이들은 어른에게 배워야 세대 차이 없이 유대인의 율법과 전통을 이어받을 수 있기 때문이다.
　따뜻한 여성의 가슴은 인류의 포근한 고향이다. 유대인 랍비가 자신의 어머니를 성령으로 표현한 이유가 바로 여기에 있다(Tokayer, 1989a, p. 229). 성령은 위로자 혹은 상담자라고도 부른다. 여성은 육적으로뿐만이 아니고 영혼이 아름다워야 한다. 여성다운 가슴을 소유했을 때 자녀뿐만 아니라 남편의 정서도 풍요롭게 할 수 있다.

그러면 이제 "여성은 남편의 가슴에 안기고 싶어하지 않는가"란 질문을 할 수 있다. 물론 여성도 남편의 가슴에 안기고 싶어한다. 그러나 여성이 남성에게 안기고 싶어하는 이유는 남성이 여성에게 안기고 싶어하는 이유와 다르다. 여성이 남성에게 안기고 싶어하는 이유는 이렇다. 남성은 힘과 사상, 권위의 상징이다. 상대적으로 여성은 연약한 그릇(벧전 3:7)이다. 약한 사람은 강한 사람의 보호를 받고 싶어한다. 자신의 안전을 위해서이다. 그러므로 여성은 남성에게 기대어 쉬기를 원한다. 따라서 남성은 마땅히 여성의 정신적, 사상적, 신체적, 경제적인 보호자가 되어 주어야 한다. 즉 남편은 연약한 여성의 안전을 지켜 주는 울타리 역할을 해준다.

이를 요약하면, 여성은 남성의 가슴에 사랑과 정서와 눈물을 심어 주고, 남성은 여성의 보호자로서 안전한 울타리의 역할을 해야 한다. 이것이 하나님의 창조의 원리이다.

3) 남성은 EQ가 전혀 없는가

남성과 여성의 차이에 대하여 이야기하는 김에 좀더 자세히 얘기해 보자.

사람들과의 관계에는 두 가지 유형이 있다. 하나는 지적이며 객관적인 관계이고, 다른 하나는 감정적이며 인격적인 관계이다. 이 두 종류의 관계 유형은 각각 남성과 여성의 지배적인 특성에 부합하는 것이다. 즉, 객관적인 관계는 남성의 이성적인 성향에, 인격적인 관계는 여성의 감정적인 성향에 부합된다(Tournier, 1997, p. 14). 또한 안네 닌(Anais Nin)은 남성과 여성의 차이를 '지적인 사고'와 '시(詩)적 감성'의 차이와 같다고 말했다(p. 24). '지적인 사고'는 '사상과 IQ'를 의미하고 '시(詩)적 감성'은 'EQ'를 의미한다.

남성의 '사상과 IQ'는 냉철한 머리를 뜻하며, 여성의 감정적 'EQ'는 따뜻한 가슴을 뜻한다. 하나님의 두 가지 속성인 공의(Justice)와 사랑(Love)을 남성과 여성의 역할에 비유한다면, 남성은 공의이고 여성은 사랑이다.

가정이나 사회에 공의만 있으면 딱딱하기 쉽고, 정만 많으면 사건의 판단을 그르치기 쉽다. 따라서 남성의 역할과 여성의 역할이 조화를 이루어야 한다. 여성의 역할에 대한 명언이 있다. "여성은 정에 약하기 때문에 재판관의 자격이 없다." 프랑스 철학자 쇼펜하우어의 말이다.

그렇다면 남성은 사랑과 정서와 눈물(EQ)이 전혀 없는가? 어머니를 잃고 홀아버지의 도움만 받고 자란 자녀들은 전혀 EQ가 있을 수 없는가? 또한 홀어머니 밑에서 자란 자녀는 사상과 공의도 없고 IQ 계발도 전혀 안 되는가? 그렇지 않다.

칼 융(C. G. Jung)은 지성(IQ)과 감성(EQ)을 한 축(軸)의 기둥으로 보고, 전자는 남성 속에서 후자는 여성 속에서 각각 지배적이라고 생각했다(Tournier, 1997, p. 24). '지배적'이라는 말은 100% 모두 그렇다는 뜻이 아니고, 다소 남성적인 요소와 여성적인 요소가 상대 성(性) 속에 잠재해 있다는 것을 내포한다.

의사이자 상담 심리학자인 폴 투니어도 이렇게 말했다. "남성이든 여성이든 모든 인간 속에는 남성적인 요소와 여성적인 요소가 섞여 있다. 남성 가운데에도 감성을 지닌 사람이 있고, 여성 중에도 성향이 과학 기술과 사물 쪽으로 기울어진 사람이 있다. 그러므로 남성과 여성의 상호 보완성은 남성과 여성 간의 외적 문제일 뿐만 아니라 내적으로 우리 각자 속에 있는 두 성향 간의 조화의 문제이기도 하다"(1997, p. 24).

즉, 인간은 남성적인 요소와 여성적인 요소가 남녀 모두에게 섞여 있어 남성에게도 여성적인 요소가 있고, 여성에게도 남성적인 요소가 다소 있다. 다만 사람에 따라 상대 성(性)의 요소가 얼마나 많으냐 하는 정도의 차이가 있을 뿐이다(그러나 후천적으로 남성이나 여성이나 반대 성(性)의 요소를 지나치게 많이 계발하면 남성이 여성다워지고 여성이 남성다워지는 위험을 초래할 수 있다. 예: 동성 연애자).

따라서 어머니 교육에도 사상과 공의 및 IQ 계발이 있을 수 있고, 아버지 교육에도 EQ 계발이 있을 수 있다. 그러므로 본서의 제목 〈IQ는 아버지 EQ는 어머니 몫이다〉는 하나님께서 인간을 창조하신 원리에 따라 신학적, 교육학적 및 심리학적인 면에서 원칙에 근접한 이론이지 예외가 없다는 뜻은 아니다. 오해가 없기를 바란다.

4. 어머니의 가슴과 멀어진 현대인의 문제점

현대인은 왜 점점 악해지는가? 어머니의 가슴과 멀어지기 때문이다. 어머니의 가슴과 멀어진다는 말은 어머니의 본질인 '사랑'과 멀어진다는 말이며, 나아가 하나님과 멀어진다는 말이다. 하나님의 본질도 사랑이기 때문이다.

현대 사회는 여러 가지 이유를 붙여서 어머니의 가슴에서 자녀를 떼어놓고 있다. 어머니의 젖을 안 먹이고 소젖(분유)을 먹이고, 어머니의 따뜻한 젖꼭지 대신에 싸늘한 실리콘 젖꼭지를 물린다. 독립심을 키운다는 이유로 어머니와 아기가 방도 따로 쓴다. 어머니의 가슴을 못 만지게 한다. 어머니 품에서 어머니의 젖을 만지며 자는 대신 인형을 껴안고 잔다. 이렇게 자란 아이들은 눈물과 인정(EQ)이 적다. 장성하면 부모의 은덕을 잊어버리고 부모 곁을 훌쩍 떠난다. 부모를 그리워하지 않는다. 정이 안 들었기 때문이다. 그리고 성격이 포악해지고 불안해하며 차가워진다.

21세기 신종 유망 사업 중 하나가 부모 대신 아이를 키워 주는 사업이라고 한다. 부모는 병원에서 아이를 낳아 퇴원하면서 이런 사업체에 아기를 맡긴다. 그리고는 일 주일에 한 번씩 방문하여 자신들만 반가워하면서 "까꿍… 내가 네 어머니다" 혹은 "내가 네 아버지다" 하고 손만 흔들어 주고 마는 세상이 된다. 아이들은 부모 있는 불쌍한 정신적 고아들(?)이 된다. 20세기 말의 극심한 인본주의의 해독이다. 이렇게 자란 아이들이 장성했을 때에 이 사회는 얼마나 차갑고 범죄가 많겠는가?

그뿐이 아니다. 남성은 어머니를 통해 여성을 배운다. 반면 딸은 아버지에게서 남성을 배운다. 즉 자녀들은 부모를 통해서 남성과 여성의 역할 모델(Role Model)을 찾고 배운다. 부모가 건전한 가정 생활을 할 때 아들은 아들대로 딸은 딸대로 육체적으로, 정서적으로, 그리고 영적으로 훌륭한 남성과 여성이 되어 이 다음에 그들이 성장했을 때 좋은 배우자를 찾아 훌륭한 가정을 이룰 수 있다. 왜냐 하면 남자 아이는 어머니를 통하여 여성을 보는 안목이 계발되고, 여자 아이는 아버지를 통해 남성을 보는 안목이 계발되기 때문이다.

왜 갈수록 동성 연애자들이 많아지는가? 그 이유 중의 하나도 그들이 가정에서 남성으로서 혹은 여성으로서의 역할을 부모에게서 분명히 찾지 못하기 때문이다. 미국의 신경정신과 전문의 박태수 교수에 의하면, 미국 전 인구의 약 4-9%가 동성 연애자이다. 그런데 동성 연애자와 양성 연애자를 합치면, 약 2천만 명 이상이 동성 연애를 한다고 한다. 그는 그 이유를 "49.2%의 미국 아이들이 아버지 없이 어머니 밑에서 자라고 이런 아이들이 동성 연애자나 양성 연애자가 되기 쉽다"고 말했다(박태수, 1994, pp. 84-85).

모유를 먹인 아이들과 분유를 먹인 아이들은 지능 지수(IQ)에도 차이가 많다. 영국 의학연구소 부설 던 영양센터의 알렌 루카스 박사는 1982년부터 1985년 사이에 태어난 9백 명의 아이들을 연구하였다. 연구 결과 모유를 먹여 키운 아이의 지능 지수가 분유를 먹여 키운 아이보다 무려 8.3점이나 높았다(한국일보, 1992년, 2월 2일). 이는 하나님의 창조의 원리를 따라 자녀를 양육할 때 지능도 높아진다는 진리를 보여 준다.

한국에서 '한국 고아원 운영 연구'를 위하여 고아원에서 자란 아이들을 연구한 적이 있다(1994). 같은 양과 질의 밥을 주면서 밥을 나누어 주는 여성들이 정성껏 주는 그룹과 의무적으로 주는 그룹으로 나누어 두 그룹 아이들의 성격을 비교하였다. 그 결과 의무적으로 밥을 준 그룹의 아이들이 사랑으로 밥을 준 그룹의 아이들보다 훨씬 많은 성격 장애를 갖고 있었음이 발견되었다. 비록 부모 없는 고아라 하더라도 사랑(EQ)을 먹고 자란 아이들과 밥만 먹고 자란 아이들의 차이가 그만큼 크다는 말이다.

미국 뉴올리언스에서 열린 신경과학학회에서 하버드 대학의 심리학자들은 "루마니아의 고아원에서 자라는 2,3세 어린이를 대상으로 연구한 결과, 규칙적으로 안거나 쓰다듬는 정상적인 신체 접촉을 경험한 적이 없는 어린이들은 스트레스 호르몬 분비가 비정상적으로 늘어나는 사실을 발견했다"고 발표했다. 그리고 그 연구에 의하면, 이는 뇌세포에 손상을 주어 평생 동안 심각한 학습 및 기억 능력 저하를 가져올 수 있다(일요신문, 사랑 못 받으면 세포 손상, 1997년 11월 8일 p. 8).

어머니의 정성과 사랑에 따라 자녀의 성격에도 차이가 난다. 어머니가 자녀에게 만들어 주는 음식에서도 수직 문화와 수평 문화의 차이가 난다. 옛날 우리들의 어머니가 만들어 주는 음식에는 정성과 사랑이 있었다. 비록 반찬은 많지 않았지만 어머니들은 더운 밥에 더운 국을 정성스럽게 장만했다. 유대인 어머니의 안식일 음식 준비는 옛날이나 지금이나 세대 차이가 없다. 수직 문화의 음식이다.

요즘 어머니들은 어떠한가? 냉장고에 보관했던 찬밥을 주거나 혹은 햄버거나 피자 같은 인스턴트 음식(fast food)으로 아이들을 키운다. 어머니의 정성이 깃든 음식이 아니고 돈으로 해결된 음식이다. 즉석 음식은 수직 문화가 아니고 수평 문화의 음식이다. 현대 교육의 문제점이다. 자녀의 육체는 음식을 먹고 자라지만, 자녀의 정서는 어머니의 사랑을 먹고 자란다는 것을 명심해야 한다.

II. 유대인 어머니는 가정에 불을 밝힌다

1. 아내는 가정이다

A. 유대인 아내의 권한

유대인 남편은 아내를 가정이라 부른다. 유대인 아내나 어머니는 가정 그 자체이다. 탈무드는 "아내는 남편의 집"이라고 했다. 사람이 거주할 집이 없으면 안정되지 못하는 것처럼 남자는 아내가 없으면 안정된 생활을 할 수가 없다. 랍비 호세는 "나는 결코 나의 아내를 '아내'라는 용어로 부르지 않고, 항상 나의 '가정'이라고 부를 것이다"라고 말했다(Cohen, 1995, p. 162). 이는 마치 한국의 남편들이 아내를 '집사람(內子)'이라 하고, 아내가 남편을 '바깥 양반'이라고 말하는 것과 같다. 유대인 여성의 권한은 가정에서 나타난다. 남편 역시 가정에서 아내의 권한을 존중해 준다. 가정의 일은 아내가 결정하게 한다.

저자는 평소 가까이 지내던 정통파 유대인 소년의 성년식에 참석한 적이

유대인 어머니는 고된 일과 속에서도 가정에서의 권한을 갖는다. 손님 초대나 모든 가사는 어머니가 결정한다. 사진은 유대인 어머니가 만찬 준비를 완료한 후 가족들이 앉을 자리를 배정해 주는 모습.

있다. 성년식을 마치고 회당 밖에서 간단한 간식을 들며 환담할 때였다. 그 소년의 일곱 살 된 귀여운 남동생이 저자를 찾아와 반기면서, 자신의 집에서 준비한 안식일 식탁에 함께 가자고 졸랐다. 저자는 전혀 준비가 안 되었기 때문에 갈 수 없었다. 그래서 "네 아버지의 초대를 받지 않았기 때문에 갈 수 없다"고 말했다. 아이는 곧 사라졌다. 그리고 잠시 후 다시 찾아왔다. 아이는 "아버지에게 갔더니 어머니의 허락을 받으라고 해서 다시 어머니에게 갔더니 어머니가 허락하셨다"고 말하면서 좋아했다.

유대인 가정에서 가정의 일에 대한 결정권은 아내에게 있다. 유대인 남성들은 가정에 누구를 초대하고자 할 때도 자기 마음대로 결정하지 않고 아내의 허락을 받는다. 이것도 가정의 질서를 지키는 데 중요한 역할을 한다. 이것은 또한 남편의 아내 사랑의 표현이기도 하다.

B. 유대인 여성의 특별한 세 가지 임무와 정결 예식(Mikkvah)

유대인 가정에서 여성이 미치는 영향은 대단하다. 그렇기 때문에 탈무드에는 여성만의 특별한 세 가지 의무를 명하고 있다. 그 의무는 여성만이 수행해야 하는 세 가지 율법(선행: 유대인은 율법을 선행이라 부른다)이다. 첫째, 월경 후 7일 동안 정결한 날을 기다린 후 정결 예식을 치르는 일. '니다(Niddah)'라고 한다. 둘째, 안식일이나 절기 때마다 할라(Challah) 빵을 만드는 일, 즉 밀가루 반죽에서 일부를 구별하여 빵을 만든다. 셋째, 안식일이나 절기 때마다 촛불을 밝히는 일이다(Fuchs, 1985a, p. 7).

이는 물론 구약의 율법이기 때문에 신약의 성도들은 지킬 필요가 없다. 그러나 구약 성경에 입각한 유대인의 율법을 이해하면 성경적 가정관을 설명하는 데 도움이 된다. 그리고 가정에서 어머니의 교육이 얼마나 중요한지를 알게 된다.

그러면 왜 하필 이 세 가지 율법을 여성이 수행해야 하는가? 이 율법과 여성 사이에는 어떠한 깊은 관계가 있는가? 그 내용을 알아보자. 아담과 하와의 가정은 하나님이 창조하신 첫번째 가정이다. 그러나 여성인 하와가 선악과를 따 먹고 선악과를 남편에게도 주었다(창 3:6). 그 결과 둘은 에덴 동산에서 추방되었다(창 3:23). 따라서 여성인 하와가 영적인 가정을 파괴한 것이고, 이 때문에 하나님은 여성은 가정을 다시 일으켜야 할 책임이 있다는 이유로 유대인 어머니에게 세 가지 중요한 임무를 부여한 것이다.

첫째, 여성이 월경에 관한 율법을 지켜야 하는 이유는 이렇다. 하와가 아담을 죽게 했음은 하와가 아담의 생명의 피를 흘리게 한 것과 마찬가지이다. 사람의 피를 흘리게 한 자는 자신의 피를 흘려야 한다(창 9:6). 따라서 여성은 '니다(Niddah)'의 율법을 지킴으로써 자신이 흘린 피를 대속할 수 있다.

정통파 유대인 여성은 월경은 불결하다고 생각하기(레 12:2, 15:19-24)

때문에 월경 기간은 물론 월경 후 7일 간 기다렸다가 꼭 정결 예식(일종의 침례 의식)을 행한 후 남편을 받아들인다. 유대인의 정결 예식을 '믹바(Mikkvah)'라고 한다. 유대인 부인은 월경을 마치고 7일 간 기다린 후 꼭 어두운 밤에만 믹바에 간다. 혹시 가정 부인이 낮에 갈 경우 타인의 눈에 띄어 그 날 밤 부부생활이 남에게 알려지는 것을 피하기 위함이다(남자도 믹바를 하는데 남자는 매일 밤낮 아무 때나 가도 된다).

여성은 침례못에 들어가기 전에 한 시간 동안 손톱과 발톱을 깎고 그 속의 때를 깨끗이 후벼 내고 화장과 매니큐어를 완전히 지운다. 머리도 감고 샤워도 하고 털이 있으면 모두 밀어 낸다. 검사원의 검사에 합격하면 침례못에 들어가 세 번 온전히 몸의 모든 부분을 물에 잠근다. 그 후 침례못에서 나와 다시 손 씻는 곳으로 가서 양손을 세 번씩 번갈아 도합 여섯 번 씻는다. 한번 목욕을 했어도 손은 아직 영적으로 더럽기 때문이다. 이 모든 정결 예식이 끝나야 비로소 그 부인은 남편을 받아들일 수 있다. 그 전에는 남편과 어떠한 신체 부위라도 살이 맞닿으면 안 된다. 그래서 침대도 따로 사용한다.

유대인의 정결 예식은 기독교의 침례(세례)와 영적 의미가 같다. 모두 영적으로 죄를 씻고 영적으로 소생하게 하는 의식이다(고전 10:2; 골 2:12; 벧전 3:21). 그들은 부인이 침례물에 잠겼다가 일어설 때에 하늘에서 성령이 내려온다고 믿는다. 예수님도 요단강에서 세례를 받으신 후 성령이 그 위에 내리셨다(요 1:31-34). 따라서 인간은 자신의 모든 죄를 일일이 회개하여 옛 죄악은 물 속에 수장하여 자신은 죽고 영으로 새롭게 거듭나야 우리 신랑 예수님과 연합할 수 있다. 누구든지 세례를 받고 그리스도 안에 있으면 새로운 피조물이기 때문이다. 즉, 이전 것은 지나갔고 새것이 되었기 때문이다(고후 5:17). 이러한 유대인 여성의 믹바는 세례 요한과 예수님의 세례, 그리고 예수님이 베드로에게 "한 번 목욕한 사람은 발밖에 씻을 필요

유대인 아내는 월경 후 7일을 기다려 정결 예식(침례)을 치른다. 먼저 몸을 물에 세 번 온전히 잠그고 나와 양손을 별도로 여섯 번 씻는다. 그 이유는 한번 목욕한 사람은 몸은 깨끗하지만 손은 아직도 더럽기 때문이다. 이는 마음의 죄를 씻고 영적 순결을 되찾는 예식이다. 사진은 유대인 여성이 정결 예식을 치르는 침례못.

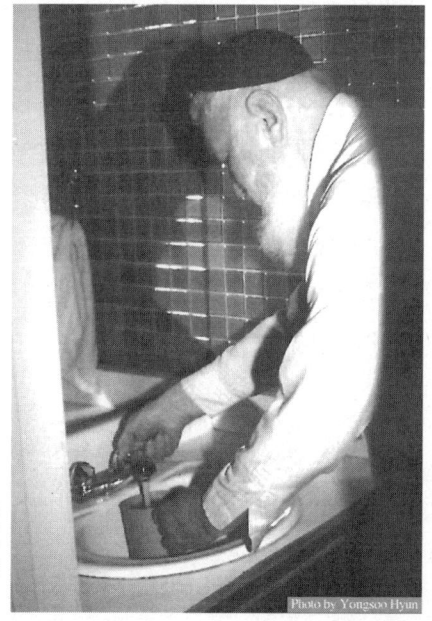

침례못에서 정결 예식을 치른 여성이 나와서 다시 여섯 번 손 씻는 장소. 그 곳 남성 관리인이 대신 재연하고 있다.

제6부 유대인의 어머니 교육 67

가 없느니라"(요 13:10)라고 말씀하신 뜻을 깨닫게 해준다.

　정통파 유대인에게 이 침례 의식은 너무나 중요하다. 유대인촌이 생기면 회당을 짓기 전에 믹바를 지을 정도이다. 믹바를 지을 돈이 없다면 두루마리 성경을 팔아서라도 지어야 한다. 이는 인간이 하나님 앞에 서기 위해서는 정결 예식을 통한 죄 씻음이 얼마나 귀중한지를 말해 준다. 하나님은 인간을 자신이 대신 죽어 줄 정도로 사랑하시지만 인간의 죄는 그토록 미워하신다. 따라서 유대인의 믹바는, 말씀 되신 그리스도께서 인류의 죄를 씻으시기 위하여 친히 육신의 몸을 입고 이 땅에 오셔서 피 흘려 죽으신, 십자가 사건의 중요성을 깨닫게 해준다(요 1:14, 3:16).

　이와 관련하여 정통파 유대인의 부부생활은 어떠한가. 그들은 한 달에 10일에서 14일 동안은 부부관계를 맺을 수 없다. 그러나 그들은 이렇게 오래 참는 동안 서로를 더 그리워하며 사랑하고, 때가 되면 더 기쁘고 만족스런 부부생활을 즐길 수 있다고 말한다. 따라서 그들은 결혼 생활이 지루하지 않고 항상 신혼 같은 기분으로 살 수 있다고 자랑한다.

　둘째, 하나님이 흙에다 물을 부어 아담을 빚었듯이 여성은 밀가루에 물을 부어 밀가루 반죽으로 할라를 빚어야 하고, 셋째, 하와가 세상의 빛을 껐으므로 유대인 여성은 안식일에 촛불을 켜는 율법을 행함으로써 가정의 빛을 다시 밝혀야 한다(Fuchs, 1985a, p. 8).

　유대인 여성의 둘째와 셋째 율법적 의무는 차후 설명이 되기 때문에 여기에서 더 자세한 설명은 생략한다.

2. 유대인의 안식일은 어머니의 촛불 점화로 시작된다

유대인 어머니를 왜 가정이라고 하는가? 유대인 어머니는 가정을 책임진다. 따라서 유대인 어머니는 가정을 밝게 해주는 주인공이다. 이 주제를 설명하기 위하여 유대인의 안식일 절기를 살펴보자(정통파 유대인이 사용하는 안식일 지침서 참조, Ives, 1991).

유대인의 안식일은 매주 금요일 저녁 어머니가 촛대에 불을 붙이면서 시작된다. 유대인 어머니는 맨 먼저 두 개의 촛대에 불을 붙인다. 그 다음에 가족의 수에 따라 더 많은 촛대에 불을 붙인다. 그러면 왜 맨 먼저 두 개의 촛대에 불을 붙이나? 맨 처음 두 개의 촛불은 십계명 중 제4계명인 "안식일을 기억하여 거룩히 지키라"(출 20:8)와 "안식일을 지켜 거룩하게 하라"(신 5:12)는 두 성경 구절을 상징한다. 불을 붙이는 순서는, 어머니가 첫번째 촛대에 불을 붙인 다음 그 촛대의 불로 두 번째 촛대에 불을 붙인다. 나머지 촛대들에도 첫번째 촛대의 불로 다음 촛대의 불을 계속 붙여 나간다(Ives, 1991, p. 16).

불을 다 붙인 다음 어머니는 다음의 축복 기도문을 외운다.

"복 주시는 우리 주 우주의 하나님은 여호와의 율례로 우리를 성결케 하셨고, 우리에게 안식일 불을 붙이도록 명령하셨다."

그 후 잠시 촛불을 쳐다본다. 그리고 어머니와 딸들은 다음과 같이 기도를 계속한다.

> 나의 주 하나님 나의 조상의 주시여, 당신의 뜻대로 하소서. 당신은 나와 우리 온 가족에게 은혜를 주시는 분이십니다. 우리와 모든 유대인이 장수하고 선한 생활을 하게 하소서. 우리를 선과 축복, 구속과 긍휼로 기억하소서. 우리를 많은 것으로 축복하소서.

어머니는 가정에서 영적 어두움을 밝게 할 책임이 있다.
사진은 유대인 어머니가 안식일 해지기 전 촛불을 밝히는 장면.

유대인 어머니는 안식일 저녁 촛불을 밝힌 후 가정과 민족을 위하여 기도한다. 사진은 안식일에 가정에 불을 밝힌 후 기도하는 유대인 어머니. 딸들은 어려서부터 어머니를 따라 종교적 의식을 배운다.

우리에게 평화를 주시고 인격적으로 우리 안에 거하소서. 나로 하여금 하나님을 사랑하게 하시고, 주님을 존경하는 지혜롭고 명철한 자녀들과 자손들을 키우게 하소서. 나의 자녀들이 진리의 남성과 여성이 되게 하시고, 하나님에게 붙어 있는 경건한 백성이 되게 하소서. 그리고 창조주에게 토라와 선행, 그리고 봉사로 세상을 밝히게 하소서. 이 시간에 간절히 비오니 우리 어머니 사라, 리브가, 라헬과 레아 때문에라도 나의 기도를 들어 주소서. 우리의 영혼이 앞길을 밝히는 원인이 되게 하시고, 결코 그들의 빛이 죽지 않게 하소서. 우리를 친절히 주시하시고 구원하소서. 아멘(Ives, 1991, p. 17).

유대인 어머니의 기도는 우리의 기도 내용과 무엇이 다른가 생각해 보자. 그들의 기도는 첫째, 자신만의 기복 신앙을 벗어나 개인에서 가정, 가정에서 유대 공동체, 유대 공동체에서 창조주의 세계로 발전한다. 특히 민족 공동체를 위한 기도는 눈물겹다. 둘째, 자녀를 좋은 학교에 보내기 위한 기도가 아니고, 하나님의 영광을 위한 빛의 자녀가 되어 세상을 밝게 해달라는 기도이다.

셋째, 그들은 항상 조상의 과거와 현재, 그리고 미래의 역사를 위해 기도한다. 과거의 역사와 현재의 성실은 빛된 미래를 준비하는 데 필수 조건이 된다. 그들은 앞의 것만 찾아 달리다가 자신의 과거와 뿌리를 잊어버리는 우둔한 민족이 아니다. 역사성이 있는 민족은 언제나 세대 차이가 없다.

3. 유대인 어머니가 가정에 빛을 밝히는 이유

유대인은 왜 안식일 저녁에 여성이 촛불을 밝혀야 하나? 그 이유는 앞서 설명했듯이 여성인 하와가 아담과 함께 꾸몄던 첫번째 가정을 파괴했기 때문이다. 따라서 여성은 파괴된 가정을 다시 지어야 할 책임이 있다. 즉 여성은 가정의 밝은 불을 끈 장본인이기 때문에 그 가정의 빛을 되살려 가정의 어두움을 밝혀야 한다. 하나님의 촛대는 사람의 영혼을 상징한다 (Mishley 30:25). 안식일의 촛대는 빛과 기쁨을 전파하고, 성도로 하여금 그 주간에 닥칠 시험과 고난을 초월하게 한다(Fuchs, 1985a, pp. 7-9).

유대인은 어두움을 싫어한다. 옛날 제사장이 성막에 들어가서 제일 먼저 한 일도 촛대에 불을 붙여 빛을 밝히는 일이었다(출 27:20; 레 24:2-4). 말씀되신 예수님도 이 땅이 죄악으로 캄캄할 때에 빛으로 오셨다(요 1:5). 여성이 집안에 불을 밝히는 동안 남성들은 회당에 가서 오후 기도와 안식일을 환영하는 예식을 치르고 기도를 올린다(Ives, 1991, p. 14). 서양의 기독교식 결혼식도 촛불을 밝히는 것으로 시작된다. 이 때에 누가 촛불을 밝히는가? 양가 아버지들이 아니고 어머니들이다. 결혼하는 자녀의 가정도 두 어머니들이 먼저 불을 밝혀 준다는 것을 뜻한다. 따라서 그 가정이 얼마나 밝으냐는 어머니가 얼마나 빛을 밝혔느냐에 달려 있다.

가정과 성소에 빛을 밝히는 일은 대단히 중요하다. 그렇다면 빛과 어두움은 각각 무엇을 상징하는가? 유대 전통에 의하면, '빛'은 '기쁨'과 '토라'의 동의어이다(p. 16). 토라는 하나님의 말씀을 뜻한다. 예수님은 이 땅에 빛과 말씀으로 오셨다(요 1:1-3, 4-9, 14). 하나님은 빛이시기 때문에 어두움이 조금도 없으시다(요일 1:5).

반면 어두움은 사탄에 속한 악의 세력을 상징한다. 여성이 빛을 밝히면 가정의 어두움은 사라지게 마련이다. 이 말은 여성은 가정에 슬픔과 악의 세력을 몰아내고 기쁨과 토라(여호와의 말씀)를 들여와야 할 책임이 있다는 뜻이다. 이러한 사명은 남성보다도 여성의 몫이다.

어머니는 가정에서 기도의 불, 영혼의 불을 밝혀야 한다. 먼저 여성은 남편에게 불을 붙여야 한다. 여성은 남성의 갈비뼈로 만들어졌다(창 2:21-22). 갈비뼈는 남성의 가슴 안에 있다. 갈비뼈에 불이 붙으면 남성의 가슴은 자연히 불이 붙어 밝고 뜨겁게 된다. 따라서 여성은 갈비뼈의 역할로 남성의 가슴에 불을 붙여야 할 사명이 있다. 남성이 차가워지고 어두워지는 이유는 우선 여성의 잘못에서 찾아야 한다. 남성이 차가워지고 어두워지면 사회와 국가에 범죄가 승하게 된다. 따라서 여성은 사회와 민족과 국가를 위해서도 가정에 불을 밝혀야 한다(Fuchs, 1985a, p. 10).

유대인 가정에서 안식일에 어머니가 붙인 촛대의 불이 점점 다른 촛대로 번져 나가는 것처럼(Ives, 1991, p. 16) 그 가정의 어머니가 불이 붙어 있으면 가정의 구성원들에도 점차 불이 붙게 된다. 그리고 마침내 온 가족의 불은 세상에 나가서 어두운 곳을 밝히게 된다. 예수님은 성도들에게 "너희는 세상의 빛이라"(마 5:14)고 말씀하셨다. 예수님은 빛으로 이 세상에 오셨기 때문에 (눅 2:32; 요 1:5-9, 8:12) 모든 성도는 작은 예수가 되어 세상을 비추는 빛(마 5:14-16)이 되어야 한다. 그것이 바로 전도이며, 천국을 확장하는 길이다.

유대인의 미드라쉬에 나오는 유대인 선조 여성, 사라와 리브가의 예를 보자. 그들이 가정에서 안식일인 금요일 저녁부터 토요일 저녁까지 촛불을 밝혔을 때 끊임없는 축복이 가루 반죽에서 발견되었고, 구름이 입구에서 장막까지 덮었다(Fuchs, 1985a, p. 8). 구름이 장막을 덮었다는 말은 하나님이 임재하셨다는 뜻이다(출 40:34-35; 겔 10:4). 따라서 여성이 토라의 빛과 율법(선행)으로 자신의 가정을 밝히고, 자선을 행하면 확실히 사라와 리브가의 장막이 구름에 덮인 것처럼 그 집이 세상의 폭풍으로부터 보호를 받을 수 있다(p. 9).

가정의 어머니가 촛대에 불을 밝히는 것은 하와의 죄를 대속하는 것 이상의 율법이다. 이것은 유대인의 가정에서 어머니의 가장 중요한 역할을 대변해 주고 있다.

그러므로 유대인은 아무리 가난해도 구걸을 하거나 옷을 팔아서라도 안식일을 위한 촛대 하나는 사도록 권한다(Fuchs, 1985b, p. 43). 그만큼 유대인 어머니가 가정에 촛불을 밝히는 것은 중요하다.

1995년 9월 지존파 사건이 있었다(중앙일보, 1995년 9월 19일). 두목은 감옥에서 부하들이 여자 인질의 말에 속아 잡힌 것을 분하게 여기며 "여자는 엄마라도 믿지 말라고 했는데…"라고 말했다. 엄마와 등진 그들은 어두운 사탄의 추종자였다. 오늘날 현대인은 점점 어머니의 가슴에서 멀어지고 있다. 인간은 어머니의 가슴에서 멀어질 때 빛을 잃게 된다.

결론적으로 어머니가 빛을 잃으면 모든 가족이 빛을 잃게 된다. 그리고 세상도 어두워진다. 따라서 세상에 밝은 빛을 밝히는 일은 어머니에게서 시작된다.

4. 유대인 신부는 신랑 주위를 일곱 바퀴 돌아라

여성의 역할은 유대인의 결혼식에서도 발견된다. 먼저 유대인의 결혼식 순서와 방법을 잠깐 보자. 유대인들은 '훗파'라는 장막 속에서 결혼식을 치른다. '훗파'는 사각형 천의 네 모서리를 네 기둥으로 괸 조그마한 장막(텐트)이다(사진 참조). 결혼식 때 신랑이 먼저 입장하고 신부가 입장한다. 신부가 입장하면서 훗파 속에서 신랑 주위를 일곱 바퀴 도는 순서가 있다. 이 때

양가 어머니도 신부의 드레스를 잡고 함께 돈다. 신부는 신랑 주위를 일곱 번 온전히 돈 후 신랑의 오른편에 선다.

이제 유대인의 결혼식 순서와 방법 등이 상징하는 여성의 역할을 살펴보자.

첫째, '훗파'란 무엇인가? '훗파'란 단어의 뜻은 '덮음' '보호'이다. 이것은 결혼하는 신랑 신부의 '지붕'을 뜻한다(Lamm, 1991, 399). 이는 신랑의 가정이요 신부의 새로운 영역(the bride's new domain)을 상징한다. 따라서 유대인이 결혼식을 '훗파'라는 장막 속에서 하는 이유는 '장막'은 가정의 '성전'을 상징하기 때문이다. 남자와 여자가 만나 장막에서 가정을 꾸미는 것은 하나님이 함께하시는 성전이 됨을 뜻한다(제1권 제3부 제4장 I-1 '가정은 왜 성전인가' 참조). 주례하는 랍비와 신랑 신부 세 사람만이 장막 속으로 들어가 결혼식을 진행하는 이유도 여기에 있다.

둘째, 신랑이 먼저 입장하고 뒤에 신부가 입장하는 이유는 마지막 것이 가장 값지기 때문이다(Aiken, 1996, p. 93). 그만큼 가정에서 여성의 역할이 중요하다는 뜻이다. 가나 혼인 잔치에서도 예수님이 기적으로 만드신 마지막 포도주가 가장 맛 좋고 귀한 포도주였다(요 2:1-11).

셋째, 훗파 속에서 신부가 신랑 주위를 일곱 바퀴 도는 것은 성전인 가정에서 신부가 남편 주위에 보호의 벽을 쌓는 것을 상징한다(p. 94). 이것은 아내가 가정이란 성전에서 남편을 사랑으로 온전히 돕고 지킬 때에 완전한 가정을 일으키고 지킬 수 있음을 상징한다. 7은 완전수이다.

넷째, 신부가 신랑 주위를 일곱 번 온전히 돈 후 신랑의 오른편에 서는 이유는 남편 곁은 사랑을 상징하고 그녀가 항상 사랑으로 남편을 도와야 된다는 뜻이다(p. 94). 아내의 자리는 항상 남편 곁(갈비뼈)이다. 아내는 자신의 자리에서 사랑과 정서와 눈물로 남편을 지키고 도와야 한다.

유대인의 결혼식은 랍비와 신랑, 신부 세 사람이 '훗파'라는 장막 속으로 들어가 치른다. 이는 가정을 꾸미면 하나님이 함께하시는 성전임을 뜻한다. 사진은 훗파 속 결혼 순서에 의하여 신부가 남편의 주위를 일곱 바퀴 도는 모습. 아내가 남편을 온전히 돕고 지킬 때 남편은 하나님 앞에 바로 설 수 있다는 뜻이다.

다섯째, 신부가 신랑 주위를 일곱 바퀴 돌 때 왜 아버지는 참석하지 않고 양가 어머니들만 신부의 드레스를 잡고 함께 도는가? 그 이유는 양가 어머니들도 새로운 가정의 남편을 위하여 갈비뼈 역할을 해야 하기 때문이다. 따라서 모든 가정은 여성에 의하여 가꾸어지고 밝아진다는 것을 명심해야 한다.

이를 요약하면, 여성이 남성의 갈비뼈 역할을 잘 감당한다는 것은 여성이 남성의 마음과 정서를 온전히(7번) 보호할 때에 남성의 마음이 세속적인 죄를 안 지을 수 있다는 말이다. 그렇게 하지 않으면 남성은 들사람 같은 속성이 있어서 자꾸 밖으로 나가 성경의 율례와 법도에 어긋나는 나쁜 죄를 지을 수 있다는 뜻이다. 가정에서 아내의 EQ를 많이 받은 남편만이 사회에 나가서 따뜻한 사회를 만드는 데 공헌할 수 있다.

5. 정통파 유대인 회당의 남자석과 여자석 사이에 칸막이를 치는 이유는?

정통파 유대인 회당에 들어가면 복잡한 회당 구조에 어리둥절해진다. 우선 남자석과 여자석이 나뉘어져 있다는 게 특이하다. 그리고 그 가운데에는 남녀가 서로를 못 보도록 칸막이가 쳐져 있다. 물론 강대상의 랍비는 양쪽을 모두 볼 수 있다.

저자는 처음에 한국처럼 남존여비 사상이나 혹은 남녀칠세부동석의 관습이 있는 줄 알았다. 그러나 그 짐작은 빗나갔다. 남성의 연약한 믿음을 지켜 주기 위함이었다. 랍비의 설명에 의하면, 남성은 회당에서 하나님을 향하여 기도를 하다가도 옆에 앉아 있는 여성을 보면 그 즉시 정신을 잃고(?) 여성에게 마음이 팔리어 하나님을 잊어버리는 수가 많다. 따라서 모든 예배와 기도회를 하는 동안 남성들이 온전히 마음과 정성과 힘을 합하게 하기 위해서는 남성들의 눈이 여성을 보지 못하도록 해야 한다는 것이 그 이유였다.

유대인이 하루에 세 번 시간을 정하여 기도하는 것도 남성에게만 적용된다. 그 이유는 여성은 꼭 기도 시간을 정해 놓지 않아도 시간 나는 대로 하나님께 기도를 잘 하는데, 남성은 꼭 시간을 정하여 놓고 강제적으로 하라고 해야 겨우 하기 때문이라고 한다.

그뿐만이 아니다. 유대인 남자들은 모두 613개의 율법을 상징하는 '찌찌' 라는 저고리를 속옷처럼 입는다. 그리고 그 옷의 술과 매듭은 눈으로 볼 수 있도록 상의 밖으로 나와 있다. 그 이유는 여호와의 율법을 상징하는 술이나 매듭을 볼 때마다 여호와의 모든 계명을 기억하고 준행하고, 방종케 하는 자기의 마음과 눈의 욕심을 좇지 않게 하기 위함이다(민 15:39). 그러나 여성은 '찌찌'를 입지 않는다. 그 이유 역시 여성은 찌찌를 입지 않아도 남성처럼 쉽게 눈의 욕심을 따라 타락하는 일이 없기 때문이다.

유대인 랍비는 빙그레 웃으며 저자에게 "우리 남성들은 하나님께 신용을 잃었다"고 말했다. 이러한 여성의 우월한 종교성은 교회 참석률에서도 확연히 나타난다. 미국의 바나 리서치의 조사에 의하면, 미국 여성 46%가 매주말 정기적으로 종교 집회에 참석하는 반면, 남성은 그 절반 정도에 해당하는 28%만이 참석한다(중앙일보, 여성 46%·남성 28% 종교 집회 참석, 1996년 5월 9일, 미주판).

그렇다. 하나님은 여성을 더 의지하신다. 따라서 여성은 하나님의 믿음을 저버리면 안 된다. 다시 말하면, 남성이 썩는다고 하여 여성까지 썩으면 안 된다. 원래 남성은 여성의 도움이 없으면 잘 썩는 성품을 갖고 있다. 그런데 여성까지 썩는다면 세상이 어떻게 되겠는가? 삽시간에 모두 썩어 버릴 것 아닌가? 따라서 가정에서 설사 남편이 좀 속을 썩인다 하여도 아내가 신앙을 갖고 자신을 지키며 자녀를 잘 키우면 좋은 날이 올 수 있다. 그러나 아내마저 가정을 저버린다면 가정은 완전히 파괴되는 수가 많다.

현대 사회가 왜 이렇게 메말라 가고 있는가? 왜 수많은 성문제들이 야기되는가? 일부 여성 해방주의자들의 "남성도 바람피우는데 우리만 참으면 되겠는가?"라는 잘못된 가치관 때문이다.

서울가정법원이 이혼 부부 5천 쌍의 이혼 사유를 분석해 본 결과 남편의 외도로 이혼한 것보다 아내의 외도로 갈라서게 된 비율이 1993년 42.6%에서 1995년에는 52.1%로 남편의 외도를 앞질렀다.

그리고 아내에게 매맞는 남편의 비율도 해마다 늘어나 1993년 25.5%, 1994년 27.4%, 1995년에는 32.3%였다(중앙일보, '남편 외도 앞질러'… 작년 52%, '아내 구박 못 참겠다' 호소도, 1996년 2월 9일). 아아, 이를 어찌하랴!

III. 여성은 아름답게 가꾸어라

1. 여성은 가정의 꽃이다

가정은 여성이 있기에 따뜻하다. 여성은 아름다움의 상징이다. 여성의 아름다움은 가족의 정서에 크게 영향을 미친다. 만약 어머니가 때묻은 불결한 가슴으로 아이에게 젖을 먹인다면 얼마나 보기에 민망하겠는가? 여성은 따뜻하고 아름다워야 한다. 아름답기 위해서는 여성 스스로 정성과 시간을 투자해야 한다.

물론 여성은 죄를 회개하여 먼저 마음을 깨끗하게 해야 되지만(사 1:16), 외적으로도 여성답게 가꾸어야 한다. 신부는 당연히 자신의 신랑을 위하여 아름답게 몸단장해야 한다(계 19:7, 21:2). 이것은 영적으로 신부된 성도들이 신랑 되신 그리스도를 위하여 아름답게 몸단장하는 것과 같은 논리이다(계 19:7-8). 성경은 땅의 것을 들어서 하늘의 것을 설명한다.

여성이 아름다워지려면 첫째, 몸을 자주 씻어 청결하게 해야 한다. 하나님은 육적으로나 영적으로 정결한 처녀를 사랑하신다(고후 11:2). 둘째, 예쁘게 적당한 화장을 해야 한다(계 19:7)(Cohen, 1995, p. 161). 과도한 화장은 상대방을 역겹게 한다. 셋째, 이왕이면 옷도 깨끗한 옷으로 미적 감각을 고려하여 입어야 한다(계 19:7-8). 이 말은 절대로 비싼 옷을 입으란 말이 아니다. 성도는 검소해야 한다. 사치는 낭비이다. 탈무드에는 남편이 만일 자기 아내를 사랑하면 아내에게 리넨 옷을 사주라고 했다(Cohen, 1995, p. 161). 넷째, 항상 아름다우려고 노력해야 한다(딤전 3:11).

이러한 것은 남편뿐만이 아니라 자녀들도 바란다. 남편이 출퇴근할 때, 자녀들이 등하교할 때 어머니는 깔끔한 옷차림에 밝게 웃는 얼굴로 가족을 대해야 한다. 이렇게 이야기하면 "나는 원래 못생겼다"고 포기하는 여성이

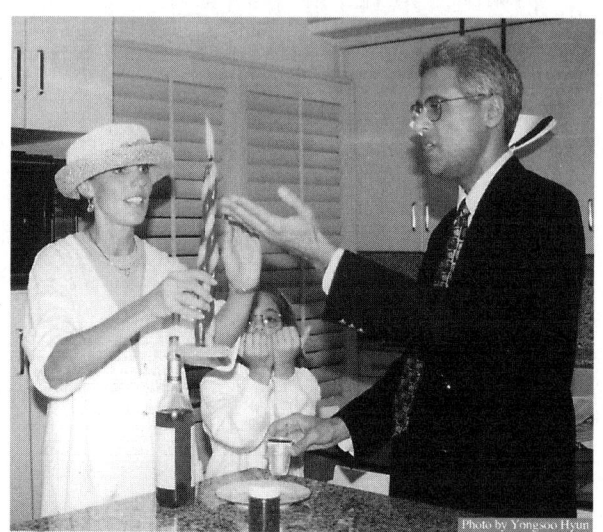

가정에 아버지가 있기에 힘이 있고, 어머니가 있기에 따스하다. 어머니는 가정의 꽃이다. 부드럽고 아름다워야 하며, EQ의 향기가 풍겨야 한다. 사진은 유대인 가정에서 안식일을 보내고 새로운 주일을 맞는 예식을 행하는 유대인 가족.

있을지 모른다. 그러나 몇몇 예외는 있지만, 하나님이 여성을 창조하실 때 여성은 자신이 가꾼 만큼 예뻐지게 하셨다. 즉 여성은 투자한 만큼 예뻐진다. 한국의 대형 여가수 L씨의 예뻐진 모습이 그 예이다. 그러나 남자는 아무리 투자해도 크게 예뻐질 수가 없다. 한국의 코미디언 L씨를 보라. 그가 오죽하면 "못생겨서 죄송합니다"라고까지 말하겠는가?

과거 한국의 양갓집 아버지가 시집가는 딸에게 들려 준 교훈이 있다. 그 첫번째 교훈이 "남편 일어나기 전에 일어나 세수하고 화장해라. 절대로 몸치장 안 한 얼굴을 남편에게 보이지 말아라"였다. 옛 한국 여인들의 학습서인 〈여사서(女四書)〉에도 여성은 새벽 4시경에 닭이 울면 일어나서 옷을 입고, 세수를 하고, 양치질을 하고, 머리를 빗고, 화장을 하고 부엌에 나가 아침을 준비하라고 가르쳤다(김종권, 1986, p. 71).

저자가 강조하는 것은 가정 주부로서 사치스럽게 꾸미라는 말이 아니다.

깔끔함과 아름다움을 유지하기 위해 자신의 모습에 신경 쓰라는 말이다. 이것은 남편과 자녀에 대한 예의이다. 또한 이것은 장차 아들과 딸을 위한 좋은 교육이 된다. 자녀들은 듣고 본 대로 행하기 때문이다. 진정으로 남편을 사랑하고 자녀를 사랑한다면 여성은 스스로 자신을 아름답게 가꾸어야 한다.

저자가 어릴 때의 일이다. 시골에 사는 어느 중년 남성이 도회지에 갔다 오는 날이면 부인에게 투정을 부렸다. 부인은 시골에서 가정일과 담배농사를 위하여 한여름 볕에서 김을 매면서 살았다. 자연히 자신의 몸을 가꾸는 데에는 소홀하였다. 몸은 일꾼의 모습이어서 항상 불결하게 보였고, 여성다운 데가 없었다. 부인은 자신의 남편이 왜 도회지에 나들이만 갔다 오면 괴롭히는지 그 이유를 몰랐다. 하루는 너무 괴로운 나머지 남편에게 "내가 싫으면 친정에 가겠다"고 말했다. 그리고 남편도 "좋다"고 승낙했다. 다음날 아침 부인은 아침 일찍 일어나 오래간만에 목욕을 하고 예쁘게 화장을 했다. 그리고는 오랜만에 예쁜 한복으로 갈아입었다. 이 때에 남편이 들어오다가 부인과 마주쳤다. 그는 부인을 보고 깜짝 놀랐다. 어제까지의 모습이 아니었다. 아름다웠다. 도회지의 여자와 같았다. 남편은 겸연쩍게 웃으며 친정 가는 부인을 다시 붙잡았다. "농담도 못 해…."

아내는 시가와 가족을 위해 열심히 일하는 좋은 며느리와 아내가 되기 위하여 최선을 다했는데 왜 남편에게 인정을 못 받았을까? 남편은 아내가 좋은 아내이기 이전에 남편의 시선을 끌 수 있는 좋은 여자이기를 원했던 것이다. 즉 아내는 좋은 아내이기를 원했고 남편은 좋은 여자이기를 원했기 때문이다. '좋은 아내'와 '좋은 여자'의 차이는 그만큼 크다. 물론 이상적인 배우자는 두 가지, '좋은 아내'이면서 '좋은 여자'의 조건을 갖춘 여성이리라.

2. 유대인 여성의 몸 가꾸기

여성은 꽃을 상징한다. 꽃은 아름다워야 한다. 유대인 어머니는 주로 안식일 시작 전 금요일 낮에 몸과 옷을 청결하게 하고 미장원을 찾는다. 하나님과 가족을 위하여 얼굴을 예쁘게 단장하기 위해서이다. 그리고 식탁에 촛불을 준비한다. 가정을 아름답게 장식하기 위하여 식탁에 아름다운 꽃을 준비하는 것도 잊지 않는다. 이 모든 것들은 가정을 부드럽고 따스하고 정겹고 시적인 분위기로 만든다(Ives, 1991, pp. 13-14).

유대인 여성은 자신의 몸을 가꾸는 일에서도 특별하다. 유대인 여성은 특별히 가정과 자신의 청결을 위하여 최선을 다한다. 여호와의 율례와 법도를 따르기 위해서이다. 유대인의 탈무드에는 이런 예화가 있다. 랍비 키스다의 아내는 며느리의 얼굴을 화장해 주곤 했는데, 어느날 랍비 키네나가 랍비 키스다와 함께 앉아 있다가 이것을 보고서 말했다. "화장이란 늙은 여인이 아닌 젊은 여인에게만 허락되는 것이네." 이에 키스다는 "하나님은 자네 어머니나 할머니에게도, 죽음의 문턱에 있는 여성에게도 화장을 허용하셨네. 잠언의 말씀대로 60세 여성도 6세 된 소녀처럼 탬버린 노래 소리에 달려간다네(Cohen, 1995, p. 161)"라고 답변했다.

아브라함의 아내가 65세였는데도 애굽 남자들과 바로 왕까지 따른 것(창 12:10-20)은 그녀가 선천적으로 아름답기도 했지만 평소 잘 가꾸었기 때문일 것이다.

유대인 여성의 화장은 "코올로 눈화장 시켜 주고, 머리를 파마해 주고, 얼굴에 연지를 발라 주는 것이다"(Cohen, 1995, p. 161). 유대인 여성들은 평범한 일상 생활에서뿐만 아니라 부모를 잃은 상중(喪中)에도 외모에 신경을 쓰도록 교육 받는다. "상중에 있는 처녀는 화장을 하면 안 된다. 그러나 그녀와 결혼할 청년이 방문하면 화장을 하고 매력 있게 그를 맞이하라"고 말한다

(Lamm, 1980, p. 108).

　성경이나 유대인의 지혜자들은 육적인 미를 고상한 속성으로 여겼다. 탈무드에는 세계에서 가장 예쁜 여성들을 구약의 사라, 아비가일, 라합, 그리고 에스더라고 말한다. 그뿐만 아니라 선민의 부인들인 사라, 레베카, 라헬도 멋진 몸매를 가졌고, 인물도 빼어났다. 탈무드에는 "좋은 아내는 남편에게 기업이다. 악처는 남편에게 재앙이다…. 아름다운 여인은 행운의 남편을 만들고, 그의 날이 두 배가 될 것이라…. 그러나 너의 눈을 요염한 여성에게 돌려서 그녀의 그물에 걸리지 않도록 하라"고 쓰여 있다(Lamm, 1980, pp. 107-108).

　여기에서 우리가 분명히 해야 할 것은 남편과 자녀를 위하여 아름답게 몸치장을 하는 것과 음란한 목적으로 요염하게 몸치장을 하는 것과는 그 목적과 방법이 완연히 다르다는 사실이다. 전자는 하나님의 영광을 위한 것이고, 후자는 사탄을 위한 것이다.

　유대인 여성은 외출시에도 몸매와 매너가 단정해야 한다. 현숙한 여인은 아무 남성과 히히덕거리면 안 된다. 옷도 숙녀복을 입어야 한다. 벗은 듯한 모습은 공공 장소나 집에서도 금지된다. 유대인은 벗은 모습으로 기도하거나 쉐마를 외우는 것이 금지되어 있다(Lamm, 1980, p. 100). 정통파 유대교 여인은 외간 남자와 악수도 안 한다.

　결혼한 유대인 여성은 외출할 때 왜 긴 소매의 상의와 긴 치마를 입는가? 그리고 왜 머리에 수건이나 모자를 쓰는가? 그 이유는 외간 남자가 음심을 품지 못하게 하기 위함이다. 우리가 분명히 명심할 것은 결혼한 여성은 남편 한 사람에게만 매력적으로 보이면 그만이라는 사실이다.

　저자가 한국의 모 대학 교양 강좌 강사로 갔을 때였다. 담당 교수가 저자에게 "요즘 많은 여대생이 배꼽 티를 입고 거의 나체로 활보하는데 그것이 여성은 항상 가정을 밝고 아름답게 가꾸어야 한다. 사진은 정숙하게 수건으로 머리를 가린 유대인 어머니가 문설주의 메주사를 만지고 있는 모습.

유대인 여성은 몸매를 언제나 깔끔하고 단정하게 가꾼다. 그리고 유대인 공동체의 파티에도 자주 참석한다. 사진은 아들의 성년식을 치른 후 파티에 참석한 여인들이 함께 춤추는 장면. 남성과 여성이 따로따로 동성끼리만 춤을 춘다. 그리고 그들의 춤은 전통적으로 야하지 않다.

잘못된 이유를 어떻게 설명해야 하느냐"고 물었다. 그렇다면 유대인 여성이 정숙한 옷으로 몸을 가리는 근본 목적은 무엇인가? 여성의 몸이 보석과 같이 귀하기 때문이다. 귀한 보석은 원래 깊숙이 감추는 법이다. 결혼식장에서도 신부가 신랑보다 늦게 입장한다. 신부가 신랑보다 귀하기 때문이다. 원래 귀한 것은 나중에 나오는 법이다. 따라서 일부 현대 여성이 거의 나체로 거리를 활보하는 행위는 자신의 몸값이 그만큼 싸다는 것을 보여 주는 것과 같다. 따라서 자신의 몸값이 귀하다고 생각하는 여성은 옷을 단정히 입어야 한다. 그렇게 하여야 상대적으로 귀한 신랑감도 만날 수 있다.

유대인 여성은 전통적으로 남편의 관심을 끌기 위하여 노력한다. 그 이유 중 가장 큰 이유는 자녀를 생산해야 하기 때문이다. 남편의 관심 없이 남편의 사랑을 받을 수 없고, 남편의 사랑 없이 자녀를 생산할 수 없다. 탈무드에는 아내는 남편 앞에서 매력 있게 꾸미라는 율법이 많이 나온다. 반면에 사람들이 많이 있는 곳에 나갈 때에는 너무 치장하지 말라고 권한다(Fuchs, 1985a, pp. 104-105).

유대인의 랍비 문서를 보면, 재미있는 이야기가 나온다. 유대인이 애굽의 노예로 있을 때였다. 애굽의 바로에게 학대를 받으면서도 유대인의 인구 수는 엄청나게 증가했다(출 1:9). 거기에는 그럴 만한 이유가 있었다. 유대인 여성의 숨은 노력이 있었다. 남자들은 노예의 신분으로 애굽의 바로를 위하여 국고성 비돔과 라암셋을 건축하기 위하여 벽돌일을 해야 했다(출 1:11). 남편들은 허리가 휘도록 고된 노동에 시달렸다. 집에 돌아와도 너무 피곤하여 아내에 대한 관심이 없었다. 이럴 때 아내들은 거울을 보며 몸을 예쁘게 단장하고 남편을 유혹했다. 자녀를 생산하기 위해서였다(Scherman, & Zlotowitz, 1994, p. 527). 이처럼 아내는 항상 남편의 시선을 끌 수 있도록 몸을 가꾸어야 한다.

어떤 여성은 집에 있을 때에는 지저분하게 있다가 외출할 때는 예쁘게 단장한다. 잘못된 삶이다. 여성은 남에게 잘 보이기 전에 먼저 가정에서 여성 고유의 향기를 내어야 한다. 남편과 자녀들을 위하여 따뜻한 가정을 만들기 위해서이다. 남편과 자녀들에게 기쁨을 주기 위해서이다. 현숙한 여성은 매사에 신경을 써야 한다. 자신의 몸을 가꾸는 일도 부지런히 해야 한다.

유대인은 동정심 있는 부모의 동정심 있는 자녀들이다.
그리고 창조물에 대한 동정심을 보이지 않는
사람은 확실히 우리 조상 아브라함의 자손이 아니다.
(바빌로니아 탈무드 Betzah 32a)

제6장

어머니의 자산은 눈물이다

첫째 질문: 왜 가정이 메말라 가는가?
둘째 질문: 왜 사회가 차가워지는가?
셋째 질문: 왜 사회의 범죄가 많아지는가?

Ⅰ. 서론

1. 현대 사회의 가장 큰 적은 무엇인가

1991년 1월 걸프전이 있었다. 당시 표면적으로는 쿠웨이트를 불법으로 침공한 이라크를 유엔이 격퇴시킨 전쟁이었다. 그러나 실제로는 미국과 이라크의 역사적인 전쟁이었다. 더 좁게는 미국의 부시 대통령과 이라크의 후세인 대통령의 한판 승부였다. 당시 걸프전은 20세기 최첨단 무기의 시험장이었다. 또한 이 전쟁은 미국에 불리한 사막에서의 전쟁이었다. 따라서 당시 세계의 이목은 걸프전으로 쏠렸다.

그 당시 대 이라크 전쟁을 단시일 내에 성공으로 이끈 사람은 미국의 스워츠코프 장군이었다. 그는 몸집이 유달리 크고 약간 살진 사람이었다. 그가 수행했던 작전 이름이 '폭풍의 작전'이다. 따라서 많은 사람들이 그를 '폭풍의 스워츠코프 장군'이라고 불렀다. 전쟁을 마친 그는 국민적인 영웅 대접을 받았다. 미국 CBS 방송의 바바라 월터스 여사는 그를 20/20 시사 토크 쇼에 초대했다. 바바라 월터스 여사가 물었다. "폭풍의 스워츠코프 장군님! 현재 미국의 적은 무엇이라고 생각하십니까?" 스워츠코프 장군이 대답했다. "나를 폭풍의 스워츠코프 장군이라고 부르지 마시오. 나는 폭풍이 아닙니다. 내가 가장 무서워하는 것은 적군이 아니고 눈물 없는 남자입니다." 거구의 장군에게서 나온 말은 의외였다.

그는 현재 미국의 문제가 무엇인지 정확하게 지적하였다. 미국의 가장 큰 문제는 눈물 없는 남자가 점점 증가하는 데 있다. 이 문제는 미국만의 문제가 아니고 한국도 마찬가지이다. 인본주의가 발달한 현대 사회의 가장 큰 사회문제는 눈물 없는 인간들의 차가운 행위들이다. 눈물이 없으면 가정이 메마르고, 눈물이 없으면 사회가 차가워지고, 눈물이 없으면 사회 범죄가 는다. 적은 밖에 있는 것이 아니고 우리의 마음 속에 있다.

눈물은 과연 무엇인가? 눈물은 인간의 마음과 어떠한 상관 관계가 있는가? 성경은 눈물에 대하여 어떻게 이야기하고 있는가? 눈물의 근원은 어디인가? 왜 눈물 없는 남성이 이 땅에 증가하는가? 그리고 어떻게 하여야 눈물 있는 사회를 만들 수 있는가?

> 예수께서 또 가라사대 이 세대의 사람을 무엇으로 비유할꼬, 무엇과 같은고, 비유컨대… 피리를 불어도 너희가 춤추지 않고 우리가 애곡을 하여도 너희가 울지 아니하였다 함과 같도다.(눅 7:31-32)

2. 눈물이란 무엇인가

어머니는 사랑, 정서, 눈물의 상징이다. 어머니의 본질은 사랑이라고 설명했다. 이 사랑 속에는 정서나 동정(눈물)이 모두 포함된다. 성경이나 유대인의 탈무드에는 '동정(compassion, 同情)'이란 단어가 많이 나온다. 사랑이 많은 사람이 정서도 풍부하고 동정심도 많다. 동정(EQ)은 '남의 불행을 가엽게 여겨 온정을 베푸는 것, 혹은 남의 경우를 이해하여 그 사람과 같은 느낌을 가지는 것(엣센스 국어사전, 1983)'이다. 따라서 동정심이란 '남의 불행을 가엽게 여기어 그 사람과 같은 느낌을 가지는 마음'이라 할 수 있다.

동정심이 많은 사람의 특징은 무엇인가? 눈물이 많다. 눈물 많은 사람이 동정심도 많다. 따라서 국어사전에는 '눈물'을 '동정심'과 동의어로 표기했다(엣센스 국어사전, 1983). 생리학적으로 눈물은 동공 위에 있는 눈물샘에서 나오는 물이다.

인체의 생리학적인 입장에서, 눈물은 두 가지 역할을 한다. 첫째, 눈물은 눈의 동공에 끼인 먼지를 씻어 주어 잘 보이게 해준다. 둘째, 눈물은 눈의 동공을 촉촉하게 하여 윤활유 역할을 한다.

그러나 심리학적인 입장에서, 눈물은 인간의 마음과 깊은 관계가 있다. 눈물은 인간의 마음 속에 있는 희로애락(喜怒哀樂)의 표시이다. 즉 눈물은 인간의 감정의 표현이다. 유대인의 눈물에 대한 격언이 이를 잘 나타내 준다. "기쁨, 슬픔, 노함, 즐거움, 울음을 모르는 사람은 즐거움도 모른다. 밤이 없으면 밝은 낮도 없듯이 감정대로 우는 것을 부끄러워하는 사람은 기쁨을 나타낼 때도 진정 기뻐하지 않고 단지 기쁜 척하는 것이다"(Tokayer, 1989a, p. 211). 따라서 눈물이 많은 사람은 감정이 풍부한 사람이다.

눈물에도 여러 가지 종류가 있다. 남의 불행을 보고 슬퍼서 흘리는 눈물, 기쁠 때 흘리는 눈물, 사랑할 때 흘리는 눈물, 억울할 때 흘리는 눈물,

감격했을 때 흘리는 눈물, 그리고 자신의 진실을 표현할 때 흘리는 눈물 등이다.

그러나 인간 사회에서 가장 큰 비극은 눈물 없는 사람들의 행위이다. 희로애락의 표현이 없는 사회이다. 이러한 사회는 따스한 인정이 없으며, 건조하고 포악하다. 남을 쉽게 해치고도 떳떳해한다. 사람을 쉽게 죽인다. 그들은 화인 받은 양심(딤전 4:2)을 갖고 있다.

예수님은 감정이 메말라 있던 바리새인들과 율법사 같은 패역한 백성을 향하여 "이 세대의 사람을 무엇으로 비유할꼬, 무엇과 같은고, 비유컨대… 피리를 불어도 너희가 춤추지 않고 우리가 애곡을 하여도 너희가 울지 아니하였다 함과 같도다"(눅 7:31-32) 하면서 통분하셨다.

성경에 의하면 눈은 인간의 마음을 상징한다. 그래서 "눈은 몸의 등불이라"(마 6:22)고 말한다. 따라서 눈이 성하면 온몸이 밝을 것이고, 눈이 나쁘면 온몸이 어두울 것이다(마 6:22-23). 따라서 생리학적인 눈물의 역할은 인간의 마음에도 동일하게 적용된다. 첫째, 눈물은 눈의 동공에 끼인 먼지를 씻어 주어 잘 보이게 하는 것처럼, 인간의 마음에 묻은 죄를 씻어 주어 하나님 나라를 밝게 보게 해준다. 예수님은 죄 많은 마리아의 통회의 눈물을 보시고 죄를 사해 주셨다(눅 7:38-44). 유대인의 격언에 "몸을 닦는 것은 비누이고 마음을 닦아 내는 것은 눈물이다"는 말이 있다(Tokayer, 1989a, p. 211). 둘째, 눈물이 눈의 동공을 촉촉하게 해주는 윤활유 역할을 하는 것처럼 건조한 마음을 촉촉하게 해준다. 눈물이 많은 사람은 감정이 풍부하다.

눈물은 인간의 슬픔과 분노를 정화시킨다. 일본에서 오랫동안 거주한 정통파 유대인 랍비 토카이어 씨는 "우리는 마음껏 울고 나면 마음이 맑아진다. 마치 목욕을 한 뒤 상쾌해지는 기분처럼 하나님은 인간의 메마른 영혼에 단비를 내리듯이 눈물을 내려 주셨다. 감정대로 울고 나면 기다리던 비가 내려 가물어 있던 밭을 적셔 주듯이 우리 마음에도 움이 트고 신록의 싱그러움이 만들어진다"(Tokayer, 1989a, p. 211)고 말했다. 눈물은 이처럼 귀한 것이다. 눈물이 얼마나 귀한지는 유대인의 격언에 잘 나타나 있다. "천당 한쪽에는 기도가 무엇인지는 모르지만 평소 울 줄 알았던 사람들을 위한 자리가 있다"(Tokayer, 1989a, p. 211)고. 따라서 눈물은 인간을 인간답게 만들어 준다.

그러면 눈물 있는 동정심은 어디에서 나오는가? 어머니의 눈물 교육에서 나온다. 탈무드에도 "여성의 마음이 부드러움은 잘 알려졌다. '여성은 동정심이 많다'"(Cohen, 1995, p. 161)고 쓰여 있다. 저자는 이제 인간의 동정심의 근원인 어머니의 눈물 교육에 대하여 설명하고자 한다.

II. 눈물에 대한 성서신학적 견해

1. 남성은 불, 여성은 눈물의 상징

A. 남성이 지닌 불의 속성 두 가지

하나님은 인간을 창조하실 때, 남자와 여자가 서로 다른 특징을 갖도록 창조하셨다. 남자는 남성답게 여자는 여성답게 창조하셨다. 그렇다면 남자가 남성답다는 말은 무슨 뜻이고, 여자가 여성답다는 말은 무슨 뜻인가?

먼저 남자가 남성답다는 말의 뜻을 밝히기 위하여 남자에 대한 구약 성경의 히브리 원어의 뜻을 살펴보자. 창세기 2장 20절에서 23절에는 하나님이

어머니는 부드럽고 따뜻하고 정답다. 어머니는 사랑과 정서와 눈물의 상징이다. 따라서 어머니의 사랑을 듬뿍 받고 자란 아이들은 EQ가 높으며, 자신은 물론 타인도 존경하고 사랑할 줄 안다. 사진은 아들을 가슴으로 껴안은 유대인 어머니.

여자를 만드시는 과정이 나온다.

> …아담이 돕는 배필이 없으므로 여호와 하나님이 아담을 깊이 잠들게 하시니 잠들매 그가 그 갈빗대 하나를 취하고 살로 대신 채우시고 여호와 하나님이 아담에게서 취하신 그 갈빗대로 여자를 만드시고 그를 아담에게로 이끌어 오시니 아담이 가로되 이는 내 뼈 중의 뼈요 살 중의 살이라. 이것을 남자에게서 취하였은즉 여자라 칭하리라 하니라.(창 2:20-23)

창세기 3장 23절의 남자란 단어는 히브리어로 '이쉬(ish, אִישׁ)'라고 한다. '이쉬'는 '에이쉬(eish, אֵשׁ)'에서 유래된 단어이다. '에이쉬'라는 단어는

'불(fire)'을 의미한다. 불은 열정적인 힘(verve), 열심(enthusiasm), 욕망(lust), 진취적(initiative)인 특성을 갖고 있다. 따라서 남자는 불을 상징한다. 남자가 남성답다는 말은 불의 특성을 가진 열정, 열심, 욕망, 진취적인 면이 있다는 말이다. 이러한 남자의 특성들은 남자가 다른 동물들과 다르다는 것을 보여 준다(Scherman & Zlotowitz, 1994, p. 13).

불의 특성에는 두 가지 속성이 있다. 첫째는 긍정적인 속성이고, 둘째는 부정적인 속성이다.

첫째, 남성의 긍정적인 불의 속성은 정복, 지혜, 문화 창조의 힘 및 공격적인 열정 등이다(p. 13). 하나님은 아담에게 땅을 정복하고 다스리는 사명을 주셨다(창 1:27-28, 2:19-20). 타락하여 에덴 동산에서 쫓겨난 이후에는 하나님이 아담에게 가시와 엉겅퀴를 내는 땅을 개척하여 생업을 유지하라고 말씀하셨다(창 3:17-18). 현대 말로 바꾸어 말하면, 남성은 가정 밖의 일, 사회와 경제적인 사역(socio-economic development)을 담당한다(Fromm, 1989, p. 39).

둘째, 남성의 부정적인 불의 속성은 파괴성이다. 문자 그대로 남성만 있을 때에는 에이쉬, 즉 불은 불인데 파괴적인 불이 될 수도 있다는 뜻이다. 질서와 도덕의 파괴, 전쟁, 범죄 등이 승할 수 있다. 범죄 소굴이나 감옥에도 여성보다는 남성이 훨씬 많다.

하나님이 창조하신 남성이 남성다워진다는 말은 남성의 불을 더욱 불답게 만들어 준다는 뜻이다. 이 사역은 여성의 몫이다. 여성이 남성의 불을 더욱 불답게 만들어 준다면 남성의 파괴적인 불의 속성은 사라지고, 긍정적인 불의 속성이 유익한 창조적인 불로 발전하여 가정과 사회와 인류에 공헌하게 된다. 그러면 여성이 남성의 불을 더욱 불답게 만들어 주는 방법은 무엇인가? 그 구체적인 방법을 성경에서 알아보자.

B. 여성이 남성의 불을 불답게 해주는 두 가지 방법

남성은 긍정적인 불의 속성도 갖고 있지만, 부정적인 불의 속성도 갖고 있다. 남성의 부정적인 불의 속성은 파괴성이다. 남성의 이런 파괴적인 성격은 여성이 순화시켜야 한다. 하나님은 여성을 남성을 돕는 배필로 주셨기 때문이다.

남성들만 있는 곳은 삭막하기 쉽다. 그런 곳에 여성이 섞이면 분위기가 달라진다. 분위기가 부드럽고 따뜻해진다. 남성들끼리 싸우다가도 여성들이 들어서면 긴장감이 해소된다. 평화스럽다. 여성은 남성의 불을 부드럽게 만드는 중화 작용을 한다.

따라서 여성이 남성을 돕는 일은 두 가지, 첫째, 남성의 긍정적인 불의 속성이 더 좋은 열매를 맺기 위한 내조이고, 둘째, 남성의 부정적인 불의 속성으로 인한 파괴적인 행위를 막는 일이다. 그렇다면 더 구체적으로 여성이 남성을 심리적으로 어떻게 돕겠는가? 여성이 남성을 돕는 구체적인 방법은 크게 두 가지가 있다. 첫째는 여성이 남성과 결혼하는 일이고, 둘째는 남성의 파괴적인 불을 중화시키는 눈물을 생산하는 일이다.

1) 첫째, 남성과 결혼하라

먼저 여성이 남성과 결혼하는 사역부터 살펴보자. 하나님이 남성과 여성을 창조하신 것은 서로 결혼하여 짝을 이루도록 하시기 위함이다. 따라서 남성은 여성이 필요하다. 만약 결혼을 안 한 남성이 많아지거나 가정 생활이 원만하지 못하면 사회는 더욱 불안하게 된다. 퇴폐적인 유흥 업소가 많아지고, 동성 연애자들이 많아지고, 강간 및 살인이 증가한다. 사회가 건전하지 못하고 썩기 시작한다.

유대인이었던 바울이, 남편과 아내가 분방하지 말라(고전 7:5)고 한 말씀은 한글 개역 성경에서 점잖게 표현한 용어이다. 그 원래의 뜻은 남자와 여자가 서로 육체적으로 원할 때 거절하지 말라(고전 7:4)는 뜻이다. 그 이유는 무엇인가? 바울은 그 이유를 사탄으로 너희를 시험하지 못하게 하려 함이라(고전 7:5d)고 말했다. 즉 남편과 아내가 잠자리를 거절하게 되면 사탄이 틈을 타 밖에서 음란죄를 범할 수 있다. 이것은 신부인 성도와 신랑 되신 그리스도 사이에 틈이 생길 때 사탄이 끼여드는 것과 같은 원리이다.

따라서 남자와 여자가 결혼하여 정상적인 부부생활을 할 때 남편의 성격은 원만해진다.

2) 둘째, 남성의 불과 여성의 갈비뼈 역할: 눈물

여성이 남성을 심리적으로 어떻게 돕겠는가? 그 두 번째 방법을 알아보자. 여성은 남성에게 따뜻하고 부드러운 정서(EQ)를 제공해 주어야 한다. 이를 위해서는 여성의 눈물이 필요하다. 여성의 눈물은 남성의 가슴을 따뜻하게 해준다. 그 성서적인 근거를 알아보자.

창세기 2장 23절 말씀에 따르면, 하나님은 여자를 창조하셨고, 그 '여자'란 성(性)의 이름은 아담이 붙여 줬다. 아담이 이것을 남자에게서 취하였은즉 여자라 칭하였다(창 2:23c). 이 때 사용된 '여자'란 단어는 히브리어로 '이솨(isha, אִשָּׁה)'라고 하는데, '이솨'는 '이쉬(ish, אִישׁ, 남성)'에서 유래된 단어이다(Scherman & Zlotowitz, 1994, p. 13). 여성은 남성에게서 나왔다는 뜻이다. 하나님이 여성을 남성의 갈비뼈로 만드셨기 때문이다(창 2:20-22). 따라서 여성은 남성의 갈비뼈 역할을 잘 감당해야 한다. 그렇다면 여성의 갈비뼈 역할은 무엇인가?

남성의 갈비뼈가 있는 부분은 남성의 가슴이다. 갈비뼈는 남성의 가슴을 보호하는 역할을 한다. 남성의 가슴에는 무엇이 있길래 여성은 남성의 가슴을 보호하는 갈비뼈의 역할을 해야 하는가? 의학적으로 가슴에는 여러 가지 장기(臟器)가 있고, 인간의 정서나 마음에 관한 기관은 뇌에 있다. 그러나 왜 동서양을 막론하고 인간은 마음이 아플 때 가슴(heart)이 아프다고 표현하는가? 그 이유는 가슴이 마음을 상징하기 때문이다. 그 근거를 성경에서 찾아보자.

마태복음 5장 8절의 '마음이 청결한 자는 복이 있나니 저희가 하나님을 볼 것임이요'에 쓰인 '마음'은 희랍어로 '카디아스(kadias)', 영어로는 '하트(heart)'이다. '하트'는 말 그대로 '심장(가슴)'을 의미한다. '하트'는 인간 생명의 좌소(座所)요 중심지이다. 그런데 성경에서는 이 심장(가슴)이 은유적으로 욕망, 느낌, 정서, 열정의 좌소인 마음으로 쓰였다(The Complete Word Study Dictionary, 1992, p. 819).

따라서 남성의 가슴은 그의 마음과 정서가 있는 곳이다. 그러므로 여성이 남성의 갈비뼈 역할을 잘 한다는 말은 바로 남성의 가슴에 따뜻한 마음과 아름다운 정서를 심어 주는 역할을 잘 한다는 뜻이다. 남성이 정서적으로 안정감이 있을 때 남성은 고독에서 해방되어 기쁨을 되찾는다. 그렇다면 여성이 어떻게 남성의 가슴에 따뜻한 마음과 아름다운 정서를 심어 줄 수 있는가? 그 방법은 여성이 자신의 눈물을 남성의 가슴에 촉촉이 뿌려 주는 것이다. 왜냐하면 여성은 눈물의 상징이기 때문이다.

여자가 남자와 결혼하여 한몸을 이루어 남자의 마음을 잘 지키어 갈비뼈의 역할을 잘 할 때에 그 가정의 부부는 서로의 역할을 잘 조화시킬 수 있다. 그리고 그들은 하나님의 임재를 자신들의 불(fire)로 세상 속에 끌어낼 수 있다. 이것이 하늘의 뜻을 땅에서 이루는 방법이다. 그러나 만약 아내가 갈비뼈 역할을 잘 못 하여 부부 사이에 하나님이 계시지 않다면 남는 것은 파괴적인 불뿐이다(Aiken, 1996, p. 93). 즉 남성의 불은 가정에 하나님이 계실 때에만 오직 하나님의 영광을 위하여 사용될 수 있다는 말이다.

2. 여성이 사회를 따뜻하게 하는 방법

A. 유대인 여성은 가루 반죽으로 할라 빵을 빚는다

연약한 여성이 어떻게 삭막하고 차가운 사회를 따뜻하게 변화시킬 수 있을까? 이 문제는 연약한 여성이 강하고 파괴적인 남성을 어떻게 부드럽고 따뜻하게 변화시킬 수 있는가란 질문과 동일하다. 이를 설명하기 위해서는 하나님이 남자와 여자를 창조하실 때 사용하신 재료를 비교하고, 그 창조 방법을 알아야 한다.

창세기 2장 7절에는 하나님이 아담을 지으실 때 사용하신 재료가 나온다. "여호와 하나님이 흙으로 사람을 지으시고 생기를 그 코에 불어넣으시니 사람이 생령이 된지라"(창 2:7).

아담이란 단어 자체가 '흙에서 지음 받은 사람' 이란 뜻이다. 즉 '아담' 의 어근은 '흙' 이다(이상근, 1989, pp. 34, 39). 아담은 남성이다. 따라서 남성의 재료는 흙과 생기이다. 그러나 흙은 그 자체만으로는 어떠한 형상도 형성할 수 없다. 흙을 반죽하기 위해서는 반드시 물이 필요하다.

탈무드는 이 사실을 뒷받침해 준다. 랍비 요세 벤 카짜타의 말에 의하면, 하나님은 아담을 만드실 때 흙에 물을 섞어 빚으셨다. 그 성서적 증거는 창세기 2장 7절의 하나님이 아담을 창조하시기 바로 전, 6절을 보면, "안개만 땅에서 올라와 온 지면을 적셨더라"란 말씀이 있다. 따라서 하나님은 흙에 물을 섞어서 사람의 형상을 지으셨다(Fuchs, 1985a, p. 8).

이 말씀에서 두 가지 사실을 발견할 수 있다. 첫째, 하나님이 아담을 만드실 때 사용하신 재료는 흙과 생기 이외에 물도 있었다는 사실이다. 둘째, 하나님이 아담을 만드신 방법이 토기장이처럼 흙과 물을 섞어 먼저 반죽을 만들고 그 일부를 떼어 내어 사람의 형상을 빚었다는 사실이다.

유대인은 하나님이 아담을 만드시는 데 사용하셨던 재료와 방법을 가정에서 남성과 여성의 관계에서 여성의 임무를 규정하는 데 사용한다. 먼저 설명한 대로 유대인 여성에게는, 하나님이 사람의 형상을 빚으신 것처럼 가정에서 상징적으로 사람의 형상을 빚으라는 율법이 주어졌다. 그것은 하나님이 흙에 물을 섞어서 사람의 형체를 빚으신 것처럼, 여성이 곡식 가루에 물을 부어 반죽을 하여 빵을 만드는 일이다. 이 율법을 '할라' 라고 하며, 만든 빵 이름도 '할라' 이다. 여기에서 곡식 가루는 '흙' 을, 빵의 형체는 '사람의 형체' 를 상징한다(p. 8). 따라서 유대인은 안식일에 어머니가 할라 빵을 직접 만든다.

이 할라는 옛날 맨 처음 추수한 곡식 가루로 만든 빵으로 하나님에게 바친 거제를 제사장이 먹은 것에서 유래한다(민 15:19-20)(Lamm, 1993, p. 59). 그러면 왜 유대인 가정에서는 여성이 할라를 만드는가? 할라를 만드는 과정에 어떠한 유대인의 종교적 뜻이 있는가? 그 깊은 내용을 알아보자.

탈무드에 의하면 여성인 하와는 남성인 아담에게 선악과를 먹게 하여 죽게 했다(창 3:6). 따라서 여성은 그 죄의 대가로 남성의 영혼을 다시 하나님의 형상대로 만들어야 할 책임이 있다. 이 말을 다른 말로 표현하면, 여성이 세상의 '할라' 인 남성을 더럽혔다. 고로 여성은 그 죄의 대가로 다시 남성을 깨끗하게 일으켜야 할 책임이 있다(p. 8)는 뜻이다.

성경은 흙으로 사람을 만드신 하나님을 토기장이로 비유하였다. "여호와여 주는 우리 아버지시니이다. 우리는 진흙이요, 주는 토기장이시니 우리는

유대인 어머니는 안식일 절기를 위하여 할라 빵을 만든다. 오른쪽의 밀가루 반죽에서 덩어리를 떼어 내 세 가닥을 빚은 후 그것을 꼬아 만든다. 이것은 타락한 인간을 여성이 다시 하나님의 형상대로 빚는 것을 상징한다.

유대인 어머니가 오븐에서 구운 할라 빵을 꺼내는 모습.

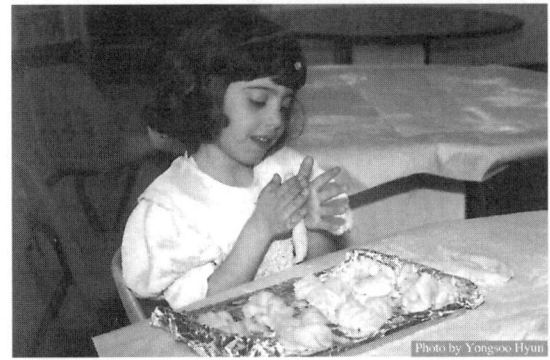

유치원에서 한 여자 어린이가 할라 빵 만드는 연습을 하고 있다.

제6부 유대인의 어머니 교육 99

다 주의 손으로 지으신 것이라"(사 64:8).

따라서 토기장이(하나님)가 흙과 물로 질그릇(아담)을 만들 듯, 유대인 여성은 곡식 가루에 물을 부어 반죽을 하여 그 중 일부를 떼어 내어 빵의 형체를 만든다. 이 때에 기도문을 외운다. 이 가루 반죽은 절대로 할라 빵 이외에 사용해서는 안 된다. 꼭 가루 반죽에서 떼어 낸 부분은 할라 빵의 모양을 만들어 오븐에 넣고 구워야 한다(Fuchs, 1985a, pp. 176-179).

유대인 어머니가 밀가루를 반죽하는 모습과 방법은 죽은 아담을 다시 빚어 일으키는 상징적인 모습이다. 유대인 여성은 전 가족이 먹을 가루 반죽 덩어리에서 일부를 떼어 내어 여러 개의 할라 빵을 만든다. 각 할라 빵의 모습에서 가족의 모습을 발견할 수 있다. 하나하나의 빵의 형체를 형성하기 위해서는 유대인 어머니의 노력, 정성, 그리고 솜씨(재능)와 눈물이 필요하다.

유대인 어머니가 가루 반죽을 만들고, 반죽 덩어리에서 일부를 일일이 떼어 내어 정성스럽게 빵의 형체를 만드는 모습에서 어머니가 아기를 임신하여 10개월 동안 자궁에서 사람의 형체를 갖도록 키우는 모습을 상상할 수 있다. 그뿐만 아니라 유대인 어머니는 아기를 낳은 후에도 섬세하고 정성스럽게 하나님의 형상대로 키울 책임이 있다. 이러한 의미에서 인류 최초의 여성의 이름 '하와'는 '생명을 주는 자'란 뜻이다(창 3:20).

여성은 자녀에게 육적 생명뿐만 아니라 영혼의 생명도 주어야 할 책임이 있다(Hirsch, 1989a). 이처럼 여성은 한 가정에서 남편과 자녀들이 사람다운 모습으로 형성되는 데 지대한 공헌을 한다. 따라서 우리는 유대인 어머니의 '할라' 의식에서 하와의 죄를 대속하는 의미 이상의 교육학적 가치를 발견할 수 있다.

B. 여성은 남성의 재료인 흙에 물을 부어라

성경에서 흙은 사람의 마음을 상징한다(욥 4:8; 렘 4:3; 호 10:13; 마 13:24-30). 따라서 사람의 마음인 흙에 물이 없을 때 사람은 사람의 구실을 제대로 할 수 없다. 두 가지 예를 보자. 첫째, 사람의 형상적인 입장에서, 남성은 흙으로 만들어졌기 때문에 물이 없을 때는 사람의 제 모습을 잃게 된다. 즉 남성으로서의 자아 형성이 약하여 남성적인 제 구실을 못 한다는 말이다.

둘째, 사람의 정서적인 입장에서, 남성은 흙으로 만들어졌기 때문에 물이 없을 때는 단단하고, 물이 섞이면 약해진다. 따라서 딱딱한 흙에는 더 많은 물이 필요하듯이, 강퍅한 남성에게는 여성의 더 많은 눈물이 요구된다.

흔히 여성들에게 말한다. 남편에게 어머니처럼 대하라고. 왜 그런가? 아내는 남편에게 어머니 같은 존재이기 때문이다. 가정에서 남성을 위한 물은, 돕는 배필인 여성이 준비해야 한다. 유대인 여성이 할라를 만들 때 사용하는 액체는 오직 물이어야 한다. 다른 과일 주스나 차는 안 된다(Fuchs, 1985a, p. 177). 여성이 갖고 있는 물은 눈물이다. 유대인 여성이 물로 곡식 가루를 반죽하여 할라다운 할라를 예쁘게 빚듯이, 가정에서는 여성이 남편과 자녀를 눈물로 반죽하여 하나님의 형상을 닮도록 예쁘게 빚어야 한다. 여성의 눈물로 반죽된 남편이나 자녀는 결코 망하는 법이 없다.

혹자는 구원론적인 입장에서 하나님의 형상을 닮는 필수 조건으로 흙이나 물을 들지 않고 하나님의 생기를 들기도 한다. 그러나 유대인은 이미 하나님의 백성, 즉 생기를 받은 백성임을 믿고 자신들의 성화의 도구로 율례와 법도를 만든 것이다. 따라서 기독교인도 둘째 아담인 예수님을 믿고 하나님의 생기를 받아 구원받은 백성임을 믿고 남성을 돕는 여성의 의무를 강조하는 입장에서 본문을 이해해야 무리가 없다. 또한 저자는 구약을 신약의 그림자

(골 2:16-17; 히 8:5)로 보고 유대인의 율법에서 교육학적인 의미를 찾아내고자 한다.

또한 남성은 불을 상징한다(Scherman & Zlotowitz, 1994). 남성의 파괴적인 불을 끄기 위해서도 여성은 남성의 가슴에 눈물을 흘려 부어야 한다. 따라서 남성을 감동하게 하여 남성의 마음을 부드럽게 할 수 있는 유일의 무기는 여자의 눈물이다.

아무리 강한 남자라도 아내의 눈물에는 약하다. 그 이유는 무엇인가? 여성의 가슴은 정서와 눈물의 샘이기 때문이다. 자녀들에게도 마찬가지이다. 자녀를 무엇으로 설득하겠는가? 특히 요즘의 아이들은 기성 세대보다 논리적이며 말을 잘 한다. 그들을 이길 방법은 눈물밖에 없다. 아무리 무식한 엄마라 하더라도 하나님께서는 그녀에게 눈물을 선물로 주시지 않았는가?

여성이 남성의 가슴에 눈물을 흘려 부을 때 남성의 파괴적인 불의 속성은 점차 사라지고, 상대적으로 남성의 창조적이고 긍정적인 불은 더욱 빛을 발하게 된다. 그 이유는 여성의 눈물이 남성의 가슴에 뿌려지면 남성의 가슴에 아름다운 정서가 형성되고, 남성의 가슴에 아름다운 정서가 형성되면 그 남성의 가슴에 하나님의 선의 속성이 자리잡기 때문이다. 이것은 하나님의 사랑에 근거한 것이다. 따라서 여성이 남성의 가슴에 눈물을 흘려 부을 때 그 사랑에 근거하여 남성의 창조적인 불의 속성이 긍정적인 방향으로 발전하므로 가정과 사회와 인류를 위하여 사용된다.

C. 여성이 남성보다 강한 이유

창세기 2장에는 다음의 두 말씀이 나온다.

> 여호와 하나님이 흙으로 사람을 지으시고 생기를 그 코에 불어넣
> 으시니 사람이 생령이 된지라.(창 2:7) …여호와 하나님이 아담에
> 게서 취하신 그 갈빗대로 여자를 만드시고….(창 2:22)

남자인 아담의 재료는 흙이고, 여자인 하와의 재료는 갈비뼈이다. 재료학적으로 갈비뼈가 흙보다 훨씬 더 강하다. 그런데 어떻게 연약한 여성이 갈비뼈처럼 강해질 수 있는가? 그 비결은 여성에겐 가장 큰 무기인 사랑의 눈물이 있기 때문이다. 남성인 흙보다 여성인 갈비뼈가 더 강한 이유가 바로 여기에 있다. 이는 마치 예수님의 사랑이 부드럽고 연약한 것 같아도 십자가 사건 이후 철처럼 강한 로마는 무너졌지만, 그리스도는 사랑으로 전 세계를 정복하고 있는 것과 마찬가지 논리이다. 온유한 자가 땅을 기업으로 받게 된다(마 5:5).

여성의 무기는 결코 태권도나 권력, 혹은 명예가 아니다. 돈도 아니다. 오직 눈물이다. 눈물 없는 여성은 망한다. 눈물 없는 여성은 자신만 망하는 것이 아니고 남편도 망하게 하고, 자녀도 망하게 한다. 눈물 없는 여성은 온 가정을 망하게 한다. 눈물 없는 여성은 진정으로 남성을 이길 수 없다.

유대인이 존경하는, 눈물로 기도한 대표적인 여성은 한나이다. 그녀는 눈물의 기도로 사무엘을 얻었다(사무엘상 1장). 그리고 그의 아들을 눈물의 기도로 위대하게 키웠다. 현숙한 여성의 필수 조건 중 하나는 자녀를 위하여, 남편을 위하여, 가족을 위하여, 교회를 위하여, 그리고 민족을 위하여 쉬지 않고 눈물로 기도하는 일이다.

여성의 눈물은 남편도 울게 하고, 자녀도 울게 하고, 하나님까지도 울게 할 수 있다. 따라서 여성은 눈물이 있을 때만 자녀들을 눈물 있는 사람으로 만들 수 있고, 더 나아가 온 지구상의 인류를 눈물 있는 사람으로 만드는 위

대한 역할을 감당할 수 있도록 창조되었다.

따라서 여성의 갈비뼈가 남성의 흙보다 강한 이유는 여성의 갈비뼈의 역할이 사랑, 정서, 눈물이기 때문이다.

3. 유대인에게 이상적인 신부감의 세 가지 요소

유대인 어머니는 신앙의 유산을 자녀에게 전수시켜야 할 책임이 있다. 따라서 유대인 가정마다 며느리를 잘 얻으려고 노력하는 것은 한국 가정과 마찬가지이다. 유대인 가정에서 귀하게 여기는 이상적인 신부감의 요소가 세 가지 있다. 그것은 첫째, 동정심, 둘째, 정숙함, 셋째, 친절이다. 이 세 가지 요소 중 첫번째 동정심과 세 번째 친절은 여성의 모성애에서 나온다. 따라서 눈물이 없고, 교만하고, 남을 미워하는 여성은 유대인의 결혼 대상에서 제외된다. 이러한 여성은 가정의 평화와 자녀 교육에 해를 끼치는 여성이기 때문이다(Lamm, 1980, pp. 98-99).

그 이상적인 예로 이삭의 아내 리브가를 들 수 있다. 창세기 24장에는 아브라함이 아들 이삭의 신부감을 구하기 위하여 남종 엘리에셀을 자신의 고향땅으로 보내는 이야기가 나온다. 엘리에셀이 현지에 도착했을 때는 저녁이었다. 그는 리브가를 우물가에서 만났다. 그는 리브가가 주인님의 며느리감으로 적합한지 아닌지를 무엇을 기준으로 판단하였는가?

물론 리브가의 미모나 정숙한 분위기도 중요했지만, 그는 리브가가 관대한 사람임을 알았다. 그녀는 나그네인 자신을 잘 대접해 주었을 뿐만 아니라, 타고 간 낙타에까지도 관대하였다(Lamm, 1980, p. 98). 나그네를 돕는 관대함은 그녀가 동정심이 풍부하다는 것을 뜻한다. 동정심을 가진 여성은 여

유대인 여성은 어릴 때부터 EQ가 풍성한 이상적인 신부감으로 양육된다. 사진은 유월절에 집안 언니가 동생에게 유월절 행사에 대하여 가르치는 정겨운 모습.

성다운 여성이다. 유대인의 조상, 아브라함의 종 엘리에셀은 이 점을 귀하게 여겼다. 그는 자신의 주인 아브라함이 어떠한 여성을 원하는지 잘 알고 있었기 때문이다. 유대인은 여성의 눈물, 동정심, 그리고 친절을 여성의 가장 귀한 가치로 여긴다.

4. 하나님은 EQ 상담자: 하나님의 사람은 왜 눈물이 많은가

A. 하나님의 은혜를 받아야 눈물이 나온다

눈물은 누가 흘리는가? 눈물은 아무나, 어느 때든지 흘릴 수 있는가? 그렇지 않다. 양심이 살아 있는 사람만이 흘릴 수 있다. 양심이 살아 있는 사람은 하나님의 사람이다. 따라서 하나님의 사람은 눈물이 많다. 왜냐 하면 눈물의 사람은 하나님의 속성을 닮은 사람이기 때문이다.

눈물은 왜 위력이 있는가? 눈물은 단순한 액체가 아니다. 마음이 우는 것이다. 마음이 우는 것은 인간 영혼의 울림이다. 인간 영혼의 울림은 하나님이 가장 기뻐하시는 일이다. 하나님이 원하시는 회개는 옷을 찢지 말고 마음을 찢는 일이기 때문이다(욜 2:12). 따라서 물리적인 물은 막을 수 있지만, 마음에서 솟아나는 눈물은 막을 수 없다. 고로 눈물은 진실하게 사는 사람만이 흘릴 수 있는, 하나님이 주신 특별한 선물이다. 눈물에는 거짓이 없다. 왜냐 하면 눈물을 흘릴 수 있다는 것은 양심이 살아 있다는 증거이기 때문이다.

그러면 어떻게 해야 눈물을 흘릴 수 있는가? 인간이 눈물의 사람이 되는 길은 두 가지가 있다. 첫째는, 어머니를 통해서이고, 둘째는, 성령을 받는 길이다. 그 이유는 이렇다. 앞서 언급한 대로 눈물의 원천은 하나님이시다. 창조주 하나님이 이미 창조의 원리에 따라 여성에게 이 눈물의 은사인 동정심을 주셨다(Lamm, 1980, p. 99).

그러면 어머니와 성령과 눈물은 어떤 관계가 있는가? 유대인은 어머니를 성령으로 표현한다(Tokayer, 1989a, p. 229). 따라서 인간이 성령을 받으면 어머니에게서 눈물의 교육을 받은 사람처럼 눈물의 사람이 된다.

이 말은 인간이 눈물의 사람이 되기 위해서는 하나님의 은혜를 받아야 한다는 말이다. 하나님의 은혜를 받는다는 말은 성령을 받는다는 말과 같다. 세상에서 강퍅한 죄인들이 교회에 나가서 성령의 은혜를 받게 되면 제일 먼저 눈물을 흘린다. 어떤 이들은 통곡을 하며 눈물 콧물을 다 쏟는다. 하나님의 말씀을 받을 때 양심의 가책을 느껴 죄를 회개하기 때문이다(행 2:37-38). 눈물은 인간 마음 속에 있는 악한 죄의 독소를 씻어 주는 역할을 한다. 성령을 많이 받으면 받을수록 눈물을 더 많이 흘린다. 따라서 성령을 받으면 죄를 회개하고 강퍅한 마음의 흙이 깨어져 부드럽게 된다. 용서가 있고 포용력이 커진다. 이것이 바로 EQ가 있는 사람의 마음이다.

그러나 설사 기독교인이라 하더라도 은혜를 못 받으면 차갑고 인정 없는 바리새인과 같은 사람이 될 수밖에 없다. 그들은 희로애락을 표현하는 감정이 없기 때문이다(눅 7:29-32).

또한 성도가 눈물로써 하는 기도에는 능력이 있다. 그리스도는 남편이고, 성도는 아내이다. 아내 된 성도가 남편 된 그리스도의 마음을 어떻게 움직일 수 있는가? 그 방법은 그리스도를 감동시켜야 한다. 그리스도를 감동시키는 방법은 눈물밖에 없다. 돈이나 명예나 권력으로 되는 것이 아니다. 세상적인 방법이 안 통한다. 마음을 찢고 울어야 한다.

인간은 하나님의 성경의 은혜를 받아야 눈물의 사람이 된다. 사진은 간절히 기도하는 유대인 어머니. 서서 기도책을 읽으며, 허리를 굽히기도 한다.

그러므로 하나님의 사람들은 하나님에게 눈물을 간구한다. 예레미아 선지자는 "어찌하면 내 머리는 물이 되고 내 눈은 눈물 근원이 될꼬"(렘 9:1)라고 간구하였다. 다윗은 또한 도망자로서 겪는 생활의 고통을 하나님께 기도하면서 "나의 유리함을 주께서 계수하셨으니 나의 눈물을 주의 병에 담으소서. 이것이 주의 책에 기록되지 아니하였나이까"(시 56:8)라고 반문했다.

하나님이 주신 눈물은 마음의 슬픔을 씻어 준다. 눈물은 슬픔을 위로해 준다. 따라서 눈물 있는 상담자만이 상처받은 이의 아픔을 치유해 줄 수 있다. 오늘날 우리 사회에 필요한 상담자는 눈물 있는 EQ 상담자이다. 상담의 논리만 아는 IQ 상담자는 지식은 전달하지만 사람의 상처받은 마음은 치유할 수 없다.

유대인은 모든 고난의 일들은 '하나님의 기념책'에 기록된다고 믿는다. 여호와께서는 여호와를 경외하는 자와 그 이름을 존중히 생각하는 자를 위하여 '여호와의 기념책'에 기록하시기 때문이다(말 3:16). 탈무드에는 "기도의 문들이 잠겼을지라도, 눈물의 문은 닫히지 않았다"고 말한다(Cohen, 1992, p. 178). 그만큼 하나님은 우는 자의 기도를 들으신다는 뜻이다.

예수님께서도 "우는 자는 복이 있나니, 너희가 웃을 것임이요"(눅 6:21), "애통하는 자가 복이 있나니 저희가 위로를 받을 것임이요"(마 5:4)라고 말씀하셨다. 정녕 성경은 우는 자가 복이 있다고 말씀하고 계신다. 따라서 성도는 하나님의 은혜를 받고 눈물로 기도해야 한다.

B. 성서에 나타난 눈물의 사람들

성경은 눈물의 사람들이 쓴 책이다. 눈물은 하나님의 속성이기 때문이다. 다윗은 이스라엘의 두 번째 왕이다. 그는 장군이었으며, 또한 위대한 시인이었다. 그는 강한 장군이면서도 눈물의 사람이었다. 그는 자신의 죄를 회개하면서 "내가 탄식함으로 곤핍하여 밤마다 눈물로 내 침상을 띄우며 내 요를 적시나이다"(시 6:6)라고 할 정도로 울었다. 눈물로 홍수를 이루어 침상이 둥둥 뜨고 요가 흠뻑 젖었을 정도였다.

예레미아 선지자는 하도 눈물을 많이 흘려서 "내 눈은 눈물의 샘"(렘 9:1)이라고 말했다. 시편 기자는 사람들이 주의 법을 지키지 않으므로 "내 눈물이 시냇물처럼 흐르나이다"(시 119:136)라고 탄식했다. 또한 시편 기자는 "저희는 눈물 골짜기로 통행할 때에 그 곳으로 많은 샘의 곳이 되게 하며 이른비도 은택을 입히나이다"(시 84:6)라고 증언했다. 이는 눈물의 고난을 통과하면 하나님의 기쁜 축복을 받는다는 뜻이다.

예수님의 생애도 눈물의 가시밭길이었다. 나사로의 죽음 앞에서 그의 여동생 마리아와 모든 유대인이 우는 것을 보시고 예수님도 함께 우셨다(요 11:32-35). 여리고에서 두 소경의 간청을 들으시고 민망히 여기셨다(마 20:34). 목자 없는 양을 보시고 민망히 여기셨다(마 9:36). 그리고 예수님은 사랑하는 조국 예루살렘을 위하여 우셨다. 그는 예루살렘 성이 적군의 군화에 짓밟혀 처절하게 망할 것을 예견하시고 우셨다(눅 19:41-44). 예수님은 육체에 계실 때에 자기를 능히 구원하실 이에게 심한 통곡과 눈물로 간구와 소원을 올리신 바 있다(히 5:7).

사도 바울도 많이 울었다(행 20:19, 31; 고후 2:4). 그는 에베소 교회에 "…내가 삼 년이나 밤낮 쉬지 않고 눈물로 각 사람을 훈계하던 것을 기억하라"(행 20:31)고 호소했다. 하나님의 사람들은 눈물의 사람들이었다. 하나님은 눈물의 기도를 들어 주신다. 하나님은 눈물과 긍휼의 원천이시기 때문이다. 따라서 눈물이 없는 사람은 하나님의 사람이 아니다.

현대인은 울음을 잃어버린 시대에 살고 있다. 눈물이 메마른 시대이다.

때문에 성령께서 탄식하신다. "우리가 마땅히 빌 바를 알지 못하나 오직 성령이 말할 수 없는 탄식으로 우리를 위하여 친히 간구하시느니라"(롬8:26). 그렇기 때문에 우리라도 먼저 울어야 한다.

III. 눈물의 여인들의 예

1. 성 어거스틴의 어머니 모니카

미국 로스앤젤레스 서편 바닷가에는 산타 모니카라는 조그만 도시가 있다. '산타 모니카'는 성(聖) '모니카'라는 뜻의 스페인 말이다. 성녀 모니카는 성자 어거스틴의 어머니이다. 그녀는 아프리카 북부 지방 히포에 거주하는 촌부였다. 그녀의 남편은 술과 여자에 탐닉한 비기독교인이었다. 그나마도 그녀는 40세에 과부가 되었다. 그러나 그녀는 후대에 위대한 어머니로 존경을 한몸에 받는다. 그 이유는 그녀가 하나님께서 주신 눈물의 무기를 최대한 이용한 기도의 여인이었기 때문이다.

성 어거스틴은 주후 4세기의 교부요, 성자요, 신학자로 유명하다. 그는 기독교 역사에 위대한 한 시대를 여는 데 공헌했다. 그는 354년 11월 1일 태어났다. 그의 어머니는 현숙한 기독교 여인이었다. 일찍 과부가 된 모니카에게는 한 맺힌 기도가 있었다. 타락하는 어린 아들 어거스틴을 위한 기도였다. 방탕했던 남편이 생전에 열일곱 살짜리 아들을 술집에 데리고 다닌 덕택(?)이었다. 어거스틴은 머리는 좋은데 세상의 쾌락에 취하여 방탕한 생활을 하고 있었다. 그나마도 어거스틴이 고향 아프리카 히포에 있을 때는 곁에 있어서 좋았는데, 29세 되던 383년에 훌쩍 로마로 떠나 버렸다. 그 당시 로마는 세계 최대의 도시였으며, 또한 술과 여자가 있는 세계 최대의 환락 도시였다.

어거스틴은 그 곳에서 방탕한 생활을 했다. 어머니 모니카로서는 보통 큰 근심이 아니었다. 그녀는 매일 교회에서 울면서 아들을 위하여 기도했다. 피눈물의 기도였다. 하루는 그 교회 교부가 너무 간절히 눈물로 기도하는 모니카의 모습에 감동하여 "여인이여, 눈물로 기도하는 어머니가 있는 한 그 자녀는 결코 망하는 법이 없습니다"라고 위로해 주었다. 교부의 이 위로의 말씀은 후에 현실이 되었다.

어거스틴이 로마에 간 지 3년이 되었을 때의 일이다. 하루는 어거스틴이 집 정원에 있는데 옆집 아이가 "집어 읽으라! 집어 읽으라!"고 소리쳤

사진은 성전을 빼앗긴 날을 기념하는 티샤 바브 절기에 회당의 여성 기도실에서 민족을 위하여 눈물로 기도하는 유대인 여성들. 정통파 유대인 회당에서는 남성과 여성의 좌석을 구분하여 서로를 못 보게 한다. 그 이유는 남성들은 절제력이 약하여 여성을 보게 되면 하나님에 대한 기도 집중력이 떨어지기 때문이다.

다. 그는 무심코 옆에 있던 책을 집어 읽었다. 그 책은 친구가 선물한 로마서였다. 그가 읽은 성경 구절은 로마서 13장 13절과 14절의 말씀이었다.

> 낮에와 같이 단정히 행하고 방탕과 술 취하지 말며, 음란과 호색하지 말며, 쟁투와 시기하지 말고, 오직 주 예수 그리스도로 옷 입고 정욕을 위하여 육신의 일을 도모하지 말라. (롬 13:13-14)

어거스틴은 이 말씀을 읽고 자신의 죄를 회개하기 시작하였다. 온전히 거듭나기 시작했다. 이 때가 어거스틴이 32세 되던 386년 여름이었다. 어거스틴의 어머니 모니카가 오랫동안 쉬지 않고 피눈물로 기도한 데 대한 응답이었다. 그 후 어거스틴은 신학을 공부하여 기독교 역사에 위대한 흔적을 남겼다. 그는 44년 간 그리스도를 섬기면서 생을 마감할 때(430년)까지 70권의 기독교 서적을 썼다. 그가 쓴 〈성 어거스틴의 참회록〉과 〈하나님의 도성〉은 현재까지도 많이 읽히는 명저이다. 어머니의 눈물의 기도를 하나님께서는 외면하지 않으신다(Hefley, 1973, Walker, 1985. 참조).

이를 하나님의 예정론에 맞추어 해석하면, 하나님께서 어거스틴을 들어 쓰시기 위하여 어머니 모니카로 하여금 한(恨) 맺힌 기도를 하도록 하셨다고 볼 수 있다. 마치 하나님께서 사무엘을 준비하시기 위하여 사무엘의 어머니 한나로 하여금 제단에서 통곡하며 한 맺힌 기도를 하게 하심과 같다. 그 당시 한나의 기도가 너무나 처절하여 엘리 제사장의 눈에는 한나가 술 취한 것으로 오해를 받았을 정도였다. 하나님은 하나님의 주관대로 역사를 운행하시나 그 역사의 운행을 위하여 성도로 하여금 눈물 어린 기도의 씨를 먼저 심게 만드신다. 직접 성경 말씀을 보자.

한나가 마음이 괴로워서 여호와께 기도하고 통곡하며 서원하여 가로되, 만군의 여호와여 만일 주의 여종의 고통을 돌아보시고 나를 생각하시고 주의 여종을 잊지 아니하사 아들을 주시면 내가 그의 평생에 그를 여호와께 드리고 삭도를 그 머리에 대지 아니하겠나이다. 그가 여호와 앞에 오래 기도하는 동안에 엘리가 그의 입을 주목한즉, 한나가 속으로 말하매 입술만 동하고 음성은 들리지 아니하므로 엘리는 그가 취한 줄로 생각한지라. 엘리가 그에게 이르되, 네가 언제까지 취하여 있겠느냐. 포도주를 끊으라… 내가 지금까지 말한 것은 나의 원통함과 격동됨이 많음을 인함이니이다. 엘리가 대답하여 가로되, 평안히 가라. 이스라엘의 하나님이 너의 기도하여 구한 것을 허락하시기를 원하노라. 가로되, 당신의 여종이 당신께 은혜 입기를 원하나이다 하고 가서 먹고 얼굴에 다시는 수색이 없으니라. (삼상 1:10-18)

생사를 건 눈물의 한 맺힌 기도를 한 역군은 바로 어머니이다. 따라서 여성은 약하나 어머니는 강하다. 이것이 바로 여인에게는 자녀에 대한 사랑의 표현이요, 하나님의 편에서는 하나님의 역사를 이루시는 방편이시다.

2. 이민 가정의 예

저자가 평신도 시절 교회에서 고등부 교사로 일할 때였다. 저자가 지도하던 반에 이민 온 지 얼마 안 된 고등학교 2학년짜리 남학생이 한 명 있었다 (편의상 S라 함). 초기 이민자는 생업을 위하여 많이 노력해야 한다. 자녀들에게는 타락의 유혹들이 사방에 도사린다. 영어를 모르는 상태에선 학교 공부가 너무나 힘들기 때문이다. 이럴 때 불량한 학생들의 유혹도 많이 받는다.

하루는 S가 저자를 찾아와서는 방황하는 자신의 처지에 대하여 상담을 하였다. "선생님, 제 주위에는 많은 불량배들이 있는데, 그들의 유혹이 있을 때마다 저는 어머니가 생각나요." "특별한 일이라도 있니?" 저자가 물었다. 그는 그 이유를 설명하였다.

"우리 아버지는 한국에서 엘리트 은행원으로 일하셨고, 어머니도 엘리트 여성이십니다. 그런데 미국에 이민 오셔서 직업이 마땅치 않아 햄버거 가게를 차렸습니다. 아버지는 앞치마를 두르고 햄버거를 굽고, 어머니는 햄버거 주문을 받습니다. 가게문은 아침 8시에 열고 밤 12시에 닫습니다. 부모님들이 집에 들어오시면 12시 반이 넘습니다. 우리에게는 부모님의 얼굴을 볼 수 있는 시간이 별로 없습니다. 부모님들은 늦게 집에 돌아오셔서 가정 제단을 쌓습니다. 먼저 두 분이 성경을 한 장씩 읽습니다. 그 후 기도를 통성으로 시작합니다. 기도하실 때 두 분은 낮은 목소리로 시작합니다. 그런데 시간이 지나면서 어머니의 기도 소리는 점점 더 커지기 시작합니다. 그러다가 흐느낍니다. 나중에는 통곡하기 시작합니다."

그 학생에 따르면, 어머니의 기도의 내용은 대강 이렇다. "하나님, 아이들 교육 때문에 우리가 미국에 이민 왔는데, 아이들 얼굴도 보지 못합니다. 이 일을 어떻게 해야 합니까? 사춘기에 처한 이 아이들이 잘못되면 어떡합니까? 아이들을 보살필 수 있는 시간을 허락하여 주시옵소서. 아이들이 가는 곳마다 하나님의 천사를 붙여 주셔서 아이들이 잘못되지 않도록 도와 주소서. 하나님이 안 도와 주시면 우리는 어떡합니까…"

S는 말을 계속한다. "우리 집에는 세 남매가 있는데요, 각자 방에서 곤히 자다가 어머니의 커다란 통곡 소리에 모두 잠을 깹니다. 어머니가 제 이름을

부르며 흐느껴 우시면, 저도 제 방에서 어머니와 같이 웁니다. 베갯잇이 젖기 시작합니다. 제 주위의 많은 불량한 아이들이 갱에 가입하자고 유혹할 때마다 저는 통곡하시는 어머니의 기도 소리가 생각나서 차마 그렇게 하지 못합니다."

그 학생은 이 얘기를 하면서 눈시울을 붉혔다. 어머니의 눈물의 교육 때문이다. 이것이 어머니의 눈물 교육의 위력이다. 어떤 논리적인 학교 교육이 이보다 강한 힘을 발휘하겠는가?

3. 저자의 예

저자는 6·25 때에 아버님과 위로 두 형님을 잃었다. 가정의 생업을 책임지던 세 분을 일시에 잃은 셈이다. 평범한 주부이시던 어머님은 젊은 연세에 과부가 되셨다. 설상가상으로 재산까지 다 잃었다. 맨손으로 살아남은 4남 1녀를 키우셔야 했다. 어머님은 한글도 모르셨다. 살아남은 아들 중 제일 큰 아들이 중학교 2년을 다니고 있었고, 그 때 저자는 3살이었다. 저자는 막내다.

저자가 자란 곳은 충청북도 보은군 수한면 소계리 가막제 산골 중 산골이다. 그 당시 우리는 다 쓰러져 가는 남의 움막에 얹혀 살았다. 어머님은 밤마다 어린 5남매를 나란히 누이시고 잠자는 자식들의 모습을 보시면서 하염없이 우셨다고 한다. 아이들을 어떻게든지 먹여 살려야 된다는 걱정에 잠을 잘 수 없었다고 말씀하셨다. 어머님은 기저귀 찬 세 살배기 저자를 "어떻게든 배를 곯리지 않고 열세 살 때까지만 키워야 될 텐데…"라고 속으로 되뇌이곤 하셨단다. 당시 농촌에서는 사내아이가 열세 살만 되면 남의 집에서 머슴으로 받아 주었기 때문이다. 따라서 어머님의 최대 소원은 저자를 열세 살이 될 때까지 키워, 남의 집 머슴으로 보내는 것이었다. 그러나 하나님의 생각과 어머니의 생각은 달랐다. 하나님 아버지는 저자를 미국에 유학 보내신 후 사람의 머슴이 아니라 하나님의 머슴(종)으로 키우셨다.

어머님은 많이 우셨다. 행상을 하시면서도 우시고, 농사 지으시면서도 우셨다. 과부네 집이라고 사람들이 얕잡아보고 일꾼이 안 올 때도 우셨다. 홍수가 나면 밤새도록 마루에 나가 앉아서 걱정하면서 우셨다. 자녀들이 초등학교에 다닐 때 등록금을 달라고 하면 우셨다. 힘드실 땐 때때로 돌아가신 아버님을 원망하면서 우셨다. 저자가 무작정 서울로 올라와 중학교 입학 시험에 합격했을 때도 우셨다. 기쁜 것보다도 등록금 마련이 걱정되어 우셨다. 어머님은 저자가 시골에서 농사나 짓기를 원하셨다. 저자가 대학에 들어갈 때도 우셨다. 남들이 부러워하는 일류 대학에 합격하고도 어머님이 우시는 바람에 4년 장학금을 주는 대학에 장학생으로 다녀야 했다. 남들은 자식이 학교 입학 시험에 떨어져 우는데, 어머님은 저자가 학교 입학 시험에 합격만 하면 "애야, 또 합격이냐" 하시면서 우셨다.

저자는 어머님이 우시는 모습을 너무나 많이 보아 왔다. 저자가 막내이기 때문에 형님들이 서울로 가신 이후에도 계속 어머님과 함께 생활했기 때문이다. 어머님이 저자에게 남겨 준 가장 큰 재산은 눈물이다. 이러한 어머님의 눈물 교육이 하나님의 속성을 이해하는 데, 성경을 해석하는 데, 또 오늘날 저자가 유대인의 자녀 교육서를 쓰는 데 밑거름이 되었다. 지금도 저자는 어머님을 위하여 기도할 때면 눈물이 난다. 왜냐 하면 그 당시 어머님이 고생하시면서 우시던 모습이 떠오르기 때문이다. 어떠한 학교 교육이 자녀에게 이처럼 강한 영향을 끼치는가?

저자의 육신의 아버님은 일찍 돌아가셨지만, 살아계신 하나님 아버지가 어려서부터 지금까지 세심하게 키우셨다. 하나님 아버지가 저자를 미국에 이민 보내시고, 때가 차매 늦게 주의 종으로 부르셔서 신학을 공부하게 하시고, 주의 종으로 쓰임 받게 하셨다. 어머님의 희생적인 사랑, 눈물이 하나님을 움직였다. 이를 기독교의 예정론적인 입장에서 설명한다면, 하나님이 부족한 종을 2세 교육을 위하여 택하시고, 저자에게 눈물의 어머님을 붙여 주신 것이라 볼 수 있다. 저자 같은 미천한 종을 통하여 하나님께서 영광받으시기 위함이다.

독자의 이해를 돕기 위하여 저자의 예를 들었지만, 그 당시 저자와 같은 한국인이 어디 하나둘이던가? 6·25 후 한국에 얼마나 많은 과부들이 생겼던가? 얼마나 많은 분들이 홀어머니의 손에서 자라 훌륭한 사회인이 되고 국가에 공헌하고 있는가? 특히 훌륭한 주의 종들 가운데 홀어머니의 손에서 고생하며 자란 분들이 얼마나 많은가?

그 이유는 무엇인가? 과부 어머니들은 자녀들에게 육신의 재산보다는 눈물의 재산을 남겨 주시기 때문이다. 설혹 남편이 있는 어머니라 하더라도 가난 때문에 얼마나 많은 어머니들이 눈물로 기도하였던가? 그 어머니들이 눈물의 기도로 키운 자녀들이 지금 얼마나 건전하게 살고 있는가? 옛 어머니들의 위대함은 바로 그들의 한 맺힌 눈물의 기도에 있다. 한국의 교회 성장도, 경제 성장도 실제로는 눈물로 기도했던 옛 어머니들의 기도 덕이라고 보아야 한다. 하나님은 특별히 한 맺힌 눈물의 기도에 약하시다.

유대인 어머니들은 옛 어머니나 현대 어머니나 세대 차이가 없다. 유대인들은 왜 세대 차이가 없는가? 고난의 역사 속에서도 어머니들이 무수히 울면서 자녀들을 키웠기 때문이다. 그들은 세대 차이 없이 예나 지금이나 현대의 인본주의적인 교육 방법을 따르지 않고 성서적 자녀 교육을 시켜 왔다.

저자의 어머니는 유달리 모성애(EQ)가 강하셨다. 미국에서 10년 간 사시면서도 눈물로 자녀들을 위하여 계속 기도하셨다. 손주들에게도 헌신적인 사랑을 쏟으신다. 사진은 저자가 미국에 이민 와 얻은 첫아들 돌잔치 때 찍은 사진. 왼쪽이 모친이시다. 현재 92세로, 생존해 계신다.

그러나 홀어머니 밑에서 자란 자녀들 중에는 잘못된 자녀들도 많다. 어떠한 경우인가? 미국 대도시에는 슬럼가(우범 지역)가 많다. 그 곳에 사는 여성들 가운데는 자녀들이 다섯 이상인 경우가 많다. 그런 여성의 자녀들은 자신의 아버지가 누구인지 모르는 경우도 허다하다. 어머니가 자녀를 많이 가져야 정부에서 주는 사회보장금을 많이 받기 때문이다. 실례로, 카터 대통령 시절에는 아이가 여섯만 되어도 한 달에 2천 달러를 받았다(크리스천 포스트, 싱글 마더의 문제들, 1993년 2월 16일).

이러한 여성들은 대부분 자녀들이 보는데도 아무 남성이나 불러들여 술을 마시고, 잠자리를 같이한다. 이런 모습을 보고 자라는 자녀들의 미래가 어떠하겠는가?

그들의 대부분은 커서도 무분별한 십대 임신, 강간, 살인 및 마약 등의 범죄에 가담한다. 미국 청소년 형사정의 연구센터의 통계에 따르면, 1995년도 당시 캘리포니아 주에 거주하는 20대 흑인 중 40%가 전과자였다(중앙일보, 1996년 2월 13일, 미주판).

또한 LA 카운티 검찰 보고서에 의하면, 21-24세 흑인 남자 1만 5천여 명 중 47%가 갱에 가담해 있으며, 카운티 내에서 활동하는 갱은 9백36개 조직으로 15만 명이 가담해 있다. 이 중 3만 7천 명은 흑인이며, 5만 8천 명은 히스패닉이다(한국일보, 1992년 5월 22일, 미주판). 그들은 차가운 칼과 총의 세계에 산다. 현대 사회의 암적 요소들이다.

자녀를 위해 울며 기도한 한국의 어머니들이 키운 자녀들과 얼마나 거리가 먼가? 자녀가 훌륭한 정서를 가진 사람으로 자라느냐는 어떠한 인종이냐에 달린 것이 아니라 어떠한 어머니의 교육을 받고 자랐느냐에 달려 있다.

어떤 어머니가 자녀에게 더 필요한가? 저자가 초등학교도 안 나오신 어머님을 가장 존경하는 이유는 어머님이 눈물의 여인이기 때문이다. 만약 저자의 어머님이 그 당시 대학 교육을 받았으나 눈물이 없는 여인이었다면 저자가 어머님을 그렇게 존경하지는 않았을 것이다. 자녀에게 더 필요한 어머니는 대학 교육을 받았으나 눈물이 없는 어머니(IQ 어머니)가 아니라 대학 교육은 못 받았을지라도 눈물이 있는 어머니(EQ 어머니)이다. 고등 교육을 받은 많은 어머니들이 전인적 자녀 교육에 실패하는 예를 종종 볼 수 있다. 그 이유는 IQ는 있지만 EQ적 눈물이 없기 때문이다. 따라서 어머니의 자녀 교육에는 IQ보다는 EQ가 더 중요함을 명심해야 한다. 우리가 분명히 깨달아야 할 것은 현대 학문(IQ 교육)을 많이 받을수록 인성이 파괴되어 눈물이 없

하나님은 여성을 사랑의 심성이 강하게 창조하셨다. 사진은 유치원 보조 교사와 유치원생들의 정다운 모습.

어진다는 사실이다.

IV. 결론

1. 어머니 교육의 요약

왜 가정이 메말라 가는가? 왜 사회 범죄가 증가하는가? 현대를 도덕적 위기의 시대라고 한다. 과거에는 악의 소굴이 남성만의 집단인 줄로 알았다. 그러나 요즘은 초·중·고등학교에도 나이 어린 여학생 깡패가 많다. 따뜻하고 부드러운 맛이 없다. 한마디로 위기이다.

교육부 통계에 의하면, 남자 중·고생의 탈선은 줄어든 반면 여자 중·고생의 탈선은 늘고 있다. 탈선한 남자 중·고생은 1995학년도 5만 1천7백90명에서 1996학년도 4만 3천4백62명으로 8천3백28명 줄었다. 반면 여중·고생은 2만 3천8백3명에서 2만 5천1백23명으로 1천3백20명 늘었다(중앙일보, 여중·고생 탈선 적색 경보, 1997년 4월 15일).

그 이유는 무엇인가? 여성이 여성이기를 포기하기 때문이다. 이를 어떻게 극복해야 할까? 여성이 성서적인 여성상을 회복해야 한다. 남성과 여성은 모두 하나님의 창조의 원리에 순종해야 한다. 그 길만이 사는 길이다. 이를 위해 성서적 어머니 교육이 필요하다.

하나님은 남성과 여성이 서로 다른 특성을 갖도록 창조하셨다. 서로 부족한 점을 보완함으로써 완전한 하나님의 사역을 감당하기 위함이다. 남성은 불을 상징한다. 불을 불답게 만드는 사명은 여성의 몫이다. 여성은 자신의 눈물로 남성의 불을 불답게 만들 수 있다. 여성이 자신의 눈물을 남성의 가슴에 부음으로써 남성이 갖고 있는 파괴적인 불의 속성을 끄고, 긍정적인 불을 더 선하게 발전시켜 사회에 공헌하게 해야 한다.

어머니는 사랑의 상징이다. 남을 사랑하는 사람은 정서가 풍부한 사람이다. 정서가 풍부한 사람은 눈물의 사람이다. 이러한 사랑, 정서, 눈물은 성서적인 어머니 교육에서 나온다. 남성은 역사를 움직이나 여성은 남성을 움직인다는 말도 여성의 눈물, 정서, 사랑의 사역이 얼마나 큰 역할을 하는지를 말해 준다.

여성이 여성답기 위해서는 여성이 눈물의 여성이 되어야 한다. 진정한 눈물의 여성이 되려면 하나님의 은혜를 받아야 한다. 눈물은 하나님의 속성이기 때문에 하나님에게 은혜를 받지 않고서는 울 수가 없다. 따라서 하나님의 사람들은 눈물이 많다.

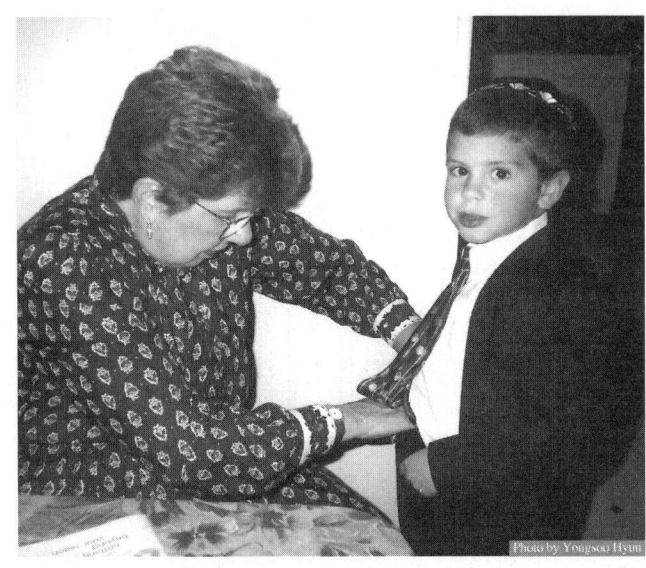

어머니는 '사랑과 정서와 눈물(EQ)'의 상징이다. 따라서 유대인의 성품은 어머니 몫이다. 사진은 손자에게 절기 옷을 입히는 할머니의 따스한 모습.

눈물이 기초가 된 개인이나 기관은 튼튼하다. 눈물은 진실한 사람만이 흘린다. 눈물로 키운 자녀, 눈물로 내조한 남편, 눈물로 사귄 친구, 눈물로 섬기는 교회, 눈물로 봉사한 민족은 망하지 않는다. 자신이 늙어서 받는 효도도 눈물로 키운 자식한테서 받는다.

그렇다면 어머니는 풍성한 EQ만 갖고 있으면 되는가? 그렇지 않다. 어머니는 풍성한 EQ의 양과 함께 EQ의 질(質)도 겸하여야 한다(자세한 것은 제1권 제2부 제5장 Ⅲ-1-A 'EQ의 양(量)과 질(質)' 참조).

유대인은 질적 EQ 교육을 어떻게 시키는가? 그 방법은 제7장 '유대인 어머니의 교육학적 임무'에서 다루고자 한다.

2. 지정의(知情意)의 사람이 되려면

지금까지 어머니 교육의 중요성을 강조하였다. 그러나 결론적으로 짚고 넘어가야 할 대목이 있다. 가정은 아버지와 어머니, 자녀로 구성되어 있다. 자녀는 가정의 희망이다. 희망이 있는 곳에 부모는 최선의 투자를 아끼지 말아야 한다. 또한 올바른 자녀 교육이란 전인 교육을 말한다. 전인 교육을 위해서도 부모가 각자 할 일을 다해야 한다.

가정에서 아버지는 사상, 힘, 권위의 상징이다. 아버지는 토라 교육으로 자녀의 신본주의 사상과 IQ를 계발해 주어야 한다. 그러나 정서가 없이 IQ와 사상만 강한 사람은 차갑고 인정이 메마르기 쉽다.

여성은 사랑, 정서, 눈물의 상징이다. 어머니는 자녀에게 믿음 안에서 종교적인 EQ 교육을 충실히 해주어야 한다. 그러나 사상과 이성 없이 감정만 풍부한 사람은 주관이 흔들리기 쉽다. 사상과 이성이 약하면 의지가 약하기

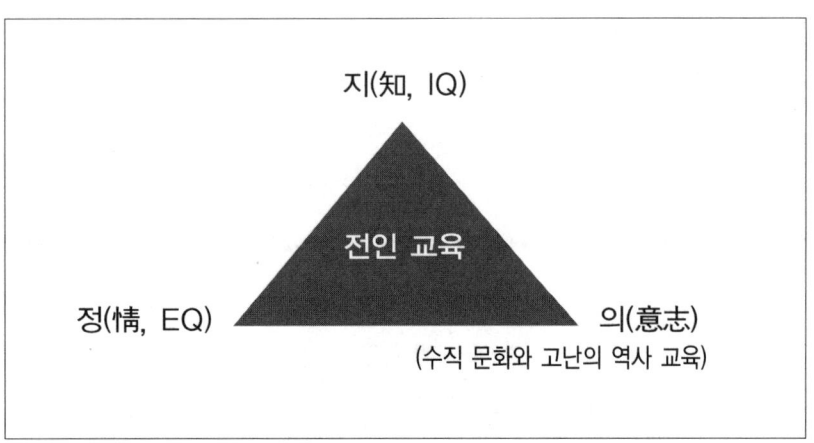

전인 교육을 위한 세 가지 요소

때문이다. 따라서 자녀 교육에는 아버지의 신본주의 사상과 IQ 계발 교육과 어머니의 정서 교육이 조화를 이루어야 한다.

 자녀에게 EQ 교육만 시키면 착하게 된다. 인간은 착하기만 하면 생존 경쟁에서 패배한다. 남에게 사기도 잘 당한다. 그래서 마음은 착하지만 머리는 똑똑이(IQ)로 키워야 한다. 따라서 기독교인은 세상 학문도 열심히 시켜야 한다. 그리고 착한 마음과 똑똑한 IQ를 가진 자녀에게 한 가지 더 필요한 것이 있다. 그것은 바로 강한 정신력, 곧 의지력이다. 이 의지력을 키우기 위해서는 수직 문화의 정신 사상과 고난을 통한 극기 훈련이 필요하다. 이러한 사람을 지정의[知情意: 지식(知識), 정서(情緒), 의지(意志)]를 갖춘 사람이라고 말한다. 자녀를 이러한 사람으로 키우기 위해서는 아버지와 어머니의 교육이 서로 조화를 이루어야 한다. 이것이 하나님의 창조의 원리이다.

 IQ 교육에만 집착하거나 EQ 교육에만 집착해서도 안 된다. 지정의를 고루 갖도록 교육해야 한다(제1권 제2부 제5장 I-2 '지·정·의(知情意)에서의 EQ의 위치' 참조).

눈물을 흘리며 씨를 뿌리는 자는
정녕 기쁨으로 그 단을
가지고 돌아오리로다. (시 126:5-6)

제7장

유대인 어머니의 교육학적 임무

Ⅰ. 아버지와 어머니의 역할 차이

유대인의 행동 지침은 그들의 율법에 있다. 유대인의 율법은 전체 613개로 구성되어 있다. 이 율법은 다시 두 가지, "하라"는 2백48개의 긍정적인 율법과 "하지 말라"는 3백65개의 부정적인 율법으로 나뉜다(Touger, 1988a, 1988b).

유대인 어머니는 해야 할 것과 하지 말아야 것을 어려서부터 집요하게 가르친다. 인간에게는 2백48개의 뼈마디가 있다고 한다. 따라서 유대인은 자녀의 2백48개의 뼈마디마다 2백48개의 긍정적인 율법이 골수에 배도록 3백65일 가르치도록 권장한다. 자녀가 성장하기 전에 몸에 배도록 습관화시킨다. 물론 이러한 선악간의 분별력 교육은 어머니만 시키는 것이 아니라 아버지도 함께 시킨다. 유대인 학교에서도 랍비들이 토라와 탈무드를 통하여 어린이에게 율법을 가르친다.

그러나 아버지의 율법 교육과 어머니의 교육은 다르다. 잠언 1장 8절에 "내 아들아 네 아비의 훈계를 들으며 네 어미의 법을 떠나지 말라"는 말씀이 있다. 여기에서 아버지의 가르침(instruction)과 어머니의 법(teaching,

유대인 어머니는 남편과 아들이 미드라쉬의 집에 가서 여호와의 말씀을 배우고 전수시키는 것을 사명으로 알고 돕는다. 사진은 미드라쉬의 집에서 아들을 무릎에 앉혀 놓고 성경과 탈무드를 가르치는 유대인 아버지.

תורה)은 다르다. 아버지의 훈계는 잘못을 바로잡는, 벌을 주는 듯한 엄한 의미가 포함되어 있고, 어머니의 법은 구두로 권면한다는 뜻이다(Cohen, 1995).

자녀의 유대인다운 본질(substance)은 어머니에 의하여 결정되지만, 그 유대인의 본질을 잘 다듬어 도덕적 형식(form)을 갖추게 하는 역할은 아버지 몫이다(Twerski & Schwartz, 1996, p. 118). 어머니가 믿음을 통한 신앙을 전수한다면 아버지는 그 신앙 위에 토라의 논리를 가르친다. 다시 말하면, 여성은 자녀들이 어떠한 사람이 되느냐(what to be)를 가르치고, 남성은 어떻게 행동하느냐(how to act)를 가르친다. 즉 유대인 어머니는 자녀의 마음에 좋은 성품(EQ)이 자리잡도록 가르친다. 이러한 자녀 교육은 어머니의 상담과 권면을 통하여 이루어진다. 따라서 어머니의 역할은 자녀의 거룩함, 올바른 행위, 좋은 성품을 계발해 주는 것이다.

이러한 가정의 아버지와 어머니의 역할 개념은 옛 한국의 가정에서도 비숫하였다. 다만 유대인은 이것을 아직도 지켜 행하고 한국인은 지켜 행하지 않는 데 문제가 있을 뿐이다.

　유대인은 남성의 할 일과 여성의 할 일을 구분하여 각자 맡은 역할에 충실하다. 남성은 '미드라쉬의 집(Beit HaMidrash)'을 주관하고, 여성은 '가정'을 주관한다. 즉 남성은 하나님의 일을 공궤하게 하고, 여성은 가정의 일을 한다. 따라서 유대인 여성은 신앙면에서 첫째, 남편과 자녀들이 회당이나 토라의 집에 가서 말씀을 배우게 하고, 둘째, 가정에서 자녀들이 여호와의 율례와 법도를 실천하도록 교육시킨다. 이는 여성이 가정을 짓고, 가정을 지켜야 할 책임이 있다는 말이다.

　이러한 여성의 역할은 유대인의 결혼식 순서에서도 발견된다. 유대인은 훗파를 쳐놓고 그 속에서 결혼식을 치르는데, 신부가 입장하면서 신랑 주위를 일곱 바퀴 도는 순서가 있다. 이는 아내가 가정이란 성전에서 남편을 온전히 돕고 지킬 때에 완전한 가정을 일으키고 지킬 수 있음을 상징한다(제6부 제5장 Ⅱ-4. '유대인 신부는 신랑 주위를 일곱 바퀴 돌아라' 참조).

　미드라쉬의 집은 성경 말씀과 탈무드를 배우는 학교이다. 그 곳에 가면 주위가 온통 탈무드에 관한 책으로 가득 차 있다. 건물의 구조도 예루살렘에 있는 것이나 미국에 있는 것이나 모두 비슷하다. 정통파 유대인이 운영하는 미드라쉬의 집은 학생들이 모두 남자이다. 그러나 연령층은 다양하다. 어린아이에서부터 노인까지 있다. 랍비가 그룹을 지어 가르치기도 하고, 개인이 자녀에게 토라를 가르칠 형편이 못 되면 랍비 가정 교사를 두어 아들을 가르치는 경우도 있다. 그리고 개인이 혼자서 공부하는 경우도 많다. 그들은 이 곳에 수시로 드나들며 탈무드를 공부하고, 기도할 시간이 되면 기도를 한다. 한마디로 매일매일 그들의 종교적 삶의 일상적인 터전이다.

　유대인 남성들이 이렇게 말씀 맡은 자의 사명을 다할 수 있는 환경의 배후에는 유대인 여성들의 숨겨진 희생이 있다. 유대인 여성들은 남성들이 여호와의 율례와 법도만을 철저하게 익히고 가르쳐 전수할 수 있도록 도와 준다. 탈무드에는 찬사받을 유대인 여성에 대하여 이렇게 쓰여 있다. "여성은 무엇으로 찬사를 받을 수 있는가? 자녀들을 회당에 보내어 토라를 배우게 하고 남편들을 랍비 학교에 보내어 공부하게 하는 것이 아니겠는가(Cohen, 1995, p. 160)?" 유대인 어머니가 이렇게 희생하는 이유는 단 한 가지, 여호와의 율례와 법도를 자자손손 세대 차이 없이 전수하기 위해서가 아니겠는가?

유대인은 결혼 상대자로 탈무드 학자나 학자의 딸을 제일 흠모한다. 따라서 아들을 둔 유대인 아버지는 아들을 학자의 딸과 결혼시키기 위하여, 그리고 딸을 둔 아버지는 딸을 학자와 결혼시키기 위해서 자신의 전 재산을 판다. 동질의 포도원의 포도끼리 합해야 자녀 교육에 유익하기 때문이다(p. 164).

유대인 여성은 남편과 자녀가 밖에서 말씀을 배우도록 돕는 일 이외에 가정에서는 어떻게 자녀들을 키우는가? 유대인 어머니는 어떻게 자녀에게 자신의 신앙을 전수시키는가? 그 비밀을 알아보자.

II. 유대인 어머니는 교육의 상징

1. 유대인 어머니의 교육 철학 실천

유대인에게는 파트 타임(part time) 유대인과 풀 타임(full time) 유대인이 있다. 안식일에나 회당에 가고 명절이나 지키는 유대인을 파트 타임 유대

유대인다운 유대인은 어머니에 의하여 양육된다. 사진은 아침에 일어나자마자 아들을 화장실로 데리고 가 율법에 맞추어 손 씻는 법을 반복하여 가르치는 정통파 유대인 어머니.

유대인은 새벽에 일어나자마자 손을 씻고 아침 기도를 한다. 사진은 613개의 율법을 상징하는 찌찌를 입고 술에 키스하며 축복 기도하는 정통파 유대인 쌍둥이 형제. 사진을 찍으려 하자 활짝 웃었다.

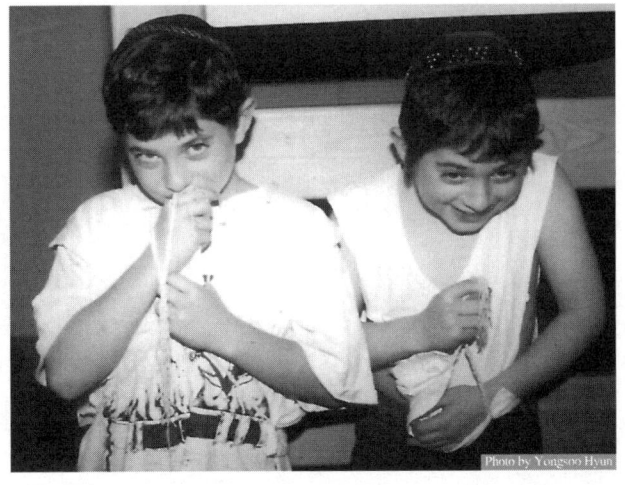

인이라고 말한다. 그러나 회당뿐만 아니라 매일매일 가정에서, 학교에서, 직장에서 율법에 맞추어 정직하게 생활하는 사람을 풀 타임 유대인이라고 말한다. 왜냐 하면 하나님은 시간과 공간을 초월하신 풀 타임 하나님이시기 때문이다. 하나님은 항상 우리를 주시하고 계시는 분이시다(Lamm, 1993, pp. 2-3, 13). 풀 타임 유대인은 어머니가 가정에서 어려서부터 철저한 교육을 시켜서 만든다.

이를 기독교에 적용한다면, 주일에만 교회에 나가는 기독교인은 파트 타임 성도라 할 수 있고, 하나님의 말씀을 교회에서뿐만 아니라 가정에서, 학교에서, 직장에서 적용하며 사는 기독교인은 풀 타임 성도라고 말할 수 있다. 풀 타임 성도를 만들기 위해서는 가정에서의 어머니 교육이 그만큼 중요하다. 그러나 유대인 어머니는 기독교인 어머니보다 몇 배 더 힘들다. 그 이유를 알아보자.

일반적으로 '아버지'라는 단어를 연상하면 딱딱하거나 엄한 느낌을 갖지만, '어머니'라는 단어를 연상하면 부드러움을 느낀다. 그러나 유대인 어머니는 부드러우면서도 지독히 극성스런 여성으로 인식되어 있다(Shilo, 1993, p. 21).

유대인 어머니에게 길들여진 자녀의 하루는 이렇게 시작한다. 정통파 유대인은 새벽에 잠을 깨면, 먼저 침대에서 나오기 전에 이런 감사 기도를 드린다. "오, 살아 계시고 영원하신 왕이신 당신에게 기쁘게 감사를 드립니다. 당신은 내 안에 있는 모든 기관들(영혼)을 인자하심으로 돌려주셨습니다. 당신의 신뢰가 관대하십니다"(Lamm, 1993, p. 16). 둘째, 기도가 끝나면 새날을 맞이하기 위하여 사자처럼 일어난다. 셋째, 곧바로 세면장으로 가서 손을 씻는다. 그 다음 눈과 얼굴을 씻는다. 이것은 하나님이 창조하신 하나님의 형상을 외형적으로 깨끗하게 원상 회복시키는 일이다.

넷째, 손을 씻은 후 다음과 같은 축복 기도를 외운다. "우리를 하나님의 율법으로 성결케 하시고, 우리에게 손을 씻으라고 명하신 주, 우리 하나님, 우주의 왕은 축복의 근원이십니다"(p. 16).

이어서 새벽 기도를 드린다. 새벽 기도는 집에서도 드리지만 보통 회당에 나가서 45분 정도 드린다. 새벽 기도 후에 탈무드를 30분 간 읽고 집에 돌아와서 아침 식사를 한다.

유대인은 안식일에 하지 말아야 할 39가지 계명이 있다(Chait, 1992; Ives, 1991). 그리고 유대인 남자는 항상 613개의 율법을 상징하는 내의 적삼 같은 찌찌를 입고 다녀야 한다. 식사시의 매너도 하나하나 율법에 따라야 한다. 그들은 유대인식 식탁 매너 11가지도 몸에 익혀야 한다. 안식일에는 꼭 예복을 입어야 한다. 1살 이상이면 어린아이라도 예외가 없다. 어린아이가 벗으면 입히고, 또 벗으면 또 입힌다(Lamm, 1993). 어머니는 자녀들이 말썽을 일으킬 때마다 대충 봐주는 것이 아니다. 매번마다 귀찮아하지 않고 참고 또 참으며 자신의 자녀들이 유대인다운 유대인 자녀가 될 때까지 계속하여 나쁜 행실을 고쳐 준다. 유대인 선생은 인내를 갖고 가르친다. 탈무드에 의하면 유대인 선생은 학생이 학습의 요점을 알아들을 때까지 계속 반복하여 가르칠 것을 권한다(Donin, 1977, p. 222).

그뿐만이 아니다. 현숙한 여성은 남편이 밖에 나가서 고된 일을 하고 돌아온 후 피곤하여 토라를 보지 않으려고 할 때 남편을 부추겨 토라 공부를 하게 한다. 이렇게 하면 그녀는 자신의 영혼뿐만 아니라 남편의 영혼도 구하게 된다(Fuchs, 1985a, p. 142)고 믿는다.

유대인 어머니는 새벽에 일어나 밤에 잘 때까지 자녀들이 유대인으로서 해야 할 일을 하는지 안 하는지 철저하게 가르치고 감독한다. 유대인다운 유대인은 태어나는 것이 아니라 철저한 교육에 의하여 만들어진다. 이 일은 쉬운 일이 아니다. 어머니에겐 그만큼 투철한 신본주의 사상과 정신력이 있어야 한다.

따라서 어머니는 자녀에게 풍성한 EQ의 양만 전수할 것이 아니라 EQ의 질을 높일 수 있는 집요한 율법 의식도 겸하여야 한다. 즉 투철한 교육 철학을 갖고 있어야 한다. 그렇게 하여야 자녀들이 풍성한 사랑과 정서와 눈물을 갖고 있으면서도 자아를 절제할 수 있는 절제력이 강화되고 예절바른 사람이 될 수 있다. 즉 장막에서 여호와의 율법으로 길들인 자가 될 수 있다. "마땅히 행할 길을 아이에게 가르치라. 그리하면 늙어도 그것을 떠나지 아니하리라"(잠 22:6).

2. 흑인과 결혼한 유대인 어머니의 자녀 교육 성공담

한 정통파 유대인 여성이 흑인 남성에게 시집가 흑인 자녀들을 성공적으로 키운 눈물겨운 이야기가 있다(중앙일보, 전서영 칼럼, 한 유대인 어머니, 1996년 4월 29일, 미주판).

제임스 맥브라이드(James McBride)라는 한 흑인의 어머니 이야기 이다. 제임스는 보스턴 글로브와 워싱턴 포스트 기자로 일한 바 있는 언론인이자 색소폰 연주자이며 작곡가이기도 하다. 그는 〈물빛(The Color of Water)〉이란 제목의 자서전을 썼다. 이 책의 부제는 '백인 어머니에게 바치는 흑인 아들의 글'이다. 이 책의 내용을 들어 보자.

흑인인 제임스 기자의 어머니, 라헬 쉴스키(Rachel Shilsky)는 정통파 유대교 랍비 가정에서 태어났다. 그러나 라헬은 불행한 가정 형편 때문에 뉴욕의 흑인 빈민촌 할렘에 있던 유대인 친척집으로 보내어졌다.

라헬 쉴스키는 흑인들과 유대인들이 어울려 살던 1940년 초의 할렘의 자유분방한 열린 분위기에 매료되었다. 그리고 유대인 랍비의 딸이라는 신분에 아랑곳없이 흑인 침례교 목사와 사랑에 빠져 혼인을 하게 되었다. 그로 인하여 라헬의 유대인 가족들은 그녀의 '죽음'을 선언했고, 유대교식 장례를 치름으로써 결별을 공포했다.

이렇게 하여 유대인으로서는 죽었고 흑인 목사의 아내로 변신한 라헬은 열렬한 침례교 신자가 되었다. 그녀는 남편을 도와 목회를 하는 동안 8명의 자녀를 갖기에 이르렀다. 〈물빛〉의 저자인 제임스는 그 8명 중 막내둥이였다.

라헬이 유복자인 제임스를 가졌을 때 남편이 세상을 떠났다. 라헬은 곧 동네 소방대원과 두 번째 혼인을 하였고, 다시 네 명의 자녀를 낳았다. 그나마 몇 해 안 되어 둘째 남편과도 사별을 하였다. 최악의 상황에서 그녀는 무려 12명의 자녀를 데리고 닥치는 대로 일을 했다. 그리고 아이들을 사람답게 기르는 일에 온 정성을 쏟았다.

백인인 유대인 어머니와 그녀의 흑인 자녀들은 어디를 가든지 그야말로 '개밥에 도토리'였다. 따뜻한 시선으로 보는 이가 없었다. 라헬은 먼저 아들들을 교육열이 높은 유대인촌의 공립 학교에 가도록 주선했다.

저자인 제임스는 어린 시절을 이렇게 회고했다. "매일 새벽이 되면 어머니는 우리들을 앉히고 간절히 기도를 해주었다. 그 뒤 어머니는 정신 없이 12명의 아들들에게 아침을 먹이고, 책가방과 악기 주머니를 챙겨서 학교로 보냈다. 이는 마치 전장에 나가는 군인이 무기를 챙기는 듯한 긴박감 그 자체였다."

그 옛날 랍비의 딸 라헬 쉴스키는 현재 루스 맥브라이드 조단 여사가 되어 있다. 그녀의 12명의 자녀들은 한결같이 뛰어난 사회인이 되었다. 2명의 의사와 3명의 대학 교수를 비롯해서 변호사, 컴퓨터 엔지니어, 문필가, 간호사로서 모두 존경받는 전문인으로 활동하고 있다.

맥브라이드 조단 여사도 65세에 대학에 들어가 사회사업학 학위를 받고 사회 활동을 하고 있다. 요즘은 자신이 가난하게 열두 아이를 키웠던 할렘의 빈민가에 가서 어려운 사람들을 돌보고 있다.

제임스 맥브라이드는 〈물빛〉에서 어머니가 가졌던 교육열, 그녀의 철저한 목적 의식과 자존심, 가난이나 갈등들을 잊게 했던 끊임없는 사랑과 관심, 그리고 가족의 중심에 자리잡고 있던 종교 생활 등을 감동과 긍지로 서술하고 있다.

혁명적인 한 여자의 파란만장한 일생을 읽으며 그녀의 후회 없는 분명한 가치관, 그것들을 추구하는 집요함과 도전적 자세에 감명을 받았다.

백인이냐 동양인이냐 흑인이냐가 중요한 것이 아니다. 어떻게 교육 받았느냐가 중요하다. 그녀의 자녀들은 훌륭한 유대인 어머니 덕분에 훌륭한 하나님의 자녀로 양육받았다. 그녀가 유대인이었기 때문이 아니라 그녀가 정통파 유대인 랍비 가정에서 유대인의 신본주의 자녀 교육 철학을 철저하게 배웠기 때문이다.

그녀가 어려서 보고 배운 신본주의 유대인 자녀 교육은 그녀의 일생의 삶 속에 아름다운 향기로 꽃피었다. 남편을 잘 섬기는 일, 자녀를 많이 낳는 일, 자녀를 종교적 전인 교육으로 키우는 일, 과부의 몸으로 남에게 의지하지 않는 강한 생활력, 노후에도 시간을 아끼는 정신, 남을 위하여 죽을 때까지 봉사하는 쩨다카 정신 등이다.

어떠한 유대인이 되느냐가 왜 어머니에 의하여 결정되는지를 잘 설명해 주는 실화이다. 유대인다운 유대인은 유대인 어머니에 의하여 결정된다.

III. 유대인 어머니의 예절 교육

1. 토라 없는 곳에 예절 없다

"자녀 교육은 어머니의 무릎 아래에서부터 시작된다." 유대인의 격언이다. 가정에서 여호와의 율례와 법도를 실천하게 하는 원동력이 바로 유대인 어머니이기 때문이다. 유대인 어머니는 자녀에게 예절 교육을 시킨다.

예절 교육의 내용은 그들의 성경에 근거한다. 탈무드에는 "토라 없는 곳에 예절 없고, 예절 없는 곳에 토라도 없다"고 말한다(Cohen, 1995, p. 128). 그만큼 그들의 삶의 가치관이 성경에 근거하여 형성되었기 때문이다. 유대인 부모 모두가 자녀를 가르치지만, 특히 어머니는 인간다운 삶의 자세를 가르친다. 부모 공경, 선생 공경, 어른 공경뿐만 아니라 가족 관계, 유대인 공동체와의 관계 등 모든 인간 관계에서도 올바른 자세를 가르친다. 특히 유대인 어머니는 가정에서 아버지의 권위를 세워 준다(Shilo, 1993, p. 43). 따라서 성경에 입각한 어머니의 예절 교육 자체가 EQ 교육이다.

유대인은 예절 교육을 시킬 때 꼭 가정에서의 소유권을 구별하도록 가르친다. 어떤 물건이 누구에게 속해 있느냐를 따진다. 물건의 소속은 첫째, '나의 것', 둘째, '너의 것', 셋째, '우리의 것'으로 구별할 수 있다. 가정에서 소유권을 구별하는 것은 공중 도덕심을 기르게 한다. 가족이 공동으로 사용하는 화장실도 타인의 불편을 생각해서 나 자신부터 청결하게 사용하도록 가르친다. 유대인의 이러한 가정에서의 습관은 사회에 나가서도 남의 물건을 다루거나 공공 기물을 사용하는 데 예의바른 행동을 하게 한다(Shilo, 1993, pp. 178-179).

저자와 가까이 지내는 정통파 유대인 쉘터 할머니(73세)의 이야기를 들

유대인의 모든 행동 양식은 토라와 탈무드에 의하여 훈련된다. 사진은 정통파 유대인 유치원에서 남을 돕기 위한 자선함에 동전을 넣는 어린이들.

어 보자. 그녀는 3남매를 모두 유대인으로 키운 유대인 어머니이다. 그녀는 아이들이 어릴 때부터 남들을 존경하도록 키웠다. 남을 존경한다는 말은 남의 의견을 존중한다는 뜻이다. 남의 의견을 존중하는 것 자체가 예의의 기본이다. 공중심이란 남의 의견과 권한을 존중히 여기는 데에서부터 시작된다. 예를 들어, 그녀는 연필 한 자루라도 동생의 방에 있는 것을 사용하려면 언제나 동생한테 사용해도 좋다는 허락를 받도록 가르쳤다. 유대인은 힘으로 상대방을 이기는 것을 경멸한다(Solomon, 1992, p. 130).

    자녀의 존경의 대상은 부모를 비롯해 가족, 친척, 이웃, 나그네, 타민족으로까지 확대된다. 자신보다 못하다고 남을 업신여기거나 깔보지 못하게 한다. 왜냐 하면 모든 인간은 근본적으로 하나님의 형상대로 창조되었기 때문이다. 인간이 타락한 후에 하나님의 영적 형상은 잃었지만 육적 형상은 갖고 있기 때문이다(창 9:6; 약 3:9)(현용수, 1993, p. 147). 따라서 하나님은 이방인이라 하더라도 무고히 피 흘리는 것을 금하셨다(창 9:6). 생명에 대한 존엄성과 사랑을 어려서부터 가르친다. 유대인의 생명에 대한 존엄성과 사랑에 대한 사상은 인간뿐만 아니라 동물도 마찬가지이다. 유대인 어머니는 자녀들에게 선악간의 분별력도 철저하게 가르친다.

독자의 이해를 돕기 위하여 계속해서 정통파 유대인 쉘터 할머니의 경험담을 들어 보자. 그녀가 젊었을 때다. 다섯 살 난 딸아이가 옆집 장미꽃을 꺾어 왔다. 그녀는 즉시 딸에게 옆집 장미꽃을 꺾은 것은 죄라고 말했다. 그리고 그것이 왜 죄인가를 자세히 설명해 주었다. 그 이유는, 옆집에서 씨를 사다가 키운 장미나무에서 핀 꽃은 그 집의 소유이므로 그것을 꺾는 일은 남의 것을 훔치는 짓이라고 설명해 주었다. 그리고는 딸에게 그 장미를 쥐어 주면서, 옆집에 들고 가서 "저의 잘못으로 이 장미를 꺾었으니 용서해 주세요"라고 빌라고 일렀다. 유대인 어머니는 매사에 선악간의 분별력을 분명히 가르친다.

유대인은 대인 관계의 기본 예법도 어려서부터 가르친다. 화이어스톤이라는 정통파 유대인 어머니는 가정에서 자녀들에게 대화중에 부드럽고 정중한 용어를 쓰도록 가르친다. 사람을 만나면 항상 웃는 얼굴로 대하게 한다. 그리고 "감사합니다" "미안합니다" "정중히 부탁합니다" 등의 용어를 많이 사용하도록 가르친다.

저자가 예를 든 것은 그들 생활의 일부분이다. 우리가 분명히 알아야 할 것은, 자녀 교육은 아버지도 도와 주지만 대부분 어머니의 손길과 철저한 잔소리(?)와 인내가 따라야 한다는 점이다. 유대인 자녀는 아무렇게나 키우는 것이 아니고, 율법에 맞추어 장막에서 길들인 야곱(창 25:27; 시 105:10)처럼 키운다. 유대인다운 유대인은 어머니에 의하여 키워진다.

기독교 윤리 실천 운동을 전개하는 손봉호 교수가 1995년에 미주 로스앤젤레스 모 교회에서 강연한 내용을 한번 들어 보자. 대낮에 어린 아들이 남의 집 가게에 들어가 물건을 훔쳐 집에 갖고 들어왔다. 그러자 마당에 있던 한국인 어머니가 아들을 보고 "이놈아, 그거 훔친 거지?" 하고 다그쳤다. 아들이 그저 웃기만 하자 어머니는 "아무도 본 사람 없지? 빨리 들어와!" 했다고 한다.

경제만 성장한다고 해서 국제적인 민족이 되는 것이 아니다. 정직한 생활, 내핍 생활, 청결한 생활, 근면 정신, 질서 의식, 남을 돕는 생활이 온 국민의 몸에 배어야 한다. 이러한 운동이 참다운 개혁 운동이다. 이러한 개혁 운동은 가정에서 어머니의 마음이 먼저 개혁되는 것에서 시작된다.

2. 유대인의 정직한 생활 교육: 선악간의 분별력

탈무드에 의하면, 인간이 천국의 심판관 앞에 섰을 때 네 가지 질문을 받는다.

첫째, 당신은 사업을 정직하게 했습니까?
둘째, 당신은 토라 공부를 위하여 따로 시간을 정해 놓았습니까?
셋째, 당신은 자녀를 가지려고 노력했습니까?
넷째, 당신은 세상의 구원을 고대했습니까?

이 네 가지 질문들의 순서는 첫째, 사업 윤리를 말하고, 둘째, 하나님의 말씀 공부를 말한다. 셋째는 자녀 생산을 말하고, 넷째는 마지막에 있을 인간의 구원에 관한 종말론을 말한다. 왜 하나님은 율법에 맞는 음식을 먹었느냐 혹은 유대인의 절기를 잘 지켰느냐고 묻지 않으시고 생업을 위하여 정직하

유대인 어머니는 아무리 힘들어도 가정을 율법에 맞추어 지켜 나간다. 사진은 유대인 어머니가 유월절 절기를 지키기 위하여 그릇을 정결 예식을 위한 물에 담그는 모습. 정통파 유대인 여성의 복장은 항상 정숙해야 한다. 머리에는 수건을 쓰거나 모자 혹은 가발을 써야 한다.

게 살았느냐를 최우선적으로 물으시는가? 그 이유는 하나님이 원하시는 것은 인간다운 인간 행위의 첫째 덕목인 도덕과 윤리를 지키는 것이기 때문이다(Telushkin, 1994, p. 3).

하나님은 유대인에게, 사업을 할 때 공평한 저울과 공평한 추와 공평한 에바와 공평한 힌을 사용할 것(레 19:36)을 명령하셨다. 이스라엘의 선지자들은 이스라엘 백성이 부패할 적마다 저울을 속여 이익을 취하는 것을 통렬히 꾸짖었다(겔 45:10; 호 12:7; 암 8:5; 미 6:11).

이 외에도 유대인의 정직한 삶은 여러 곳에서 강조된다. 정통파 유대인 랍비 램(Lamm)에 의하면, 학생이 학교에서 시험을 볼 때 커닝을 해서 점수를 받는 것은 저울을 속이는 일과 같다. 남의 회사에 취직을 했는데 일은 안 하고 놀기만 해서 봉급을 탄다면 그는 저울을 속여 이득을 취한 것과 같다. 학자가 글을 쓸 때 남이 쓴 것을 자기가 쓴 것처럼 사용한다면 남의 지식을 훔치는 것이다. 이는 모두 10계명 중 제8계명, "도적질하지 말지니라"(출 20:15)를 어기는 죄에 해당된다(1993, pp. 114-119). 때때로 이방인은 어떠한 일을 이루기 위해 수단과 방법을 가리지 않지만, 유대인은 목적을 위한 수단과 방법도 목적만큼이나 중요하게 여긴다. 이는 여호와의 율례와 법도를 지키기 위해서이다. 성숙한 시민에게 율법은 꼭 필요한 것이다. 물론 이와 더불어 율법을 준수하려는 의식 또한 꼭 필요한 것이다.

3. 유대인의 근면 교육

유대인의 미드라쉬에 랍비 요나가 쓴 재미있는 글이 있다. 출애굽기 19장 3절 하반절에 나오는 "그러므로 너희는 야곱의 집에 말할 것이요 그리고 이스라엘 자녀에게 말하라"는 말씀의 교육학적 해석이다. 이 말씀은 하나님이 시내산에서 모세에게 토라 말씀을 주시기 전에 당부하신 말씀이다. 그에 의하면, 이 말씀 중 첫번째 말씀 "그러므로 너희는 야곱의 집에 말할 것이요"는 여성에게 명령하셨다. 그리고 두 번째 말씀 "그리고 이스라엘 자녀에게 말하라"는 남성에게 명령하셨다. 왜 하나님이 모세를 통하여 여성에게 먼저 말씀하셨을까? 그 이유는 여성이 남성보다 율법을 행하는 데 더 부지런하기 때문이다. 다르게 말하면, 자녀들이 시간을 낭비하지 않고 토라를 공부하도록 훈련시키는 데에는 어머니가 아버지보다 훨씬 낫다는 뜻이다(Fuchs, 1985a, pp. 147, 157).

이 말은 곧 신앙을 전수시키는 데에는 남자보다 여자가 더 믿을 만하다는 얘기이다. 저자의 유대인 랍비 친구는 이 말을 들려 주면서, 하나님은 이스라엘 남자들을 잘 믿지 않으신다고 말해 함께 웃었다. 역사적으로 유대인 남자

유대인은 안식일과 절기를 제외한 날에는 평생토록 일한다. 사진은 정년 퇴직한 노인 자원 봉사자들이 유대인 공동체를 위하여 편지 발송을 돕는 모습.

들이 하나님의 속을 많이 썩여 하나님에게 신용을 잃었기 때문이라고 설명했다.

유대인은 13세가 되면 성년식을 한다. 성년식에는 주로 손목 시계를 선물로 받는다. 그 시계가 상징하는 뜻은 이제 성인이 되었으니 시간을 낭비하지 말고 철저하게 아끼어 훌륭한 율법의 아들이 되라는 교훈이다. 유대인의 시간 관리법과 근면성도 주로 어머니가 가정에서 교육시킨다. 또한 오늘 일을 내일로 미루지 않도록 교육시킨다(Shilo, 1993, pp. 157-159).

유대인은 어려서부터 규칙적인 생활을 철저히 한다. 금요일 저녁 안식일을 준비하기 위하여 학교에서 돌아오면 재빨리 숙제를 마치고, 목욕을 하고, 새 옷으로 갈아입지 않으면 안 된다. 이 모든 일을 해지기 전 어머니가 양초에 불을 밝히기 전까지 마치도록 정해져 있기 때문이다.

유대인은 개인의 시간도 하나님이 주신 시간으로 간주한다. 따라서 시간도 아껴야 한다. 잠언 31장 10절에서 31절까지를 보면 현숙한 여인은 얼마나 근면한 생활을 하는가에 대하여 잘 나타나 있다. 밤에도 가사를 돌보느라고 등불을 끄지 않는다(18절). 유대인 여성은 가정의 경제도 돌본다(24절). 탈무드에도 게으른 여성을 책망하는 교훈이 많다. "가정에 게으르게 앉아 있는 것은 여성의 길이 아니다"(Cohen, 1995, p. 161).

이스라엘에서 오랫동안 유학한 박미영 씨에 의하면, 이스라엘 여성들은 1인 4역 내지 5역을 감당하며 산다. 아내, 엄마, 주부, 직장인 역할은 기본이고, 학생 혹은 자원 봉사 요원의 역할을 하나 더 추가한다(박미영, 라벨르, 1995년 8월호, p. 382). 유대인은 바쁜 생활을 하려고 무던히 노력한다. 따라서 그들은 대부분 항상 바쁘다. 전화를 해도 용건만 말하고 속히 끊는다. 그들이 제일 한가한 때는 안식일이나 특별한 절기 때이다.

유대인이 학계에서 두각을 나타내고 경제적으로도 성공하는 데에는 그들의 우수한 교육에도 그 원인이 있지만 시간을 아끼는 근면 정신에도 기인한다.

저자가 유대인 랍비 신학교에서 공부하는 동안 그들과 함께 지내며 겪은 이야기이다. 오전에 한 시간 공부를 마치고 10분 간 쉬는 시간이 있었다. 학생들은 모두 나가서 휴식을 취하는데 교수는 강의실에 남아서 한 손에는 샌드위치를 들고 아침을 먹으며 한 손에는 책을 들고 공부하고 있었다.

정통파 유대인은 이렇게 무섭게 공부하다가도 안식일이나 절기 때에는 무슨 일이 있어도 휴식을 취한다. 그들은 일할 때 열심히 일하고, 쉴 때는 푹 쉬고, 놀 때는 춤도 추며 신나게 놀 줄 아는 민족이다. 이러한 절도 있는 생활 방식은 우리가 본받아야 할 부분이다.

우리가 운동이나 정서 생활을 하지 못하는 이유는 시간이 없기 때문이 아니라 시간 관리를 잘 못 하기 때문이다. 학생들이 장시간 동안 쉬지 않고 공부한다고 해서 좋은 것이 아니다. 짧은 시간이라도 효과적으로 사용하는 방법을 터득해야 한다. 인간에게는 생활의 리듬이 필요하다(Shilo, 1993, p. 109).
　이러한 시간 관리도 어머니가 어려서부터 시키지 않으면 커서는 나쁜 습관이 몸에 배어 고치기 힘들다. 한국의 많은 성도들이 자녀들의 대학 입시를 염려하여 주일에도 과외 학원에 보내는 일은 정말로 잘못된 일이다.

4. 유대인의 내핍 생활 교육

　"부자에게는 자녀가 없다. 다만 상속자만 있을 뿐이다." 유대인의 격언이다. 유대인은 돈을 차가운 것으로 표현한다. 옛날 종이 화폐가 없었을 때에는 은이나 금이 화폐 역할을 대신했다. 은이나 금이 얼마나 차가운가(Shilo, 1993, p. 121)? 이 말은 돈으로 키운 자녀가 얼마나 차갑고 비정한 인간이 되는지를 말해 준다. 재물 때문에 아버지를 고소하고, 죽이기까지 한다. 인간 관계에 돈이 끼여들면 매정해진다. 이것은 오늘만의 이야기가 아니고, 역사를 통하여 쭉 그래 왔다. 따라서 자녀에게 물질에 대한 기본 철학과 가치 및 신념을 가르치는 것은 중요하다(Leri & Kaplan, 1978, p. 205). 이 역시 기본적으로 어머니의 몫이다.
　유대인의 물질 관리는 세계적으로, 그리고 역사적으로 유명하다. 유대인은 모든 물질이 하나님으로부터 온다고 믿는다. 다만 자신은 하나님이 주신 물질을 관리하고 있다고 믿는다. 이것이 청지기 사상이다. 따라서 유대인은 하나님이 주신 물질을 인간이 낭비할 수 없다는 강한 삶의 철학을 갖고 있다(Solomon, 1992, pp. 83-86). 물질뿐만이 아니라 자연 및 시간도 마찬가지이다.
　물질은 하나님만큼 중요하지 않다. 그러나 하나님의 영광을 위하여 절대적으로 필요한 것이다. 물질이 없으면 가정도 행복해질 수 없다. 유대인이 자신의 수입 중에서 제일 먼저 떼어놓는 것이 헌금과 자녀의 교육비이다. 이것은 세금과 같은 것이다. 그리고 나서 예산을 세우고 가계부를 정리한다. 쓸데없는 낭비를 막기 위해서이다. 현숙한 유대인 여성은 계획적으로 식탁만 잘 챙기는 것이 아니라, 가계부도 잘 챙겨야 한다(Leri & Kaplan, 1978, pp. 206-207). 이러한 것도 어머니의 자녀 교육의 일부이다.

유대인은 식사를 할 때에도 음식은 절대로 버리지 못하도록 못박고 있다(Lamm, 1993, p. 64). 그들은 자녀들에게 동전 한 닢도 꼭 써야 할 곳에 쓰라고 가르친다. 정통파 유대인의 토라가 가르치는 삶의 요약 중 내핍 생활에 관한 교훈에 의하면 돈은 낭비하기에는 아까운, 좋은 일을 할 수 있는 귀한 것이다. 이것은 성경에 근거한 생활 철학이다. 매사에 게으른 사람이 낭비도 많이 한다. 유대인이었던 바울도 게으르지 말고 규모 있게 살 것을 권했다(살

유대인은 매사에 물질을 아낀다. 차도 십 년 된 헌 차를 타는 정통파 유대인들이 많다. 그러나 절기 때 음식만은 풍성하다. 사진은 수카(초막절) 절기 때 뒤뜰에 초막을 지은 후 초막에서 절기 식사를 하는 유대인 가정. 어머니는 음식과 어린이 보살핌에 항상 바쁘다.

전 5:10; 살후 3:7, 11).

많은 사람들이 1000을 구할 욕심에 1을 대수롭게 여겨 0밖에 얻지 못한다. 0에서 1을 만드는 것이 1에서 1000을 만드는 것보다 어렵다는 것을 알고 있는 사람은 1000, 1만, 100만을 만들 수 있다. 진정으로 땀 흘려 성공한 상인들은 1이라도 귀하게 여기는 사람들이다(Tokayer, 1989a, p. 274).

유대인은 구두쇠라는 말을 많이 한다. 대충대충이 없다. 거래를 할 때 1원이라도 철저하게 계산하여 주고받는다. 그렇기 때문에 이들의 풍습을 모르면 야박한 계산에 실망하기도 한다. 유대인의 이러한 계산 습관은 상행위를 할 때 저울을 속이거나 물품을 속이는 등 상대방으로부터 부당 이익을 취하는 것이 금지되어 있기 때문에 생겼다(레 19:36; 겔 45:10; 호 12:7; 암 8:5; 미 6:11). 따라서 유대인은 매사가 정확하다. 그들은 철저한 내핍 생활에서 얻은 물질로 하나님에게도 바치고 남도 도와 준다.

정통파 랍비 솔로몬(Solomon)은 "어렸을 때 어머니가 1전을 훔쳤든, 1백만 원을 훔쳤든 마찬가지라고 가르쳤다"고 술회했다. 그의 할아버지는 폴란드에서 모자점을 경영했다. "할아버지는 만약 자신이 판매한 모자에 조그만 흠이라도 발견되면 손님의 집까지라도 찾아가서 모자값에서 얼마를 떼어 돌려주곤 했다"(1992, p. 79)고 한다.

유대인의 철저한 계산 방법은 유대인이었던 예수님의 말씀에도 나온다. 예수님은 상대방에게 진 빚을 호리라도 남김없이 갚지 않으면 감옥에서 나올 수 없다고 말씀하셨다(마 5:26). '호리'란 그 당시에 가장 작은 화폐 단위였다. 요즘의 1원에 해당한다. 이 말씀 속에는 인간이 지은 죄의 대가를 호리라도 남김없이 모두 갚기 전에는 누구도 구원받을 수 없다는 진리도 포함되어 있다. 인간은 인간이기에 흠 없이 온전할 수가 없다. 의인은 없나니 하나도 없다(롬 3:10). 그러나 하나님은 인간의 구원의 조건으로 하나님이 온전하신 것처럼 인간도 100% 온전하기를 요구하신다(마 5:48). 따라서 인간이 100% 흠 없이 의로와지는 길은 오직 예수님의 십자가 보혈로 말미암아 가능하다. 예수님이 성도의 죄의 삯을 호리라도 남김없이 십자가 보혈로 모두 갚아 주신 덕분에 성도가 구원을 받았기 때문이다(행 20:28; 엡 1:7; 히 9:11-22, 26).

유대인은 매사에 물건을 아낀다. 집안의 가구나 연장, 그릇 및 일상 용품 등도 정성껏 고치고, 닦고, 기름치고, 윤을 내어 사용한다. 너무 낡아 고물 같은 물건도 유대인의 손에 들어가면 값비싼 골동품처럼 보인다. 미국 대도시의 골동품 상가도 대부분 유대인이 장악하고 있다. 그 이유도 이와 무관하지 않다. 웬만해서는 물건을 버리지 않는다. 부자라 하더라도 옷은 기워서 다시 입고, 물건은 손질하여 자신이 쓰지 않으면 남에게 주거나 판다. 책도 마찬가지이다. 유대인이 하는 게라지 세일(집에서 안 쓰는 물건을 이웃에게 파는 차고 세일) 장소에 가면 여인들이 반쯤 사용한 루즈가 가끔 발견된다. 남에게 팔기 위하여 내놓은 헌 물건이다.

우리 나라 말에 "분수에 맞게 살라"는 말이 있다. 가난할 때는 아껴 살고 부자가 되면 그 격에 맞게 물질을 쓰며 살라는 뜻이다. 그러나 유대인은 부자가 되더라도 가난한 사람처럼 물질을 아껴 가며 산다. 그 이유는 이 세상의 모든 물질은 하나님의 소유로 그것을 낭비하면 죄가 되기 때문이다.

탈무드에 의하면 물질에 대한 욕망을 희생하는 유대인 여성은 가정에서 경제적인 불평을 하지 않는다. 그 이유는 남편과 자녀들이 경제적인 걱정 때문에 토라 공부를 소홀히 하지는 않을까 걱정해서이다. 여성이 이렇게 할 때 하나님께서는 그녀에 대한 영적 보상을 남편이나 자녀에게 주는 만큼 똑같이 주신다(Fuchs, 1985a, p. 141). 현숙한 유대인 여성은 남편과 자녀의 토라 공부를 위하여 물질적으로도 희생해야 된다는 말이다.

5. 유대인의 청결 교육

세계의 우수한 민족은 자신의 몸과 가정, 주위 환경을 청결하게 한다. 독일이 그렇고, 일본인이 그렇다. 그러나 세계에서 제일 청결한 민족은 유대인이다. 하나님은 유대인이 하나님의 선민답게 청결한 삶을 살도록 훈련시키셨다.

이스라엘 백성은 시내산에서 여호와 하나님의 말씀을 받기 전에 온 국민이 옷을 빨고 몸을 씻는 정결 예식을 행하였다(출 19:10-11). 회막에 들어갈 때 정결 예식을 행해야 했다. "그들이 회막에 들어갈 때에 물로 씻어 죽기를 면할 것이요 단에 가까이 가서 그 직분을 행하여 화제를 여호와 앞에 사를 때에도 그리할지니라. 이와 같이 그들이 그 수족을 씻어 죽기를 면할지니 이는 그와 그 자손이 대대로 영원히 지킬 규례니라"(출 30:20-21). 그리고 부정한 자가 정결하게 되는 정결 예식도 있다. "그 정한 자가 제3일과 제7일에 그 부정한 자에게 뿌려서 제7일에 그를 정결케 할 것이며 그는 자기 옷을 빨고 물로 몸을 씻을 것이라 저녁이면 정하리라 사람이 부정하고도 스스로 정결케 아니하면 여호와의 성소를 더럽힘이니 그러므로 총회 중에서 끊쳐질 것이니라"(민 19:19-20a).

하나님은 이스라엘 백성이 광야에서 진을 치고 거할 때에도 수백만이 생활하는 진 안은 철저히 성결할 것을 명령하셨다. 그 방법으로 광야에서 매일 수백만 명이 배설하는 오물 처리법까지 자세히 설명하셨다.

> 너의 진 밖에 변소를 베풀고 그리로 나가되 너의 기구에 작은 삽을 더하여 밖에 땅을 팔 것이요. 몸을 돌이켜 그 배설물을 덮을지니 이는 네 여호와께서… 네 진중에 행하심이라. 그러므로 네 진을 거룩히 하라.(신 23:12-14c)

유대인의 청결한 삶은 몸에 배어 있다. 사진은 유월절 절기를 위하여 집안의 철기 및 은제품 그릇들을 끓는 물에 넣었다가 꺼내는 정결 예식.

유대인 시어머니나 친정 어머니는 며느리나 딸이 절기를 위한 청소를 제대로 했는지 철저히 감독하고 점검한다. 사진은 며느리가 율법에 맞추어 깨끗하게 청소했나를 일일이 점검하는 크레프트 씨 부인의 시어머니. 복잡한 청소 방법도 세대 차이 없이 전수한다.

이 외에도 유대인에게는 몸과 가정, 그리고 성소를 정결케 하는 엄한 정결 예식이 너무나 많다. 그들은 자신들이 죽음을 면하기 위해서도 청결해야 했다. 그들은 언제나 청결! 청결! 청결이다.

유대인은 청결한 의복을 입도록 가르친다. 유대인촌이나 예루살렘에 가면 아무리 더운 여름이라 해도 까만 예복을 입고 까만 모자를 쓴 정통파 유대인들을 흔히 볼 수 있다. 그들은 군대의 장교 이상으로 깔끔한 외모를 중요시 여긴다. 정통파 유대인은 외모가 깔끔하지 않은 자는 토라를 경멸하는 자로 여긴다. 탈무드에는 "자신의 의복에 흠이 발견된 학자는 죽음에 해당된다"고 쓰여 있다(Donin, 1977, p. 222). 청결한 삶이란 바로 말씀을 받은 자의 삶이다.

유대인은 율법에 의하여 꼭 손을 씻어야 한다. 그들은 손을 씻는 예식을 영적으로 자신이 지은 죄를 씻는 모습으로 설명한다. 손을 씻어야 할 경우들을 보자.

① 아침에 자고 일어나서 ② 화장실을 떠나기 전에 ③ 손톱과 발톱을 깎은 다음 ④ 구두를 만진 다음 ⑤ 식사 전에 ⑥ 기도하기 전에 등등 많다.

손을 씻을 때에도 우리와는 다른 방법으로 씻는다. 우선, 컵으로 물을 떠서 양손에 세 번씩 붓는다. 붓는 순서도 오른쪽, 왼쪽이다. 이러한 방법은 과거 성소에서 제사장들이 씻던 방법으로, 유대인은 규칙적으로 손 씻을 때마다 과거 성전에서 제사장들이 제사를 드리기 전에 손 씻은 것을 기억하도록 한다. 그들은 손 씻는 것을 거룩한 선민의 행위로 간주한다. 그들이 말하기를, 자신들은 건강을 위해서 청결하게 생활한 것이 아니라 여호와의 말씀에 순종했더니 청결하게 되었고, 그 결과 자신들은 건강한 민족이 되었다고 말한다(Lamm, 1993, p. 15). 무조건 따지지 말고 하나님의 말씀에 순종하면 유익하게 된다는 뜻이다. 유대인은 논리로 따져서 율법을 행하기보다는 여호와께서 명하신 말씀이기 때문에 그 율법에 순종하라고 가르친다.

유대인은 매주일 안식일을 준비하기 위하여 집안 청소를 깨끗하게 한다. 그뿐 아니라 절기 때마다 정성을 다하여 집안 구석구석을 청소한다. 특히 양력 4월에 있는 유월절을 지키기 위해서 봄맞이 대청소를 6주 동안 대대적으로 한다. 유대인은 유월절에 누룩 없는 빵, 무교병을 먹어야 한다(출 12:8). 따라서 집안 곳곳에 숨어 있는 묵은 누룩을 찾아서 태워야 한다. 묵은 누룩이란 이스트를 넣어 만든 과자 종류의 단 음식을 말한다. 영적으로 누룩은 인간의 죄를 상징한다(고전 5:6-8).

유대인 주부는 침대를 내놓고 온 방 안을 청소하며, 양탄자를 털고, 커튼을 손질한다. 그 외 모든 집안의 집기들을 다시 정리한다. 그들은 각 방마다 옷장과 선반에 있는 물건을 모두 바닥으로 내놓고 하나씩 모두 깨끗이 씻고 닦는다. 그리고 그것들을 다시 새롭게 정리하면서 묵은 누룩을 찾는다. 부엌의 찬장 안에 있는 그릇들도 모두 내놓고 깨끗이 청소하고 다시 정리한다. 냉장고의 음식들도 모두 꺼내어 다시 정리한다. 그뿐만 아니라 유월절에 쓸 접시, 은그릇, 국그릇 등은 그들의 정결 예식에 따라 준비한다(Leri & Kaplan, 1978, pp. 106-107).

1년 동안 쓰던, 쇠붙이로 된 부엌 기구들과 접시들은 유월절에 다시 쓰기 위하여 뜨거운 빨간 불에 그을리고, 끓는 물에 1분 동안 넣어 둔다. 유리 용품들은 깨끗한 물에 3일 간 담가 두는데, 물은 매일 해 지기 전에 갈아 준다. 이를 '카세링'이라고 한다(p. 110).

유대인 어머니들은 유월절이 되면 딸의 집이나 며느리 집을 방문하여 청소하는 방법까지 철저하게, 세대 차이 없이 전수한다. 조상들이 하던 방법대로 수없이 반복하며 청소하는 방법을 가르친다. 유대인 자녀들은 가정에서 어머니가 무엇이라고 말하든 어머니의 말대로 행해야 한다. 예외가 없다. 이러한 교육은 아주 어렸을 때부터 시작하여야 습관화된다. 아이가 좀 크면 말을 안 듣는다. 중·고등학생이 되면 더욱 어렵다. 유대인 어머니는 이래저래 늘 바쁘게 마련이다. "유대인은 어머니가 유대인이어야 자녀가 유대인이다"는 말이 이해가 된다.

우수한 국민의 자질을 무엇으로 측정할 수 있는가? 저자는 우수한 국민의 자질을 측정할 수 있는 여섯 가지 잣대는 첫째, 정직, 둘째, 내핍 생활, 셋째, 청결, 넷째, 근면한 생활, 다섯째, 준법 정신, 여섯째, 남을 돕는 생활이라고 하고 싶다. 유대인은 이 여섯 가지 잣대를 고루 갖춘 민족이다. 또한 이러한 여섯 가지 잣대는 특정 계층만 갖춘 것이 아니고 유대 민족 대다수가 지키고 있다. 따라서 그들의 민족적 자질에 대한 평균 점수는 어느 민족보다도 높다. 그들의 종교 교육 덕분이다. 유대인의 정직, 내핍 생활, 청결, 근면 정신, 준법 정신, 남을 돕는 마음은 아버지의 영향도 크지만 주로 어머니의 영향이 절대적이다.

IV. 유대인의 선행 교육

1. 유대인의 자선(쩨다카, 慈善), 그 성서적 근거

"세상은 배우고, 일하고, 자선 행위를 하는 것으로 성립되어 있다"는 유대인의 속담이 있다. 그만큼 유대인은 남을 돕는 자선 행위를 강조한다. 유대인의 자선 행위는 다른 사람에게도 유익하지만 본인에게 더없이 유익한 친구이다.

유대인에겐 세 종류의 친구가 있다. 첫번째 친구는 재산이다. 이 친구는

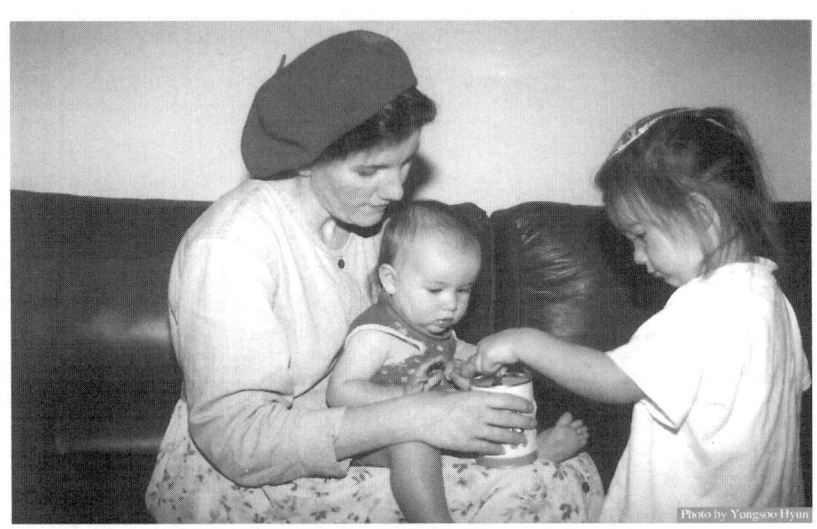

유대인은 자녀가 어릴 때부터 남을 돕는 자선 행위를 반복하여 가르친다. 사진은 유대인 어머니가 자녀들에게 안식일 전에 이웃을 돕는 쩨다카 함(자선함)에 동전을 넣도록 가르치는 모습.

아무리 친해도 죽을 때 갖고 갈 수 없다. 두 번째 친구는 친척이다. 이 친구는 죽을 때 무덤까지는 같이 가 준다. 세 번째 친구는 선행이다. 이 친구는 평소에는 눈에 안 보이나 천국까지 동행해 준다. 탈무드에 나오는 예화이다(Shilo, 1993, pp. 148-149). 따라서 지혜로운 사람은 천국까지 함께 가 주는 자선 행위를 친구로 사귄다. 남을 위해서라기보다는 자신을 위해서이다.

유대인의 선한 윤리는 신본주의 사상에 근거한다. 유대인은 자녀들이 고아와 과부와 나그네를 대접하고 보살피는 성품을 갖도록 어려서부터 교육시킨다(신 24:17, 27:19; 렘 22:3). 하나님은 유대인도 애굽에서 고난당했던 경험을 가진 나그네 출신임을 상기시키며, 네 이웃에 있는 나그네를 사랑하고 괴롭게 하지 말라고 가르친다(출 22:20; 레 19:34; 신 10:19)(Telushkin, 1991, pp. 502-503).

가난한 사람을 불쌍히 여기고 도와 주는 성품을 히브리 말로 '헤세드 (חסד)'라고 한다. 헤세드는 사랑과 친절을 합친 단어이다. 한국 말로는 인애 (仁愛)라고 할 수 있다. 남을 돕는 동정심은 하나님의 성품이고, 하나님의 성품인 '동정심'이란 단어는 여성의 자궁에서 나왔다. 따라서 동정심에 대한 교육은 어머니 몫이다(제2권 제6부 제4장 Ⅰ-2 '모성애의 히브리어원: 자궁의 역할' 참조). 이러한 인애의 마음을 실천하는 의로운 선행을 '쩨다카 (tzedakah, צדקה)'라고 한다. 쩨다카는 의(義, righteousness)를 뜻한다. '쩨다카'라는 단어는 '짜덱(tzedek)'이라는, '의(justice)' 혹은 '공정 (fairness)'이란 단어에서 유래됐다(Lamm, 1993, p. 122). 따라서 자선 자체가 사회의 정의라고 말할 수 있다(Shilo, 1993, p. 120).

'쩨다카'라는 단어는 성경에 그 근거를 두고 있다. 하나님께서는 아브라함을 선민으로 선택하시고 아브라함의 후손에게 선민다운 삶이 되는 길을 가르쳐 주셨다. 그것이 '쩨다카'이다. "내가 그로 그 자식과 권속에게 명하여 여호와의 도를 지켜 의와 공도를 행하게 하려고 그를 택하였나니 이는 나 여호와가 아브라함에게 대하여 말한 일을 이루려 함이니라"(창 18:19). 하나님께서는 모세에게도 "너는 마땅히 공의만 좇으라. 그리하면 네가 살겠고 네 하나님 여호와께서 네게 주시는 땅을 얻으리라"(신 16:20)고 명하셨다. 그 후 수백 년 후에 탈무드에서 쩨다카는 다른 모든 율법과 동일하다고 가르쳤다 (Bava Bathra 9b). 따라서 유대인이 자선을 안 하는 것은 영적으로 문제가 있을 뿐만 아니라 불법을 행하는 것이다. 그리고 탈무드에는 유대인이 자선을 행하는 데 필요한 금액을 개인 소득의 10%로 정했다. 유대인의 쩨다카는 일종의 세금이다(Telushkin, 1991, p. 512).

성경에 나타난 하나님의 간절한 소망은 성도가 가난한 사람을 돕는 일이다. 그래서 하나님은 복의 조건으로 자선 행하기를 원하셨다. "네 하나님 여호와께서 네게 허락하신 대로 네게 복을 주시리니, 네가 여러 나라에 꾸어 줄지라도 너는 꾸지 아니하겠고, 네가 여러 나라를 치리할지라도 너는 치리함을 받지 아니하리라. 네 하나님 여호와께서 네게 주신 땅 어느 성읍에서든지 가난한 형제가 너와 함께 거하거든 그 가난한 형제에게 네 마음을 강퍅히 하지 말며 네 손을 움켜쥐지 말고 반드시 네 손을 그에게 펴서 그 요구하는 대로 쓸 것을 넉넉히 꾸어 주라"(신 15:6-8). "네 동족이 빈한하게 되어 빈손으로 네 곁에 있거든 너는 그를 도와 객이나 우거하는 자처럼 너와 함께 생활하게 하라"(레 25:35). 하나님은 성도가 이러한 자선을 행하는 것을 제사보다 기쁘게 여기신다고 말씀하셨다. "의와 공평을 행하는 것은 제사 드리는 것보다 여호와께서 기쁘게 여기시느니라"(잠 21:3).

하나님은 이렇게 말씀하셨다. "나에게는 네 아이가 있다. 당신에게도 네 아이가 있다. 당신의 네 아이는 아들, 딸, 남자 하인, 그리고 여자 하인이고, 나의 네 아이는 레위인, 나그네, 고아, 그리고 과부이다. 만약 당신이 나의 네 자녀에게 기쁨을 준다면, 나는 당신의 네 사람들에게 기쁨을 주겠다"(Rashi 주석, Deut, 16:11, 1996, p. 197).

약한 자를 긍휼히 여기시는 하나님의 심정이다. 유대인은 부모가 궁핍할 때 자녀가 물질로 도와 주는 것도 쩨다카로 여긴다(Donin, 1972, p. 49).

2. 유대인이 자선(쩨다카, 慈善)을 행하는 방법

유대인이 남을 돕는 행위는 습관화되어 있다. 그리고 남을 돕는 방법도 어려서부터 가르친다. 하나님이 그렇게 가르치셨다. 예를 들어, 하나님은 유대인에게 추수할 때 가난한 자와 나그네를 위하여 자선하는 방법도 구체적으로 가르쳐 주셨다. "너희 땅의 곡물을 벨 때에 너는 밭 모퉁이까지 다 거두지 말고 너의 떨어진 이삭도 줍지 말며 너의 포도원의 열매를 다 따지 말며 너의 포도원에 떨어진 열매도 줍지 말고 가난한 사람과 타국인을 위하여 버려 두라. 나는 너희 하나님 여호와니라"(레 19:9-10). 우리는 여기에서 나오미의 며느리, 과부 룻이 먹을 것을 찾아 보아스의 밭에서 이삭을 줍는 모습을 연상할 수 있다(룻 2:1-4).

유대인은 자선을 행하는 데에도 등급이 있다. 람반이란 랍비는 탈무드에 근거하여 쩨다카의 정도를 8등급으로 나누었다. 등급을 정한 원리는 억지로 자선하는 것보다는 기쁨으로 하는 것이 낫고, 남이 알게 하는 것보다는 모르게 하는 것이 낫고, 조금 하는 것보다는 많이 하는 것이 낫다는 데 근거한 것이다. 8가지 등급의 내용을 보자. ①이 가장 낮고, ⑧이 가장 높은 등급의 자선이다.

① 남에게 요청을 받고 억지로 도와 주는 사람.
② 주어야 할 만큼 주지는 못하지만 기쁨으로 도와 주는 사람.
③ 남에게 요청을 받고 도와 주어야 할 만큼 도와 주는 사람.
④ 요청받기 전에 도와 주는 사람.
⑤ 도움이 필요한 사람을 간접적인 방법으로 도와 주는 사람. 도움을 받는 사람은 도와 주는 이를 알지만, 도와 주는 이는 누가 도움을 받는지 모른다. 이 방법은 도움을 받는 사람이 돕는 이의 얼굴을 보고 부담을 느끼지 않게 한다.

유대인이 모이는 곳이면 불쌍한 사람들을 돕기 위하여 마련된 자선용 쩨다카 박스가 있다. 사진은 한 유대인 아버지가 행사 도중 자녀에게 돈을 주어 자선함에 헌금하도록 돕고 있는 모습.

⑥ 아는 사람을 도와 주지만 익명(匿名)으로 도와 주는 사람. 이런 자선은 도와 주는 사람 앞에서 받는 사람이 부담감을 갖지 않는다.

⑦ 도와 주는 사람과 받는 사람이 서로 모르는 방법으로 도와 주는 사람.

⑧ 불쌍한 사람을 돕되 더 이상 도움이 필요 없을 만큼 돕는 사람. 가령 직장을 구해 주거나 사업을 차려 주거나 필요한 융자를 해주는 사람을 말한다(Donin, 1972, p. 50; Lamm, 1993, p. 126).

탈무드는 쩨다카를 행하는 순서도 두 가지 기준으로 정하고 있다. 첫째, 누구를 먼저 도와 줄 것인가? 도와 줄 상대의 순서이다. 도와 줄 상대의 순서는 ① 굶는 사람 ② 토라를 공부하는 학생 ③ 돈이 없어 결혼을 못 하는 사람

④ 사업에 돈이 필요한 사람 ⑤ 병든 사람 등이다.

둘째, 어디에 있는 사람을 먼저 도와 주어야 할 것인가? 도와 주는 범위이다. 이는 자신과 가장 가까운 사람부터 시작된다. ① 가정 ② 이웃 ③ 지역사회 ④ 자신이 속한 시(市) ⑤ 이스라엘에 있는 다른 시 ⑥ 전 세계에 흩어진 유대인 디아스포라 거주민의 순서이다(Domin, 1972, p. 49).

우리가 분명히 알아야 할 것은, 다른 나라에 선교 헌금을 보내면서 자신의 가정을 돌보지 않는 것은 죄라는 점이다. 저자가 2세 교육을 강조하는 이유도 이웃 전도나 제3세계의 영혼을 구하는 것도 물론 중요하지만 자녀의 영혼을 구하는 것이 더욱더 중요하기 때문이다.

그러나 유대인이 말하는 인애의 마음과 실천은 쩨다카보다 훨씬 더 광범위하다. 헤세드에는 남을 사랑하여 돕고자 하는 진실한 마음과 이 마음에 상응하는 사랑의 실천이 따른다. 탈무드에 의하면, 랍비 엘리에셀은 헤세드와 쩨다카의 차이점을 세 가지로 지적하였다.

첫째, 쩨다카는 돈으로 해결하지만 헤세드는 사랑과 돈이 함께 행해져야 한다. 이 말은, 인애의 사람은 상대방이 위기시에 돈만 주지 말고 몸소 그를 찾아가서 위로도 해주어야 한다는 뜻이다.

둘째, 쩨다카는 가난한 사람에게만 선행을 베풀지만 헤세드는 가난한 사람이나 부자 모두에게 베푼다. 예를 들어 인애의 사람은 잘 차려 입은 사람들에게도 가난한 사람에게 보여 주었던 동정심 있는 친절한 언어나 관대한 웃음, 그리고 기쁜 표정을 보여 주어야 한다.

셋째, 쩨다카는 살아 있는 사람에게만 한하지만 헤세드는 죽은 자를 위하여도 행해진다. 죽은 자를 위하여 묘지를 구입해 주고, 시체를 장지로 옮겨 주고, 상주를 위로해 주고, 고아를 돌보는 일이다(창 25:11; 신 34:5-6)(Lamm, 1993, pp. 125-126).

3. 유대인 어머니의 쩨다카 교육

　유대인은 나를 위한 삶보다도 남(이웃)을 위한 삶을 어려서부터 훈련받는다. 남을 돕는 따뜻한 마음은 EQ 교육의 가장 중요한 덕목 중의 하나이다(Goleman, 1995).

　실제로 유대인 어머니는 어린 자녀들에게 남을 돕는 따뜻한 마음을 어떻게 훈련시키는지 알아보자. 자녀를 키우는 유대인 가정에는 조그마한 저금통이 있다. 이 저금통 이름은 '쩨다카 박스'이다. 탈무드 시대에는 헌금 상자에 '유대인 국가 기금'이라고 쓰여 있었다. 유대인 어머니는 금요일 오후 안식일 촛불을 켜기 전에 나이 어린 자녀들 앞에서 먼저 이 저금통에 동전을 넣는다. 그러면 자녀들도 각자 준비한 동전을 넣는다(Shilo, 1993, p. 231). 이렇게 모은 헌금은 불우한 이웃이나 피난민, 혹은 유대 민족의 복지 기금을 위하여 쓴다. 도움이 필요한 곳을 찾아갈 때에도 대부분 아이들을 데리고 가서 그 동안 모은 헌금을 아이들이 직접 건네도록 교육시킨다.

　유대인촌에는 굶어 죽는 사람이 없다. 왜냐 하면 유대인은 거지가 동냥을 하러 다니면 도와 주도록 교육시키기 때문이다. 동네에 있는 거지가 일 주일에 한 번씩 동냥을 하러 집에 찾아오면 그 거지를 상대하여 자선을 베푸는 일은 어린이 몫이다. 유대인이 남을 도와 주는 일은 거의 반사적인 행동이다(Shilo, 1993, p. 231; Telushkin, 1991, p. 514). 나를 위한 삶이 아니고 남을 위한 삶을 실천적으로 보여 주는 교육이다. 유대인은 자녀에게 인애의 마음을 갖게 하고, 그 인애의 마음을 실생활에서 실천함으로써 하나님의 인애의 형상을 닮게 한다. 행함이 없는 믿음은 죽은 믿음이다(약 2:17).

　유대인 어머니는 가정에서도 선행의 율법뿐만 아니라 매사에 착한 마음으로 남을 돕는 정신을 함양시킨다. 화이어스톤 부인은 저자의 이웃에 사는 30대 어머니이다. 그녀는 어린 네 딸을 키우고 있다. 산아 제한을 안했기 때

유대인은 개인주의를 지양하고 불쌍한 사람을 돕는 선행 교육을 어려서부터 시킨다. 사진은 유대인 어머니가 안식일 저녁, 자녀들에게 구호 기관에 보낼 헌금을 쩨다카 박스에 넣도록 지도하는 모습. 이 돈은 모아지는 대로 유대인 국가 단체나 개인이 운영하는 자선 기관에 보내진다.

문에 아이들이 많다. 네 딸들에게 새벽부터 저녁 때까지 해야 할 모든 유대인의 율법을 행하도록 훈련시킨다. 손을 씻어야 할 때 손을 씻게 하고, 쉐마를 외워야 할 때 쉐마를 외우게 한다. 말을 안 들을 때는 화를 내는 것이 아니라 잘 할 때까지 반복하여 시킨다.

    반복 교육은 유대인이 즐겨 하는 교육 방법 중 하나이다. 유대인은 토라를 배울 때에도 학습 내용을 반복하여 외운다. 탈무드에는 "자신의 학습 내용을 100번 반복한 사람보다 101번 반복한 사람이 낫다(Chag. 9b)"고 쓰여 있다. 학생이 토라를 배우고 반복하여 공부하지 않으면 씨를 뿌리고 수확하지 않는 사람과 같다(Cohen, 1995, pp. 176-177). 유대인은 귀납법 교육과 더불어 암기 교육도 시킨다. 탈무드 내용을 질문하며 따지는 것은 귀납법이고, 성경을 외우는 일은 암기 교육이다.

그녀는 딸들에게 매일같이 아버지 어머니를 기쁘게 하는 착한 일을 몇 가지씩 하도록 가르친다. 착한 일을 행할 적마다 칭찬을 잊지 않는다. 그리고 딸의 노트에 별표를 하나씩 달아 준다. 별이 10개가 되면 장난감을 사 준다. 선행에 대한 보상이다. 따라서 자녀들은 부모를 평생 기쁘게 해드리려고 노력한다.

탈무드에 의하면, 유대인은 헤세드를 행하기 위하여 몸이 아픈 환자를 방문하고, 기도해 주며, 보살피도록 교육시킨다(Fuchs, 1985a, p. 114). 병원이나 양로원, 고아원 및 동포 피난민들을 많이 돕는다(Lamm, 1993, pp. 128-129). 유대인 사회에 자원 봉사자들이 많은 이유도 여기에 연유한다. 자녀를 다 키운 여성들도 집에서 쉬는 것이 아니라 자선 기관에서 시간을 정해 놓고 아무 보수 없이 정성껏 봉사한다. 가정에서의 헤세드 교육은 유대인 자녀들의 EQ를 높인다.

한국인 성도도 영적 유대인임을 명심해야 한다. 어려서부터 남을 돕는 정신을 가르치는 유대인의 모습과 학교 공부만 강조하는 한국의 개인주의적 모습은 너무나 대조적이다. 물론 유대인 중에는 그렇지 못한 사람들도 많다. 그들은 성경대로 살지 않는 사람일 뿐이다. 이는 기독교인이라고 다 좋은 사람이 아닌 것과 마찬가지이다.

V. 유대인의 잠들기 전 이야기 교육

1. 유대인의 하루 정리의 시간

풀 타임 유대인은 새벽에 눈을 뜨면서부터 매시간 하나님의 말씀에 의하여 살다가 하루의 일과를 모두 끝내면 잠자리를 준비한다. 유대인이 오래 전부터 믿어 온 이야기에 의하면, 유대인은 잠자는 동안 영혼이 하늘에 올라가 하나님을 만난다. 따라서 유대인은 하나님을 만날 준비를 하기 위하여 매일 하루의 일과를 보따리에 싸야 한다(Lamm, 1993, p. 165). 이 말은, 유대인은 하루의 일과가 끝나면 잠자기 전에 그 날 하루를 정리하는 시간을 가져야 한다는 뜻이다. 하나님께서 주신 하루를 마감하면서 자신이 정말 평안한가를 점검한다. 자신과 가정과 사회 생활에서 있었던 일들을 생각한다. 그리고 남에게 아픔을 주었으면 자신의 잘못을 회개하고, 남의 잘못도 용서한다.

슐한 아룩에는 용서에 대한 구체적인 방법이 있다(저자 주: 슐한 아룩은 A.D. 1500년 중반에 랍비 조셉 카로가 만든 유대주의의 표준 생활 규범임. 현대 정통파 유대인의 행동 강령도 여기에 준함). 그 방법은 먼저 "나는 나를 괴롭힌 사람을 누구든 용서합니다"라고 말한다. 그 후 자신이 용서할 사람들의 이름을 명단에 적는다. 그리고 각 사람의 이름을 불러 가며 "우주의 창조자는 ㅇㅇㅇ를 용서한다"고 말한다. 이로써 그 날의 일은 모두 잊혀진다. 그는 말하기를 "네가 남을 용서함으로써 아무도 너 때문에 심판받지 않는다"고 가르친다(p. 169). 이 말 속에는 네가 남을 용서하였으니 너도 심판받지 않는다는 뜻이 있다.

이러한 그들의 신본주의 사상은 신약의 성도들에게 두 가지 성경 말씀을 생각나게 한다. 하나는 예수님의 주기도문(마 6:9-13)이다. "우리가 우리에게 죄진 자를 사해 준 것같이 우리 죄를 사하여 주옵시고"이고, 둘째는, 바울의 교훈이다. "분을 내어도 죄를 짓지 말며 해가 지도록 분을 품지 말고"(엡 4:26)이다. 예수님과 바울은 모두 유대인이었다.

2. 유대인 어머니의 잠들기 전 이야기 교육

이제 유대인 어머니의 잠들기 전 교육에 대해 살펴보자. 자녀가 잠들기 전의 짧은 시간은 어머니가 자녀의 일생에 커다란 영향을 미치는 중요한 시간이다. 이 시간은 어머니가 자녀를 침대에 누이고, 그 곁에서 자녀가 잠들 때까지 함께 있어 주는 시간이다.

어머니는 하루를 경계로 하여 자녀에게 두려움과 슬픔의 감정이 있다면 그 날로 정리하도록 배려해야 한다. 낮에 어머니가 자녀에게 심한 야단을 쳤어도 밤이 지나기 전에 자녀와 분을 풀어야 한다. 그리고 유대인 어머니는 자녀들이 자기 전에 성경에 나오는 선조들의 이야기를 들려 준다 (Shilo, 1993, pp. 76-86). 물론 아버지가 이야기를 해줄 때도 있지만 주로 어머니가 이야기해 준다. 왜냐 하면 그 시간에도 정통파 유대인 남자들은 미드라쉬의 집에서 토라와 탈무드를 공부하거나 기도를 하기 때문이다.

저자 이웃의 화인스타인 부인은 자녀가 자기 전에 주로 성경에 나오는 위대한 인물들, 즉 노아, 아브라함, 이삭, 야곱, 요셉, 모세 및 다윗 등에 관한 이야기를 해준다. 주로 성경에 나오는 영웅들의 이야기이다. 그뿐만 아니라 그 동안 유대인의 역사에 나타난 위대한 랍비들의 이야기들도 너무나 많다. 2천 년 전의 랍비 아키바, 힐렐, 요하난뿐만 아니라 근래의 위대한 지혜자들의 이야기도 많다. 그들은 평범한 사람들이 따르지 못하는 유대인 성자들이다. 이 외에도 유대인의 절기나 다른 유대인 아이들에 대한 경험담 같은 동화

유대인 어머니는 자녀가 잠들기 전 성경 속의 조상이나 위인들의 이야기를 들려 준다. 사진은 아기가 잠들기 전 성경 이야기를 들려 주는 유대인 어머니.

집도 많다. 유대인에게 유익한 책의 목록은 유대인 사회복지국에서 정해 준다(Donin, 1977, p. 81).

유대인은 왜 아이들이 잠자기 전에 성경 말씀을 해주는가? 아이들이 깨어 있을 때에는 자녀들을 악한 행실에서 구할 수 있지만, 아이들이 잠을 잘 때는 부모가 그들의 영혼을 지킬 수 없기 때문이다. 따라서 꿈에서라도 여호와 하나님과 함께 지내도록 하기 위하여 성경을 읽어 준다. 유대인 부모들은 자녀들에게 끊임없이 이야기를 해주기 위해서라도 늘 책을 읽는다. 유대인은 평생 공부한다.

종교 교육학적인 측면에서 유대인 어머니의 잠자기 전 이야기 교육은 어린아이의 신앙의 태동에 절대적인 영향을 미친다. 어린아이는 종이로 말하면 백지와 같다. 유대인 어머니는 이 백지에 하나님의 사람들을 그려 준다.

의인과 악인의 차이를 그려 준다. 하나님을 경외하는 것이 지식의 근본(잠 1:7)임을 알게 해준다. 따라서 유대인의 신본주의 사상은 어려서 어머니가 들려 주는 성경 말씀에서부터 시작된다. 또한 "이러한 이야기들은 유대인의 아이덴티티를 강하게 해주고, 커다란 유대 민족에 대한 소속감을 준다. 그리고 자신이 그 문화권의 일원이라는 것을 알게 해준다"(Donin, 1977, p. 81). 폭력이 난무하는 텔레비전을 보다가 잠드는 아이들과는 비교가 안 된다.

일반 교육학적인 측면에서도 이러한 교육은 자녀에게 많은 도움을 준다. 2,3세 때부터 어머니의 이야기를 듣고 자란 유대인 자녀들은 지능 지수도 높아진다. 분석적인 사고력이 발달되기 때문이다. 또한 많은 수의 단어를 기억하여 어휘 능력이 좋아질 뿐만 아니라 어휘의 표현 능력도 높아진다. "어린 시절에 성서에 등장한 영웅담을 들으면 그것에 대한 흥분이 후일까지 지속되어 상상력이 풍부한 시인과 작가를 낳게 한다"(Shilo, 1993, p. 78).

정서 교육의 측면에서도, 유대인 어머니의 잠자기 전 이야기 교육은 자녀가 불을 끈 후 느끼는 어두움에 대한 공포감을 없애 주며, 동시에 어머니에 대한 신뢰도를 높인다. 따라서 유대인 어머니의 잠자기 전 이야기 교육은 어린아이의 정서 안정에 큰 도움을 준다. 또한 이러한 경험을 가진 자녀가 성장하여 어머니가 되면 마찬가지로 자신의 자녀에게 잠자기 전 이야기를 들려 주게 된다. 이로써 유대인의 신본주의 자녀 교육 방법도 대물림된다.

3. 유대인이 잠들기 전 마지막으로 하는 일: 쉐마 기도

유대인은 누구나 잠을 자기 전에 쉐마를 외운다. 따라서 유대인 어머니는 자녀들이 잠을 자기 전에 마지막으로 쉐마 기도를 외우게 한다. '쉐마'는 '들으라' 란 뜻으로(신 6:4-9), 유대인이 자녀에게 자자손손 하나님의 말씀을 듣고 말씀에 순종하라는 축복의 말씀이다. 쉐마는 유대인의 성경적 자녀 교육의 대명사이다(Donin, 1872, 1980; Lamm, 1993).

유대인 어린이가 세상에 태어나 말을 배우기 시작하면 제일 먼저 배우는 성경 말씀이 쉐마이다. 처음에는 간단한 두 문장의 쉐마 기도문을 히브리어로 가르친다. 첫째, "이스라엘아 들으라. 우리 하나님 여호와는 오직 하나인 여호와시다." 둘째, "모세는 우리에게 토라, 유대 민족의 유산을 명하셨다" (Donin, 1977, pp. 79-80).

전체 쉐마 기도는 세 부분으로 나뉘어 있다(신 6:4-9, 11:13-21; 민 15:37-41). 아이들은 보통 신명기 6장 4절에서 9절까지의 말씀만 외운다(자세한 유대인의 쉐마 교육에 대해서는 제1권 제3부 제3장 '유대인 부모의 의무' 참조). 어른은 쉐마의 세 부분을 모두 외운다. 유대인은 죽을 때까지 매일 기도할 때마다 이 쉐마를 외운다.

> 이스라엘아 들으라. 우리 하나님 여호와는 오직 하나인 여호와시니, 너는 마음을 다하고 성품을 다하고 힘을 다하여 네 하나님 여호와를 사랑하라. 오늘날 내가 네게 명하는 이 말씀을 너는 마음에 새기고, 네 자녀에게 부지런히 가르치며, 집에 앉았을 때에든지 길에 행할 때에든지 누웠을 때에든지 일어날 때에든지 이 말씀을 강론할 것이며, 너는 또 그것을 네 손목에 매어 기호를 삼으며, 네 미간에 붙여 표를 삼고 또 네 집 문설주와 바깥 문에 기록할지니라. (신 6:4-9)

유대인 아이들은 왜 이 쉐마를 자기 전에 외우는가? 그 이유는 만약 아이가 자다가 갑자기 죽을 경우 이 쉐마가 아이의 마지막 유언이 되게 하기 위함이다. 유대인의 영원한 소원은, 여호와는 오직 한 분이시고 그분을 사랑하여 여호와의 말씀을 자손 만대에 가르쳐 지켜 행하는 것이다. 어른이 늙어 죽을 때에도 쉐마를 마지막 유언으로 남긴다. 그들의 소원은 일류 학교에 가서 출세하는 것이 아니다. 여호와의 말씀을 맡은 자로서 사명을 영원히 감당하도록 유언한다.

유대인은 하루를 마감하면 단잠을 청한다. 슡한 아룩의 규정에 의하면 "수면은 선한 율법"이다. 단잠을 자야 아침에 힘을 얻어 하나님에게 더 잘 봉

유대인의 소원은 자자손손 말씀을 전수하는 일이다. 이를 위해 쉐마라는 축복 기도문을 매일 세 번씩 외운다. 사진은 유대인 소년이 자기 전에 손으로 눈을 가리고 쉐마를 외우고 있는 모습.

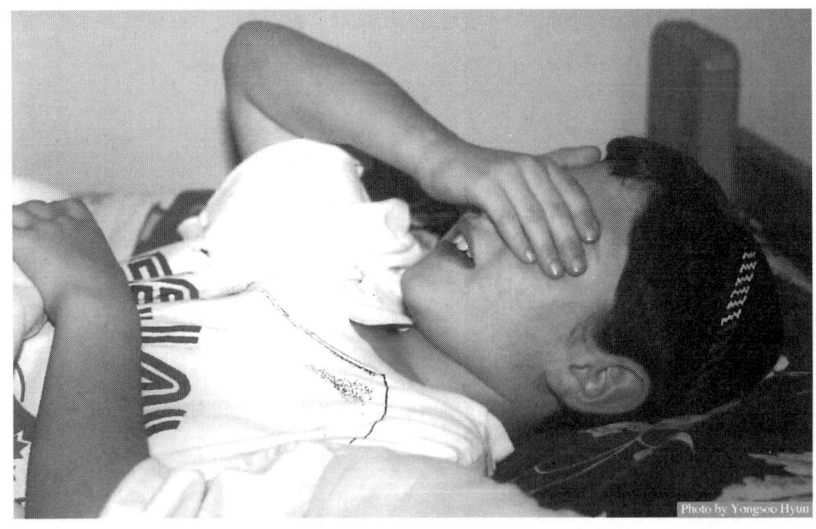

사할 수 있기 때문이다. 따라서 잠자는 것 자체도 하나님을 위한 봉사이다 (Kitzur S. A. 71:4). 잠자기 전에 주위를 한 번 다시 돌아보라. 세상은 아름답다. 하루하루는 보화이다. 사람들은 이 사실을 잊고 산다. 이렇게 살 때 성도는 오늘과 내일을 불평과 슬픔으로 사는 것이 아니고, 사랑과 웃음과 기쁨으로 살 수 있다(Lamm, 1993, p. 169). 하나님이 주신 생명, 자연, 일, 환경, 시간 등 모든 것은 아름다운 것이다.

VI. 유대인 어머니의 식사 교육

1. 서론: 유대인의 음식과 생활

미국의 대도시에 있는 대중 식당이나 술집에서는 유대인을 보기 힘들다. 유대인은 이방인의 식당이나 술집에 안 간다. 따라서 유대인의 범죄율도 세계에서 제일 낮다. 그 이유 중의 하나가 그들이 음식에 관한 독특한 계율을 지키기 때문이다. 만일 대중 식당이나 술집에 가는 유대인이 있다면, 그는 유대인은 유대인이되 유대적 종교 생활을 착실히 행하지 않는 사람이다. 정통파 유대인들은 유대식 음식을 고집하기 때문에 외식을 한다 하여도 자신들의 율법에 따라 만든 음식만 파는 코셔 식당에만 간다.

유대인은 서로 이 율법을 지키게 하기 위하여 유대인끼리 형제처럼 도와 준다. 가령 미국에 살던 유대인이 로마에 가면 제일 먼저 유대인 회당을 찾는다. 회당에 있는 랍비에게 연락하면 공항까지 데리러 나온다. 그리고 자신의 집에 데리고 가서 율법에 맞는 음식과 생활을 함께하도록 도와 준다. 그뿐만 아니라 사업에 대한 모든 정보도 제공해 준다. 필요하면 도움이 될 수 있는 사람들도 소개해 준다. 그들의 특별한 형제애이다(Solomon, 1992, pp. 81-82).

그렇다면 만약 유대인이 한국에 올 때는 비행기 속에서 13시간 동안 굶고 오는가? 그렇지 않다. 대한 항공이나 아시아나 항공을 비롯 모든 나라의 비행기에는 유대인의 음식이 준비되어 있다. 단, 타기 전 주문을 해야 한다. 저자도 한국에 오는 길에 시험 삼아 한 번 주문하여 먹은 적이 있다. 이것 역시 유대인의 힘의 상징이다. 만약 한국인이 브라질에 갈 때 김치를 내놓으라고 한다면 브라질 비행기에서 김치를 내놓겠는가?

저자는 그들의 음식 문화를 소개하면서 한국인이 구약에 따른 음식을 먹어야 된다고 주장하는 것이 아니다. 신약의 성도는 먹어도 되는지 양심에 묻지 않고 어느 음식이나 하나님이 주신 것으로 생각하고 먹어야 한다(롬 14:14; 고전 10:25-31). 다만 저자가 이것을 소개하는 이유는 유대인의 교육을 알기 위해서는 첫째, 가정에서 어머니가 정성껏 만들어 주는 음식에 대하여 알아야 하고, 둘째, 정통파 유대인의 음식은 모세 때부터 현재까지 세대 차이가 없다는 것을 알아야 하기 때문이다. 셋째, 그들이 여호와의 율법을 지킴으로써 두 가지 유익함을 얻을 수 있기 때문이다. 하나는 이방인과 섞이는 것을 막을 수 있고, 다른 하나는, 그들의 말에 따르면, 건강식을 할 수 있다는 것이다. 넷째, 유대인의 가족적인 따뜻한 분위기가 자녀 교육에 대단히 유익하다는 점이다.

우리도 유대인의 율법에 따른 음식 문화에서 배울 점이 많다. 음식을 정성스럽게 만드는 마음 자세, 음식에 대한 감사, 식탁 매너, 즐거운 분위기, 그리고 여호와의 말씀에 관한 토론 등이다. 이는 모두 그들의 종교 교육에 기초를 두고 있다. 유대인의 음식 문화 자체가 모두 신본주의 사상에 입각하여 형성되었기 때문이다. 이제 그들의 음식 문화에 대하여 설명해 보자.

2. 유대인의 코셔 음식 계율

유대인은 매사에 까다롭다. 매일 먹는 음식도 예외는 아니다. 유대인에게는 먹어야 될 음식이 있고, 먹어서는 안 되는 음식이 있다. 유대인은 모든 동물을 정결한 동물과 불결한 동물로 나눈다. 정결한 동물과 불결한 동물이란 용어는 노아 때부터 사용되었다(창 3:2-3). 그러나 정결한 동물과 불결한 동물에 대한 구체적인 규정은 모세가 시내산에서 여호와 하나님에게 받은 말씀에 있다(레위기 11장, 신 14:2-21).

유대인이 먹는 정결한 음식을 '코셔 음식'이라고 한다. 그리고 코셔 음식에 관한 계율을 '카쉬룩(כַּשְׁרוּת)'이라고 말한다. '카쉬룩'이라는 단어는 '거룩'이라는 '카도쉬(קָדוֹשׁ)'와 관련된다. 하나님은 유대인에게 정결한 음식만을 구별하여 먹으라는 율법을 주시면서 "나는 너희를 애굽 땅에서 인도해 낸 여호와라 너희 하나님이라. 내가 거룩하니 너희도 거룩할지니라(레 11:45)"고 말씀하셨다. 여기에서 '거룩'이란 단어는 '따로 떼어 두다' 혹은 '구별하다'라는 뜻이다. 하나님은 유대인을 선민으로 구별하실 때 음식에 관한 계율을 주셔서 거룩한 성도의 식생활을 이방인의 것과 구별하셨다. 따라서 유대인이 음식의 계율을 지키는 것은 적합한(카셔, 'fit' 또는 'proper', כָּשֵׁר) 행위이다(Lamm, 1993, pp. 53-54).

유대인이 구별되게 먹을 수 있는 짐승, 물고기, 그리고 새 종류 등은 다음과 같다. 레위기 11장과 신명기 14장 2절에서부터 21절의 내용을 요약한 것

정통파 유대인은 이방인의 음식을 안 먹는다. 사진은 유대인 전용 식당(코셔 식당)에 자리를 함께한 탈무드 교수 랍비 에들러스테인 부부와 저자 부부. 오른쪽은 둘째 아들 재진.

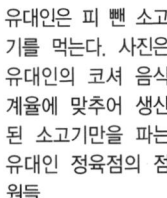

유대인은 피 뺀 소고기를 먹는다. 사진은 유대인의 코셔 음식 계율에 맞추어 생산된 소고기만을 파는 유대인 정육점의 점원들.

이다.

첫째, 네 발 달린 짐승 중 두 가지, ① 위가 두 개 있어 되새김질하는 동물이어야 하고 ② 발톱의 굽이 두 개 이상 갈라진 것만 허용한다. 이 두 가지 조건을 갖추지 못한 짐승은 식용으로 금지되어 있다. 예를 들면, 위가 두 개 있는 소는 잡아서 먹어도 된다. 그러나 돼지는 발톱이 두 개로 갈라졌지만 위가 하나라서 안 된다. 따라서 돼지는 불결한 짐승이다. 말은 발톱이 두 개로 갈라져 있지 않기 때문에 먹을 수 없다. 토끼도 안 먹는다. 그러나 양, 염소, 사슴 고기는 먹어도 된다.

둘째, 물고기도 식용 물고기는 두 가지 조건을 갖추어야 한다. ① 지느러미가 있어야 하고 ② 비늘이 있어야만 한다. 그 이외의 모든 물고기는 식용으로 금지되어 있다. 따라서 뱀장어나 미꾸라지, 게, 새우는 안 먹는다. 현대 의학에서도 새우, 뱀장어 같은 강장식 음식은 콜레스테롤이 많아서 성인병의 원인이 되는 음식이라고 말한다.

셋째, 새 종류는 토라에 금지 조건이 없다. 다만 토라에는 식용으로 금지된 새의 이름과 종 24가지가 나열되어 있다. 후에 탈무드에서는 금지된 새 종류의 특성을 구체화했다. 식용으로 금지된 새 종류는 주로 육식을 하는 새나 포악한 새들이다. 독수리, 올빼미, 까마귀 등이다. 유대인이 먹는 새 종류도 전통적으로 탈무드에 모두 명시되어 있다. 닭, 칠면조, 오리, 비둘기, 거위이다(Donin, 1972, pp. 104-105).

그 외에도 유대인은 식용으로 배로 다니는 뱀 종류의 양서류를 금하고(레 41-42), 자연사한 짐승의 고기도 금한다(신 14:21). 코셔 짐승이 아닌 불결한 짐승에서 나온 젖도 식용으로 금하고, 코셔에 속한 새 종류가 아닌 새에서 나온 알도 식용이 금지되어 있다. 그러나 모든 채소와 식물은 코셔이다(Lamm, 1993, p. 61).

유대인은 정결한 짐승을 식용으로 하더라도 가공하는 방법이 이방인과 다르다. 유대인은 고기를 피째 먹으면 안 된다. 피는 생명이기 때문이다(창 9:4; 레 17:11). 정결한 짐승을 잡는 방법과 그 처리 방법들에 대한 모든 규정은 토라에 있지 않고, 유대인의 장로의 유전에 있다. 따라서 그들은 장로의 유전도 똑같은 성경으로 간주한다. 생선도 율법에 의하여 뼈와 살을 갈라

살만 식탁에 올린다. 이처럼 그들은 구별하는 것이 습관화되어 있다(Donin, 1972; Chait, 1992). '거룩'이란 말 자체가 구별되었다는 말이다.

유대인이 먹는 고기, 빵, 포도주 등 대부분의 음식은 전문 랍비의 지도와 검색을 받은 음식들이다. 이를 '코셔 음식'이라고 한다. 코셔 음식을 만드는 주방 기구들도 정결 예식을 치른 기구들이어야 한다. 유대인이 사는 지방에는 코셔 음식점이나 코셔 식품점이 따로 있다. 그들은 코셔 음식을 저렴하게 공급하기 위하여 세계 각지에 공장을 만들어 상품을 생산한다. 저자가 아는, 코셔 음식을 만드는 과정을 감독하는 한 전문 랍비는 한국에도 코셔 음식 공장이 있어서 가끔 한국에 간다고 말했다.

미국에서는 일반 식품점에서도 코셔 음식을 볼 수 있다. 단, 코셔 음식은 병에 '코셔 음식'이라는 표시가 있다(Lamm, 1993, p. 65). 예를 들어, 코셔 포도주는 병에 코셔 음식이라는 마크가 있다. 그들의 음식은 이방인이 먹는 음식보다 비싸다. 왜냐 하면 재료 및 가공비가 더 많이 들기 때문이다.

그들은 옷 만드는 옷감도 다르다. 매사가 이방인과 다르다. 그들은 종종 "우리 유대인은 이방인보다 비싼 사람들이다"라고 농담한다. 그들의 생활 용품들이 이방인의 것보다 비싸기 때문이다.

유대인은 이방인보다 많은 시간과 물질을 자신들의 종교 생활에 투자한다. 그들은 매주 돌아오는 안식일은 물론 많은 종교적 절기도 잘 지킨다. 그러면서도 자신들이 살고 있는 나라의 국경일에는 자동적으로 휴무한다. 그렇기 때문에 이방인보다 일하는 날이 훨씬 적다. 절기 때마다 비싼 음식을 장만하고, 하나님에게 고액의 헌금을 바쳐야 한다.

따라서 그들은 시간과 물질을 최대한 아껴 쓴다. 그들은 일하는 시간에는 최선을 다한다. 그래서 그들은 시간당 임금도 비싸다. 그리고 사업을 할 때 물건도 웬만해서는 덤핑을 안 한다. 그들은 정당한 이익을 남긴다는 말이다.

3. 유대인의 식탁 문화

유대인의 안식일이나 절기에 그들의 가정을 방문하면 정말 잘 먹고, 말도 많고, 웃기도 잘 하고, 춤도 잘 춘다. 시끌벅적하다. 모두 웃는 얼굴들이다. 그들은 어떠한 고난 속에서도 사람을 대할 때 웃는 모습을 보이는 것이 종교적인 습관으로 되어 있다(Lamm, 1993, pp. 53-54).

그러나 웃지 못하는 절기도 있다. 성전이 파괴된 날을 슬퍼하는 절기(티샤 바브)이다. 그 때는 슬픈 표정을 짓도록 가르친다. 그리고 그 때는 사람과 사람이 만나도 눈을 마주치면 안 된다. 하나님에 대한 슬픈 생각이 흩어지는 것을 막기 위해서이다(Donin, 1972; Leri & Kaplan, 1978).

정통파 유대인은 가족이 많기 때문에 안식일이나 명절 때에 6-10명씩 모인다. 여기에 할아버지, 할머니, 삼촌댁과 조카들이 모이면 15명이 넘을 때도 있다. 모두 정식 예복으로 말끔히 갈아입는다. 그리고 유대인은 식탁에 나그네를 초대하는 습관이 있다. 성서적 근거로는 유대인의 조상 아브라함이 세 나그네(천사)를 초대하여 축복받았다(창 18:8)는 사실을 들 수 있다 (Lamm, 1993, pp. 57-58).

유대인은 형제끼리 연합하여 동거하기를 즐겨한다. 그들은 시편의 말씀에 따라 형제가 연합하여 동거함은 제사장을 성결케 하는 기름과 같이 귀하고, 새벽의 이슬처럼 신선하다고 믿는다.

> 형제가 연합하여 동거함이 어찌 그리 선하고 아름다운고. 머리에 있는 보배로운 기름이 수염 곧 아론의 수염에 흘러서 그 옷깃까지 내림 같고 헐몬의 이슬이 시온의 산들에 내림 같도다. 거기서 여호와께서 복을 명하셨나니 곧 영생이로다.(시 133:1-3)

유대인의 식탁은 하나님께 축복받는 장소요, 안식의 장소요, 먹는 기쁨의 장소요, 말씀을 전하는 장소요, 조상의 전통을 전하는 장소요, 천국의 모형이다. 사진은 유월절 절기 식탁에서 할아버지가 손자에게 말씀을 전하며 파안대소하는 모습. 왼쪽 옆에서 어머니가 보고 함께 웃고 있다.

　유대인의 절기에는 먹는 것도 풍성하다. 아낌없이 차린다. 까다롭거나 구두쇠 같다는 인상이 전혀 안 든다. 그들은, 절기 음식을 풍요롭게 차리는 것은 하나님의 율법을 지키는 일로 이 일에 쓰는 비용은 하나님께서 채워 주신다는 믿음을 갖고 있다.
　이렇게 많은 사람들이 즐길 수 있는 환경은 누가 준비하는가? 어머니가 한다. 그래도 유대인 어머니들은 불평 없이 기쁨으로 한다. 유대인 가정의 식탁을 풍요롭고, 정성스럽게 준비하는 일은 어머니의 자녀 교육의 일부이다. 현숙한 유대인 어머니는 가족의 행복과 건강을 위하여 음식 만드는 일을 즐겨 한다(Leri & Kaplan, 1978, pp. 219-234). 한국의 옛 어머니들도 그랬다.

현숙한 여인은 "밤이 새기 전에 일어나서 그 집 사람에게 식물을 나눠 주며, 여종에게 일을 정하여 맡기며, 밭을 간품하여 사며, 그 손으로 번 것을 가지고 포도원을 심으며… 그 집안일을 보살피고 게을리 얻은 양식을 먹지 아니하나니, 그 자식들은 일어나 사례하며, 그 남편은 칭찬하기를 덕행 있는 여자가 많으나 그대는 여러 여자보다 뛰어나다 하느니라"(잠 31:15-29).

유대인은 음식을 먹을 때도 인간과 동물은 다르다고 가르친다. 둘 다 배고파서 먹지만 인간은 단순히 먹는 것만으로는 인간으로서의 가치가 없다(Shilo, 1993, pp. 125-126). 유대인은 돼지를 먹지 않는다. 따라서 유대인은 돼지처럼 매너 없이 허겁지겁 먹거나 아무 음식이나 먹지 않는다(Lamm, 1993, p. 64). 유대인은 음식을 먹을 때 기쁘게 먹기 위하여 노래도 곁들인다(pp. 64-65).

유대인의 식탁은 여호와 하나님께 제사 지내는 성막의 제단을 상징한다(자세한 내용은 제1권 제3부 제4장Ⅰ'교육의 장소: 가정은 교육의 중심이다' 참조). 음식에 대한 감사는 하나님에 대한 감사임을 가르친다. 대부분 유대인의 가정에서 안식일에 먹는 빵 '할라'는 어머니가 율법의 규정에 따라 만든다(할라에 대한 자세한 내용은 제6부 제6장Ⅱ-2 'A. 유대인 여성은 가루 반죽으로 할라 빵을 빚는다' 참조). 아이들은 학교에서 집으로 돌아오면서 어머니가 준비했을 음식을 생각하며 기쁨에 차 있다. 오늘은 여호와의 절기날이기 때문이다. 자녀들은 어머니의 사랑과 정성이 담긴 음식을 기쁨으로 즐겁게 먹음으로써 어머니의 신본주의 사상을 전수받는다(전 9:7). 이러한 음식은 어머니의 사상과 철학이 숨겨진 음식이다. 돈 몇 푼 주고 산 햄버거와는 정서면에서 비교가 안 된다.

지금까지의 내용을 요약하면, 유대인의 식탁은 하나님에게 축복받는 장소요, 안식의 장소요, 먹는 기쁨의 장소요, 여호와의 말씀을 전하는 장소요, 조상의 전통을 후세에게 전하는 장소요, 가정의 화목을 이루는 천국의 모형이다. 정통파 유대인이었던 바울이 떡을 떼며 교제(코이노니아)한다는 말이 실감이 난다.

따라서 하나님의 백성은 첫째, 음식을 주신 하나님에게 감사를 해야 하고, 둘째, 여호와의 율례와 법도에 따라 먹어야 하고, 셋째, 정결한 음식만을 먹어야 하고, 넷째, 여호와의 말씀을 배우며 먹어야 한다. 그리고 다섯째, 기쁜 마음으로 즐겁게 먹어야 한다.

VII. 어머니는 가정의 질서를 가르쳐야 한다

1. 완전한 에덴의 모습

A. 아담의 고민과 그 해결 방법

하나님은 천지를 창조하시고 모든 것을 아담에게 맡기셨다(창 1:26-28, 2:15). 들짐승과 공중의 각종 새도 모두 아담의 통치권 안에 있었다(창 2:19). 따라서 아담은 세상의 모든 것을 다 소유한 사람이다. 세상의 권력, 명예, 물질, 모두 아담의 것이었다. 하나님께서 그에게 모든 권한을 주셨기 때문이다. 요즘처럼 생활에 스트레스가 많거나 불경기가 있는 것도 아니었다.

그런데도 아담은 행복하지 않았다. 기쁨이 없었다. 물론 당시에는 에덴동산을 떠나기 전이었기 때문에 하나님과의 관계도 좋았다. 즉 아담의 영적 상태도 좋았다는 말이다. 그런데 왜 그는 행복하지 못했을까? 그 이유는 사랑해야 할 아내가 없었기 때문이다. 이것이 아담의 고민이었다. 하나님께서는 이 사실을 아시고 돕는 배필, 즉 아담의 부인을 만드셨다(창 2:19-24).

창세기 2장 18절을 보면 하나님이 왜 아담의 부인 하와를 만드셨는지 그 이유가 나온다. "하나님이 가라사대, 사람의 독처하는 것이 좋지 못하니…" 이 말씀 속에는 '아담 혼자 독처하는 것'이 하나님 보시기에도 좋지 못했고, 아담에게도 좋지 못했다는 뜻이 담겨 있다. 그래서 하나님은 아담의 부인을 만드셨다. 아

한 유대인 청년이 결혼식 후 그동안 간절히 찾았던 아내로 인하여 너무 기쁜 나머지 신나게 춤추고 있다.

담이 잠에서 깨어 자신의 부인을 보고 너무 기쁜 나머지 "아담이 가로되, 이는 내 뼈 중의 뼈요 살 중의 살이라"(창 2:23)고 노래했다.

'아담이 가로되'란 원어의 뜻은 '마침내 찾던 이가 가로되'란 뜻이다. 즉 이 노래는 아담이 모든 창조물 중에서 찾고 찾던 배우자가 없었는데, 마침내 발견했을 때의 그 감격의 기쁨을 노래한 것이다(Hirsch, 1989a, p. 69). 따라서 아담의 아내 하와는 하나님 보시기에 '좋지 못함(no good)'(창 2:18)을 '좋음(good)'으로 바꾼 장본인이다(p. 64). 즉 여성은 불행한 남성에게 행복

을 가져다 준 사람이다. 탈무드에도 결혼을 안 한 사람은 기쁨과 평화가 없다고 말했다(Cohen, 1995, p. 162).

여기에서 여성의 세 가지 역할을 정리할 수 있다. 첫째, 여성은 에덴의 완성이다. 에덴은 '기쁨' 이란 뜻이다. 여성이 있을 때 비로소 완전한 에덴다운 에덴, 즉 온전한 기쁨을 완성할 수 있다. 둘째, 여성은 남성에게 행복을 가져다 주는 사람이다. 즉 여성은 남성에게 '완전한 좋음'을 가져다 주는 사람이다. 따라서 여성은 가정에 '행복'을 갖고 오는 사람이다(Hirsch, 1989a, p. 64). 셋째, 하와는 아담으로 하여금 진정한 사람다운 사람이 되게 해준 사람이다. 창세기 1장 26절부터 27절의 남자와 여자를 사람이라 칭했는데, 이 때의 사람은 아담이란 단어이다(이상근, 1989, pp. 34, 39). 즉 아내 하와는 아담을 아담답게 해준 사람이다(제2권 제6부 제4장 II-1 '여성은 남성과 결혼하라' 참조).

이 말씀에서 우리는 두 가지 사실을 발견할 수 있다. 첫째, 여성은 남성에게 그만큼 중요한 존재이기 때문에 그를 죽도록 사랑해야 한다. 대부분 남성들은 이 사실을 잊고 산다. 둘째, 하나님이 여성을 창조하신 목적은 남성의 고민을 풀어 주기 위함이다. 이것은 여성이 존재하는 목적이기도 하다. 대부분 여성들은 이 사실을 모르고 산다. 여성이 남성을 행복하게 해주기 위해서는 여성은 남성을 외롭게 하지 말고, 남성에게 순종하며, 남성을 기쁘게 해주어야 한다. 이는 여성의 남성에 대한 육체적, 정신적, 영적 내조를 말한다. 이러한 여성이 남성을 돕는 진정한 배필이다. 따라서 이러한 여성을 얻은 남편은 여성의 도움으로 더 많은 하나님의 사역을 더 잘 감당할 수 있다.

B. 남성과 여성의 세 가지 질서의 원리

바울은 남자와 여자의 성서적 질서에 대하여 잘 설명하고 있다. 아마도 남자와 여자의 직분에 대한 분쟁은 예나 지금이나 심했던 모양이다.

> 남자가 여자에게서 난 것이 아니요 여자가 남자에게서 났으며, 또 남자가 여자를 위하여 지음을 받지 아니하고, 여자가 남자를 위하여 지음을 받은 것이니… 그러나 주 안에는 남자 없이 여자만 있지 않고 여자 없이 남자만 있지 아니하니라. 여자가 남자에게서 난 것같이 남자도 여자로 말미암아 났으나 모든 것이 하나님에게서 났느니라. (고전 11:8-12)

위의 성경 말씀 속에는 세 가지 하나님의 창조의 원리가 있다.
① 창조의 원리: 여자는 남자에게서 났다(8절).
② 사역의 원리: 여자가 남자를 위하여 지음 받았다(9절).
③ 출생의 원리: 남자와 여자 모두 여자에게서 나왔다(12절).

여기에서 하나님이 창조하신 가정의 모습, 그리고 남성의 역할과 여성의 역할이 정해진다. 성도는 항상 창조자의 창조 원리를 따라야 행복한 가정을 이룰 수 있다. 이 사실을 알아야 다음 질서와 축복에 대한 설명이 가능하다. 저자가 유대인의 자녀 교육을 연구하는 이유도 남성과 여성, 자녀, 그리고 온 가정이 성경의 원리로 되돌아가자는 데 있다.

남성과 여성의 창조와 사역의 원리를 하나님과 성도의 관계로 비유해 보자. 하나님은 인간의 영적 남편이다. 그분은 세상의 모든 것을 다 갖고 계신 분이다. 그러나 그분은 행복하지 않으셨다. 그 이유는 아내 된 인간이 타락했기 때문이다. 하나님의 기쁨은 오직 이스라엘 민족에게 있었다. 그래서 하나님은 이스라엘을 '헵시바'라고 불렀다(사 62:4). 헵시바란 말은 '나의 기쁨은 그 여인, 즉 이스라엘에 있다'는 뜻이다. "그가 너로 인하여 기쁨을 이기지 못하여 하시며 너를 잠잠히 사랑하시며 너로 인하여 즐거이 부르며 기뻐하시리라 하리라"(습 3:17).

이 말씀은 아담이 하와를 사랑했을 때의 기쁨과 같다. 하나님이 얼마나 아내 된 인간이 필요하셨으면, 죄인 된 인간을 아내 삼기 위하여 하나밖에 없는 독생자 예수까지 세상에 보내어 십자가에 죽이기까지 하셨겠는가(요 3:16)? 인간은 하나님 없이 살 수 있다고 할지라도 하나님은 인간 없이는 못 사시는 분이다. 죄인 하나가 회개하여 예수 믿고 구원받을 때마다 하나님의 기쁨은 넘치신다(눅 15:7). 그것이 바로 지고한 하나님의 사랑이다.

2. 하나님의 축복은 질서를 통하여 내린다

A. '마짜'인가 '모쩨'인가

모든 남자는 누구나 좋은 여성과 결혼하기를 소원한다. 그러나 세상에는 좋은 여성도 있고, 악한 여성도 있다. 유대인에게는 악한 여성을 멀리하라는 격언들이 많다. 탈무드에도 이런 이야기가 있다. 팔레스타인에서는 한 남성이 아내를 받아들일 때에 사람들은 그 결혼이 '마짜(Matza)'인지 '모쩨(Motze)'인지 묻는다. 마짜와 모쩨의 뜻은 다음의 두 성경 구절이 말해 준다.

마짜란 '아내를 얻는 것은 행복의 길'(잠 18:22)임을 말하고, 모쩨란 '나는 여자란 사망보다 독한 자임을 알았다'(전 7:26)를 말한다(Cohen, 1995, p. 166). 후자는 솔로몬의 고백이다. 솔로몬은 여자 때문에 망한 대표적인 사

정통파 유대인 유치원에서 만난 유대인 소녀들. 이들은 철저한 교육에 의하여 현숙한 '마짜' 아내로 키워진다.

람이다. 남성은 어떠한 여성을 아내로 얻느냐에 따라 마짜나 모쩨의 고백을 할 수 있다.

좋은 여성인지 아닌지를 어떻게 아는가? 마짜의 여성은 하나님이 창조하신 대로 남자를 돕는 사람이다. 남자를 돕는 여성은 어떠한 여성인가? 하나님의 창조의 원리대로 가정의 질서를 지키는 사람이다. "하나님은 어지러움의 하나님이 아니시요 오직 화평의 하나님이시다"(고전 14:33). 이 말은 성도가 하나님의 질서를 지킬 때 화평이 오고, 화평을 유지할 때 하나님이 그 가정을 축복하신다는 뜻이다.

B. 하나님의 축복은 머리를 통하여 내려온다

하나님은 축복을 내리실 때 머리를 통하여 내리신다. 머리는 질서를 위한 직분이다. 그리스도는 교회의 머리요, 남편은 아내의 머리요, 부모는 자녀의 머리이다. 머리 되신 그리스도를 통하지 않고 성도가 하나님의 축복을 받을 수 없듯이, 가정에서 머리인 남편을 통하지 않고 아내가 하나님의 축복을 받을 수 없다. 같은 원리로 머리인 부모를 통하지 않고 자녀가 하나님의 축복을 받을 수 없다. 하나님은 질서의 하나님이시다.

하나님은 각 지체들이 질서를 통해 조화되는 것을 원하신다. 몸은 하나이나 각 지체들이 질서를 통한 자기 사역의 조화를 이룰 때 화평이 있다(고전 12:5, 12-27). 하나님은 머리 되는 직분에게는 사랑을 명하셨고, 상대방에게

하나님은 머리를 통하여 축복하신다. 따라서 유대인 아버지는 아들과 딸들에게 축복 기도를 해준다. 사진은 아버지가 시집가는 딸에게 축복 기도 해주는 모습.

는 순종을 명하셨다(엡 5:22-25). 성경은 아내들에게 "아내들이여 자기 남편에게 복종하기를 주께 하듯 하라"(엡 5:22)고 명령했다. 이 말씀은 남성이 지능이나 재능면에서 여성보다 우수하기 때문에 여성이 남성에게 순종하라는 뜻이 절대 아니다. 하나님은 사람을 남자나 여자나 동일한 인격체로 만드셨다(Hirsch, 1989a, p. 69).

문제는 하나님이 창조하시고 설계하신 가정의 질서이다. 가정의 각 구성원의 인격은 동일하지만 각자의 직분은 다르다. 성도가 가정에서, 그리고 교회에서 각자에 맞는 직임을 따르는 것은 하나님이 정하신 질서를 따르는 것이다. 따라서 각자 맡은 직분의 권위를 존중히 여기고, 순종하는 일은 하나님에게 순종하는 것이다(롬 13:1-3).

저자는 가정에서 막내이다. 앉는 자리도 제일 말석에 앉고, 일어날 일이 있으면 제일 먼저 일어난다. 그 이유가 무엇인가? 가정의 질서를 지키기 위해서이다. 가정에서 나 자신이 질서를 지킬 때에 마음에 평안이 온다. 그리고 하나님의 축복을 받을 수 있다. 또한 권위에 도전하고자 하면 늘 평안이 없다. 따라서 하나님의 질서를 지키는 것은 남을 위해서도 좋지만 나 자신을 위해서 더 좋은 것이다.

C. 사랑이 쉬운가, 순종이 쉬운가

가정에서 어머니의 사역은 참으로 힘들다. 요즘 여성들은 직장에도 다니고 사업도 많이 한다. 부부가 같이 벌지 않으면 생활이 안 되기 때문이다. 이러한 환경에서는 남성과 여성의 가정 사역에 어려움이 있다. 그러나 원칙적으로 성경 말씀에 따른, 남성이 여성을 사랑할 의무와 여성이 남성에게 순종할 의무의 경중을 비교해 보자.

사랑과 순종, 축복의 원리

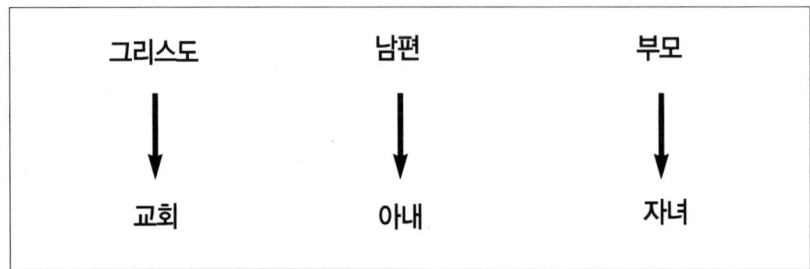

사랑이 쉬운가, 순종이 쉬운가? 이 말은 부모 노릇 하기가 쉬운가, 아니면 자녀 노릇 하기가 쉬운가란 질문과도 같다. 자녀를 낳았다고 해서 모두 부모다운 부모가 되는 것은 아니다. 저자의 아내는 〈유대인의 자녀 교육〉을 읽고서 하나님이 원하시는 부모 노릇 하기가 너무 힘들다는 사실을 깨달았다고 고백했다. 그만큼 자녀 사랑하기가 힘들다는 말이다.

바울은, 그리스도가 죽기까지 교회를 사랑한 것처럼 남편은 아내를 사랑하라고 했다(엡 5:25). 성도가 하나님의 창조의 원리대로 산다면, 남편이 아내 사랑하기가 훨씬 더 힘들다는 뜻이다. 따라서 문제는 어디에서 발생하는가? 많은 남편이 아내를 온전히 사랑하지 않고, 여성에게 순종만을 강요하는 데에 있다. 이것은 자신의 의무는 이행하지 않고 권리만을 주장하는 것과 같다. 많은 가정의 부부 갈등이 여기에서 기인된다. 남성의 여성에 대한 권위주의의 폐단이다.

그렇다면 남편이 자신의 의무를 이행하지 않을 경우, 아내는 남편에게 어떻게 대하여야 하겠는가? 여성은 이 문제를 성경적인 방법으로 해결해야 한다. 그 방법은 설사 남편이 그럴지라도 여성은 하나님의 창조의 질서를 지켜 남편에게 순종해야 한다. 여기에는 두 가지 이유가 있다.

첫째, 한쪽이 불법을 행한다고 해서 똑같이 불법을 행하면 가정은 파괴된다. 하나님은 가정이 파괴되는 것을 원치 않으신다. 탈무드에는 하나님이 남성의 이러한 변변치 못함을 아시고 가정에서 여성이 이를 챙기라고 명하고 있다. 남성은 매일 세 번씩 하는 기도도 아내가 일일이 챙기지 않으면 안 한다고 쓰여 있다(Fuchs, 1985a, pp. 142, 147, 157).

둘째, 남편은 아내의 머리이기 때문에 일단은 억울해도 하나님의 질서를 지켜야 한다. 구약 시대 아론의 자손들이 다른 지파들보다 더 똑똑하기 때문에 제사장 직분을 감당한 것이 아니다. 하나님이 하나님의 백성의 질서를 세우시기 위하여 각 지파의 직분을 구별하신 것뿐이다.

비록 남편이 부족하다 하여도 그것을 참고 자신의 의무를 다하면 하늘에 계신 하나님이 판단하신다. 하나님은 남편은 책망하시고 아내에게는 상급을 주신다. 영적으로 생각한다면, 천국에 갔을 때 여자는 부족한 남편 때문에 더 많은 상급을 받을 수 있다. 이런 경우 하늘 나라에서는 아내가 승리자가 아니겠는가? 남편이 부끄러운 구원을 받았다면, 아내에게는 더 큰 상급이 있지 않겠는가? 특히 남성들은 이러한 사실을 깨닫고 천국에 가서 후회하지 않도록 자신의 아내와 자녀 사랑의 의무를 잘 이행해야 한다.

따라서 가정의 어머니는 스스로도 남편에 대한 순종을 몸소 실천할 뿐만 아니라 자녀들에게도 아버지에게 순종할 것을 가르쳐 아버지의 권위를 높여 주어야 한다. 가정에서 남편과 자녀 사이에 분쟁이 생겼을 경우, 아내는 남편의 편을 들어 주어야 한다. 남편의 권위를 세워주기 위해서이다.

끝으로 지혜로운 어머니 때문에 축복받은 한 가정의 예화를 소개하면서 유대인의 어머니 교육을 마치고자 한다.

한국에 한 유복한 장로님 가정이 있다. 그 가정의 자녀들은 장성하여

의사가 세 명, 박사가 두 명 있다. 그 가정은 많은 사람들의 부러움의 대상이다. 그런데 그 장로님을 보면 모두 실망한다. 그 장로님은 교회에서 인격이 의심스러운 사람으로 낙인이 찍혀 있다. 제직회 때에도 아무 때에나 일어나 엉뚱한 말을 하다가 젊은 집사들에게 빈축을 사기가 일쑤다. 교회의 예배를 마치고 온 가족이 집에 올 때, 차 안에서 자녀들이 아버지에게 한마디씩 불평한다. "아버지, 이제 제발 제직회 때 망신 좀 당하지 마세요. 우리가 창피해요." 그 때마다 어머니가 중간에서 방파제 역할을 한다. "이놈들아. 왜 너희 아버지에게 불평하느냐? 너희 아버지가 잘못되는 것은 모두 내 잘못이다. 내가 너희 아버지를 위하여 더 열심히 내조하지 못하고, 기도하지 못했기 때문이다. 그러니 너희 아버지를 원망하려면 나를 원망해라!" "……."

이럴 때 아무리 인격이 부족한 장로님이라도 아내에 대한 고마움이 왜 없겠는가? 만약 아내가 아들과 합세하여 남편의 권위에 손상을 준다면 그 가정은 어떻게 되겠는가? 이것은 하나님의 방법이 아니다. 이것은 남편과 자신에게도 안 좋고, 자녀 교육에도 안 좋다.

그 장로님 가정의 축복의 뿌리는 남자가 아니라 어머니 권사님이다. 이러한 권사님은 남편에게 행복을 가져다 주는 사람이다. 하늘에 상급을 많이 저축하는 지혜로운 여성이다. 우리는 천국의 시민이다(빌 3:20). 따라서 현실의 문제를 해결할 때 늘 하늘에 소망을 두고 해결해야 한다.

많은 사람들이 탕자 생활에서 회개하고 돌아와서 간증할 때 자신의 어머니나 아내의 눈물 어린 희생에 대하여 감사한다. 억울한 일이 있더라도 어머니나 아내가 희생할 때 가정은 살고 하나님은 기뻐하신다.

아내들이여! 기쁜 마음으로 가정의 질서를 지켜라. 아내들과 어머니들이여! 우리 주 그리스도 안에서 소망을 갖고 힘을 내라. 그리고 주 안에서 희생하는 아내와 어머니에게 자식들은 일어나 사례하고, 남편은 칭찬하기를 잊지 말라. 이것이 옳은 길이다.

> 그 자식들은 일어나 사례하며 그 남편은 칭찬하기를
> 덕행 있는 여자가 많으나 그대는
> 여러 여자보다 뛰어난다 하느니라. (잠 31:28~29)
>
> 아내를 얻는 자는 복을 얻고
> 여호와께 은총을 받는 자니라. (잠 18:22)

제 7 부

유대인의 고난의 역사 교육
(Education of Historical Tragedies)

제1장

서론

　유대인은 세계에서 가장 참혹한 역사를 갖고 있는 민족이다. 힘이 없어 남의 나라에 잡혀가서 수백 년씩 혹은 수십 년씩 노예 생활을 한 적이 한두 번이 아니다. 신약 시대에 약 2천 년 동안 거주할 국토 없이 이 나라 저 나라를 방랑한 유랑 민족, 유대인! 사냥꾼들에게 쫓기는 토끼처럼 항상 피해다녀야 했던 민족!

　한민족도 고난을 많이 겪은 민족이다. 그러나 한민족은 유대인처럼 민족 전체가 승전국의 종으로 끌려가거나 국토를 완전히 잃은 적은 없다. 다만 일시적인 패전으로 인하여 주권을 잃은 적은 있었다.

　다이몬트가 지은 〈유대인, 하나님 그리고 역사〉의 서평에서 막스 리너는 이렇게 질문했다. "한 문명이 태어나면 성숙하여 언젠가 죽는다. 이것이 역사의 패턴이다. 바빌로니안도 그랬고, 페르시안도, 로마인도 그랬다. 그런데 어찌하여 유대인은 그렇지 아니한가"(Dimont, 1979)? 인간뿐만 아니라 문명의 흥망성쇠도 봄, 여름, 가을, 겨울의 생명의 순환(Life Cycle)을 겪는다. 그러나 유대인의 문명은 겨울, 즉 죽음이 없다. 유대인은 문명의 쇠퇴인 겨울을 거부한다. 계속하여 문화로 남아 있기를 고집한다(Dimont, 1979, pp. 445-449). 따라서 그들은 역사 속에서 항상 살아숨쉬고 있다. 그리고 살아남아

나치 강제 수용소의 유대인 유령들(1945년). 제2차 세계대전 동안 유대인은 1천6백만 명의 동포 가운데 6백만 명을 잃었다. 그러나 그들은 불사조처럼 되살아났다(《유대인 생존의 비밀》의 저자 빅터 솔로몬 제공).

지혜로 세계를 정복한다.

우리는 유대인에게서 무엇을 배워야 할 것인가? 유대인은 자녀들에게 참혹했던 과거 고난의 역사를 가르친다. 고난의 역사를 기억하는 민족과 고난의 역사를 망각한 민족의 결과는 어떻게 다른가? 역사의 교훈 하나를 보자.

A.D. 70년에 로마 제국은 이스라엘을 멸망시켰다. 로마 시내에는 개선문이 세워지고 로마 제국은 승전을 기념하여 은화를 발행하였다. 그 은화에는 라틴어로 '유대아 데이비쿠드' 혹은 '유대아 캅타(Judaea Capta)'란

포로가 된 유대를 기념하는 은전(Coin of Judaea Capta).
승리의 월계관을 쓴 로마의 베스파시아누스(앞면·왼쪽)와 로마 군인의 발 밑에 앉아 울고 있는 유대 여인의 모습(뒷면·오른쪽). 현재 로마는 패망했지만 유대인은 종교 교육으로 승리했다
(The City of David & Bible Lands, 1998, p. 177).

글이 있고, 뽐내고 서 있는 로마 군인의 발 밑에 앉아 울고 있는 한 유대 부인의 모습이 새겨져 있다. '유대아 캅타(Judaea Capta)'란 말은 "유대를 사로잡았다"라는 뜻이다. 로마인은 승리의 축배에 취했고, 유대인은 패배의 쓴잔을 마셨다(Solomon, 1992, p. 7). 여기에서 울고 있는 여인은 예루살렘을 가리킨다(The City of David & Bible Lands, 1998, p. 177). 현재 로마는 역사의 뒤안길로 사라졌고, 유대인은 살아남아 세계를 제패하고 있다.

왜 그런가? 이방인은 기뻐서 술을 마시지만 유대인은 고난을 기억하기 위하여 포도주를 마신다. 즉 이방인은 승리의 날을 기념하지만 유대인은 패배의 날을 기념한다. 절망 속에서도 하나님을 향한 희망을 바라보기 때문이다.

유대인은 그들의 역사의 여정에 건널 수 없는 수많은 절망을 만나 왔다.

그러나 절망의 홍해 건너편에 가나안이라는 희망이 있음을 믿어 왔다. 그래서 그들의 국가 제목도 '희망(Hope)'이다. 희망은 믿음의 눈으로만 볼 수 있다. 믿음으로 희망을 볼 수 있을 때 절망의 홍해도 극복하며 건널 수 있다. 성도는 믿음으로 구원 받고 믿음으로 영원한 약속의 기업 가나안, 천국도 간다.

이러한 고난을 기념하는 민족성은 유대인의 민족성이라기보다는 성경적 민족성이다. 신명기 6장 13절에는 "너는 조심하여 너를 애굽땅 종 되었던 집에서 인도하여 내신 여호와를 잊지 말고…"라고 기록되어 있다. 즉 성경은 "너는 종 되었던 역사를 기억하라"고 가르친다. 다시 말하면 "고난의 역사를 기억하라"는 말씀이다.

하나님은 이스라엘 백성의 고난의 역사를 기억하게 하시려고 단순히 피상적으로 명령하신 것이 아니다. 절기를 통하여 구체적인 기억 방법을 말씀하셨다. 유대인이 지키는 유월절 음식이 그것이다. 유대인의 유월절 음식은 세 가지 종류이다. 첫째, 양고기, 둘째, 무교병, 셋째, 쓴 나물이다(출 12:8). 이 세 가지 음식 모두 상징적인 뜻이 있다. 그 중 하나님이 쓴 나물을 먹게 하신 상징적인 의미는 애굽에서의 고난을 기억하게 하시기 위함이다(Hirsch, 1989b; Jensen, 1981b).

이제 제7부에서 유대인의 고난의 역사와 하나님이 그토록 사랑하셨던 선민에게 고난의 역사 교육을 강조하신 이유와 그 교육 방법을 알아보자.

제2장

유대인의 고난의 역사

Ⅰ. 구약 시대의 고난의 역사

성경은 인류의 기원에 관해서도 기록했지만 하나님의 선민인 유대인의 기원과 역사에 관한 내용을 포함하고 있다. 성경에 나타난 유대인의 기원과 그들의 고난의 역사에 대하여 알아보자.

구약 성경 창세기 1장부터 11장까지는 인류의 역사이다. 창세기 12장 1절부터 선민의 역사가 시작된다. 하나님이 아브라함이라는 자연인 한 사람을 갈대아 우르에서 불러내어 가나안으로 보내면서 선민의 역사가 시작되었다. "너는 본토 친척 아비집을 떠나 내가 지시할 땅으로 가라"(창 12:1). 즉 아브라함이 선민인 유대인들의 조상이 되었고, 아브라함의 아들 이삭과 이삭의 아들 야곱, 야곱의 아들들이 열두 지파로 이스라엘 민족의 토대가 형성되었다. 이스라엘이라는 이름은 야곱이 얍복강을 건널 때에 기도 중 천사에게 승리함으로 얻은 이름이다(창 32:28).

그러나 이는 선민의 맥이고 같은 아브라함의 아들이나 이삭의 아들이라 해도 이스라엘 민족에서 제외된 이방 족속이 있다. 아브라함이 사라에게서 이삭만 낳은 것이 아니고 먼저 사라의 몸종인 하갈의 몸을 통해 서자 이스마엘을 낳았다(창세기 16장). 아브라함은 또 전처 사라를 잃고 나서 그두라라는 여자를 취하여 여섯 아들을 낳았다(창 25:1-4). 아브라함의 아들 이삭도 자기의 아내 리브가를 통하여 쌍둥이를 낳았다. 장자는 에서이고 차자는 야곱이다(창 25:19-26).

아브라함의 씨임에도 불구하고 하갈에게서 난 이스마엘과 그두라에게서 난 여섯 아들들, 그리고 리브가에서 난 쌍둥이 장자 에서는 선민이라는 유대인 속에 포함되지 못하고 중동에 거주하고 있는 아랍 사람들의 조상이 되었다. 중동에서 이스라엘 민족과 아랍 사람들의 끊임없는 역사적 분쟁이 일어나는 이유가 여기에 있다.

하나님께서는 아브라함에게 이스라엘 백성이 애굽의 4백 년 종살이에서 해방되어 가나안으로 돌아간다는, 즉 가나안에 대한 열풍을 불어넣어 주셨다(창세기 15장). 모든 유대인들은 그 때부터 지금까지 "영원한 가나안에 가서 살아야 한다"는 소원의 열병이 그치지 않고 있다. 이것이 바로 '시오니즘(Zionism)'이다. 몇 년 전 아프리카의 에티오피아에 거주하던 유대인이나, 소련의 고르바초프에 의하여 공산주의가 붕괴된 후 소련에 거주하던 많은 유대인들이 작은 땅덩어리 가나안으로 돌아간 이유가 여기에 있다.

이스라엘 백성들은 하나님의 예언에 따라 가나안에 가기 전 4백 년 동안 애굽에서 혹독한 종살이를 했다. 여기서부터 더 험난한 이스라엘 백성의 고난의 역사가 시작되었다. 모세가 지도자가 되어 출애굽한 후에도 유대 민족은 40년 동안 광야에서 방랑 생활을 했다. 그 후 마침내 여호수아가 가나안을 정복함으로써 3백40여 년의 사사 시대가 시작되었다(B.C. 1389-1050).

사사 시대가 끝나고 왕조 시대가 시작되었다(B.C. 1050-930). 첫번째 사울 왕, 두 번째 다윗 왕, 그리고 세 번째로 솔로몬 왕이 뒤를 이었다. 이스라엘은 다윗 왕 때에 통일 왕국을 이루고 국력을 키웠다. 솔로몬 왕 때에는 이스라엘 역사 중에서 가장 화려한 전성기로 전 세계에 힘을 과시한 기간이었다. 그러나 그 기간도 길지 않았다.

솔로몬이 말년에 우상 섬기는 죄를 범하게 되면서 급기야 르호보암 시대에 북왕국, 남왕국으로 갈라져 분열왕국 시대(B.C. 930-605)가 시작되었다. 두 왕국의 왕들이 하나님을 공경하지 않고 이방신을 섬기면서 하나님의 진노의 심판을 받게 되었다. 북왕국은 패망하여 앗수르로 끌려갔고, 남왕국은 바빌론에 패망해서 포로로 끌려갔다. 그러면서 엄청난 시련의 포로 시대가 약 70년 간 지속되었다(B.C. 605-538).

남왕국의 마지막 왕인 시드기야 왕은 바빌론 왕국에 포로로 끌려갈 때 두 눈이 빼이고 손과 발을 사슬에 묶인 채 비참하게 끌려갔다(왕하 25:7; 렘 52:11). 요즘의 지도에 나타난 예루살렘에서 이라크의 바그다드 근처까지는 약 5백 마일(한국의 2천 리)의 거리이다. 온 민족이 줄을 지어 태양이 작열하는 사막을 맨발로 끌려가는 비참한 모습을 상상해 볼 수 있다. 그리고 70년 간의 바빌론의 처참한 노예 생활.

유대인이 바사 왕 다리오 왕의 사면으로 다시 가나안에 돌아와 성전을 재건축하고도 평안한 세월은 길지 못했다. 희랍의 영향권에서 마카비 전쟁(B.C. 168-63) 등 많은 전쟁에 시달렸다. 전체 이스라엘 역사를 볼 때, 그래도 가장 평안히 행복하게 살았던 때가 사사기 및 통일왕국의 비교적 짧은 기간이었다.

II. 신약 시대의 고난의 역사

　신약 시대의 유대인의 고난의 역사를 보자. 예수님이 돌아가신 이후 A.D. 70년 로마에 의해 예루살렘이 멸망했다. 그 때 무려 11만 6천 명이나 되는 유대인들이 십자가 형틀에서 죽었다. 그들이 고난을 당한 이유는 바로 이스라엘 백성들이 하나님을 멀리하고, 하나님을 배반하고, 이방신들을 섬겼기 때문이다. 유대인의 패역함을 예수님은 "예루살렘아 예루살렘아, 선지자들을 죽이고 네게 파송된 자들을 돌로 치는 자여, 암탉이 그 새끼를 날개 아래 모음같이 내가 내 자녀를 모으려 한 일이 몇 번이냐. 그러나 너희가 원치 아니하였도다"(마 23:37)라고 한탄하셨다. 예루살렘 성전이 파괴된 후 이스라엘 백성들이 전 세계로 흩어지는 디아스포라 시대가 열리게 되었다.
　유대인이 살 땅은 전 세계 어디에도 없었다. 인류의 메시아인 예수를 죽인 민족 유대인! 반유대주의가 온 유럽에 팽배했다. 전 세계로 방랑 생활을 해야 하는 역사적인 유랑 민족이 되었다. 유대인이 가는 곳마다 유대인 거주 지역을 제한했다. 그 곳을 게토라 한다. 그 지방에 무슨 재난만 나면 유대인을 속죄양으로 잡아 죽였다. 어느 나라에서도 돈을 아무리 많이 주어도 땅을 살 수 있는 권한이 유대인에게는 없었다. 유대인은 땅에 대한 소유권이 금지되었기 때문이다.
　A.D. 135년에는 하드리안에서 58만 명이 학살되었다. 십자군 원정 당시에는 그라나다에서 4천 명이 죽었다. 프랑코에서 10만 명이 죽었다. 1348년 유럽 흑사병 유행시 유대인이 병균을 우물에 퍼트렸다는 모함을 받고 1백만 명이 죽었다.
　1933년에서 1945년까지 독일의 아돌프 히틀러에 의해 유대인 6백만 명이 학살되었다. 유럽에 거주하는 유대인을 샅샅이 찾아내어 잔인하게 죽였다. 가스실에 들어가서 죽는 것은 오히려 행복한 죽음이었다. 가스나 총알을 아끼려고 유대인들을 한 줄로 묶어 기차 철로 위에 눕히고 그 위로 기차를 지나가게 하여 사람들을 죽였다. 유대인의 살가죽으로 만든 북도 있다. 이 외에도 유대인의 잔인한 죽음에 관한 소문들이 너무나 많다.

1948년 5월 14일 금요일, 마침내 유대인 지도자 데이비드 벤구리온이 가나안 땅에서 독립 국가임을 선언한다. 세계 제2차 대전이 끝나고 영국의 식민지였던 가나안 땅 팔레스타인이 유엔(UN)의 도움으로 이스라엘 국가로 탄생되는 역사적인 순간이었다(Ben-Sasson, 1976, p. 1058). 유대인의 독립은 1947년 9월 유엔 총회가 영국의 위임 통치를 중지할 것과 팔레스타인을

유대인을 6백만 명이나 학살한 히틀러. 그는 1930년대 독일 민족의 영웅으로 부상했다. 사진은 연설하기 위하여 사열을 받으며 등장하는 히틀러의 모습(Los Angeles Wiesenthal Center 제공).

아랍 국가와 유대인 국가로 분할한다는 분리안을 결의한 결과였다(Dimont, 1979, pp. 435-438).

이스라엘은 단독 국가로 독립한 후에도 유명한 6일 전쟁(1967년 6월) 및 10월 전쟁(1973년 10월) 등 아랍측과의 갈등이 끊이지 않고 있다. 그들은 아직도 세계인이 지켜보는 가운데 고난의 역사 속에서 살고 있다. 아, 그들의 영원한 평화는 언제나 오려는가?

III. 유대인의 고난에 대한 호소

1. 유대인에 대한 기독교인의 편견

유대인의 역사는 전 세계에서 가장 고난을 많이 겪은 피의 역사이다. 그러나 그들을 박해했던 많은 민족들의 영화는 역사의 뒤안길로 사라졌다. 그러나 오뚝이 민족 유대인은 멸종되지 않고 아직도 살아남아 전 세계 각 분야에서 두각을 나타내며 지도자 역할을 하고 있다.

저자가 유대인 랍비를 만나면 가끔 "왜 기독교인은 유대인을 그렇게 미워하느냐"는 질문을 받는다. 이 질문에 대하여 저자는 "구약 성경을 보아라. 유대인이 얼마나 하나님을 배반했으며, 하나님의 속을 썩인 민족인가를. 그렇기 때문에 단순히 성경만 본 기독교인은 유대인을 나쁘게 생각할 수도 있다. 그러나 나같이 너희를 잘 아는 사람은 너희들을 존경한다"고 답변해 준다.

그러나 유대인 랍비의 질문 속에는 그들의 한이 있다. 실제로 유대인이

기독교인에게 당한 피의 역사는 우리가 감히 상상할 수 없을 정도이다. 유대인에 대한 적대 감정은 천주교인뿐만이 아니다. 종교 개혁자인 마틴 루터도 유대인을 핍박한 장본인이다.

종교 개혁자 마틴 루터의 편견을 보자. 그는 신교의 교회 역사에서 존경받는 인물 중의 한 사람이다. 그는 초기인 1523년에 집필한 〈예수 그리스도는 유대인으로 태어나심〉이란 글에서는 유대인에 대하여 우호적으로 표현했다. 그러나 20년 후 마틴 루터는 유대인들이 집단적으로 개종하지 않고, 기독교에 대하여 쓴 모욕적인 글을 보고는 심경의 변화를 일으켰다(Brown, 1994, p. 38).

독일 나치 당시 유대인 집단 수용소의 참혹한 광경. 1945년 4월 15일 연합군이 진군한 후 찍은 사진(Jerusalem의 Yad Vashem 박물관 제공).

그가 쓴 유대인에 대한 지침서 〈유대인에 대하여 그리고 그들의 거짓들〉에서 유대인을 '악독한' '지독한 벌레' '혐오스런 짐승' 등으로 강한 적대감을 표하였다(Rausch, 1990, p. 29).

그뿐 아니라 마틴 루터는 '버림받고 저주받은 유대인에 대하여 기독교인은 무엇을 할 것인가'에 대하여 기독교인에게 다음과 같이 권하였다.

첫째, 유대인의 회당이나 학교에 불을 지르자. 이것은 우리 주님과 기독교의 명예를 걸고 해내야 한다.

둘째, 나는 그들의 집이 파괴되고 멸망될 것을 조언한다.

셋째, 나는 모든 그들의 기도책, 탈무드 저술은 우상과 기만, 저주 및 불경(不敬)을 가르치는 것으로서 그들에게서 압수할 것을 조언한다.

넷째, 나는 유대인 랍비에게 생명을 잃거나 수족을 잘리는 아픔을 주어 가르치는 것을 금할 것을 조언한다.

다섯째, 나는 유대인이 대로에서 안전하게 운전할 수 있는 법을 폐지할 것을 조언한다. 그렇게 해야 그들이 시골에서 사업을 하지 못한다. 그들을 집에 거하도록 하자.

여섯째, 나는 유대인의 고리대금업을 금하고 모든 금은보화를 압수하여 그들로부터 격리시키고 안전하게 보관할 것을 조언한다.

일곱째, 나는 젊고 건강한 유대인 남녀에게 도리깨, 괭이, 가래, 실 짜는 기구 물레를 주어 그들의 이마에 땀을 흘리어 빵을 얻게 할 것을 권고한다 [Martin Luther, 1543, trans. Martin H. Bertram(1962), in Martin Luther's Works, 47:268-272].

이와 같은 사실은 현대 기독교인에게 숨겨져 왔다. 예루살렘의 '야드 바셈 대학살 박물관'에서 발행한 〈대학살(The Holocaust)〉이란 유대인의 책에 의하면 전 세계에 만연한 반유대주의의 이유를 크게 두 가지로 나눴다. 하나는 기독교인들의 주장을 인용하면서 "하나님의 공의, 즉 메시아이신 예수님을 죽였기 때문"이라고 하며, 다른 하나는 "그들의 성공적인 삶에 대한 이방 민족의 인종적 편견, 즉 질투 때문"이라고 적고 있다(pp. 13-14).

현재 유대교에서 기독교로 개종하는 유대인들이 늘고 있다. 그들을 메시아닉 유대인(Messianic Jews)이라고 부른다. 그들은 타민족보다도 유대인 선교에 앞장서고 있다. 그들도 과거 유대인을 핍박한 기독교인의 잘못된 소행을 결코 잊지 않는다.

마이클 브라운 목사는 유대교에서 기독교로 개종한 유대인이 세운 '메시아 신학교'의 학장을 역임한 학자이다. 그는 유대계 기독교인으로서 참회록 격인 〈우리의 손이 피로 물들었나이다〉를 썼다(1994). 이 책은, 신약 시대의 기독교 역사에서 유대인에 대한 기독교인의 편견으로 수많은 유대인이 무고하게 피 흘렸음을 고발하고 있다. 눈물 없이는 읽을 수 없는 책이다. 이 책은 유대계 브라운 신교 목사가 마치 유대교에서 기독교로 개종한 바울이 동족인 유대인을 사랑하는 마음으로 쓴 글처럼 느껴진다.

예수를 믿는 기독교인들이 어쩌면 그렇게 혹독하게 유대인을 핍박했는지 이해가 안 간다. 저자가 정통파 유대인 학교에서 수학하고자 했을 때 그들이 거절한 이유를 알 만하다. 기독교인에 대한 유대인의 피해 의식이 있어서다. 이제라도 기독교인은 과거의 잘못을 회개하고 유대인을 껴안아야 한다. 그리고 그들에게도 그리스도의 사랑으로 복음을 전해야 한다.

예수님도 유대인이셨고, 바울도 유대인이었다. 그리고 초대 교회의 사도들도 유대인이었다. 유대인이 없었다면 현재 하나님 말씀의 보존이 없었을 것이고(롬 3:2) 신약 또한 있을 수 없었다. 신약의 성도들은 유대인에게 빚진 자임을 명심해야 한다. 땅 끝은 바로 예루살렘이다. 예루살렘은 복음의 근원지이며, 동시에 마지막 땅 끝이기 때문이다. 우리 다 같이 유대인을 사랑하자. 그리고 그들에게 그리스도의 복음을 전하자. 이것이 마지막 때에 그리스도의 재림을 준비하는 길이다.

2. 유대인이 거할 땅은 가나안뿐이다

1991년 가을 이스라엘 땅은 유난히 시끄러웠다. 아랍인의 테러와 이스라엘의 보복이 반복되었다. 미국 ABC TV는 이에 대한 근본적인 문제를 전 세계에 알리기 위하여 특집 프로를 마련했다. 나이트 라인(Night Line)의 유명한 앵커맨 테드 코펠(Ted Koppel)이 유대인과 아랍인이 사는 팔레스타인을 취재했다.

테드 코펠은 유대인 지도자들과 아랍 지도자들을 초청해 공개 토론회를 벌였다. 양쪽 지도자들뿐만 아니라 수많은 아랍인과 이스라엘인 및 많은 외국인들도 방청객으로 참석하였다. 그리고 발언권을 양측 지도자뿐만 아니라 참석한 모든 방청객들에게도 주었다. 문제의 핵심을 공정하게 파헤치기 위하여 심중에 있는 하고 싶은 얘기는 다 하라는 취지였다.

아랍측이 역사적으로 그리고 현실적으로 설득력 있는 주장을 했다. 그들은 우선 팔레스타인은 자신들의 소유였고, 자신들은 아브라함의 후손이라고 못박았다. 그러므로 유대인은 팔레스타인 땅을 당연히 내놓아야 한다고 주장했다. 객관적인 입장에서 그들의 주장에 일리가 있다. 이스라엘인이 주후 73년 팔레스타인 땅을 떠나 살다가 거의 2천 년이 지난 1948년에 다시 돌아와서는 수천 년 동안 살아온 사람들을 몰아내고 자신들의 소유권을 주장하니 맞는 얘기다.

이에 대해 유대인 대표(랍비였음)는 두 가지로 대답했다.

첫째, "과거지사를 물어 따지지 말자. 그 얘기는 수천 년 동안 수없이 되풀이된 얘기다. 중요한 것은 현재 우리가 서로 싸우고 있다는 점이다. 서로 싸우겠느냐, 그렇지 않으면 평화를 원하느냐?" 이 질문에 장내에는 폭소가 쏟아졌다.

둘째, "세계는 이제 더 이상 유대인이 전 세계를 유랑하는 피난민, 즉 국제적인 미아가 되기를 원치 않는다. 세계 어느 나라도 우리를 맞아 주지 않는다. 그러니 우리는 어쩔 수 없이 이 땅에서 살아야 된다. 더 이상의 선택의 길이 없다." 장내가 갑자기 숙연해졌다. 인류의 메시아인 예수를 죽인 민족! 하나님의 약속으로 받았던 축복의 땅을 자신들의 불신앙으로 잃어버렸던 민족! 참으로 눈물 없이 들을 수 없는 감동적인 호소였다.

세계에서 유대인들은 나그네 인생을 살고 있다. 그들이 거할 곳은 하나님이 주신 약속의 기업 가나안뿐이다. 그들의 소원은 가나안에서 안식하는 것이다(신 12:9-10; 히 3:11-18). 그러나 그들이 안식의 땅 가나안에 들어가는 조건은 무엇인가? '오직 믿음'이다. 유대인은 출애굽한 후 가나안을 믿음으

유대인의 역사는 피난민의 역사이다. 미국 LA 지역 유대인촌 벽화는 그들의 처절한 피난민의 역사를 잘 나타내 준다. "우리는 오직 생존을 위하여 말한다"(가운데 그림)라는 시위 푯말이 보인다.

로 정복하였다.

그들에게 믿음이 있었다는 말은 바로 그들과 하나님의 관계가 좋았다는 것을 뜻한다. 그들과 하나님의 관계가 좋아 믿음이 있을 때에는 가나안에서 살았고, 하나님과의 관계가 나빠서 믿음이 없을 때에는 가나안을 빼앗겼다.

유대인의 고난의 역사를 보면서 신약의 성도들은 영적으로 무엇을 배울 것인가? 신약의 성도도 이 땅에서의 삶은 나그네 인생이다. 신약 성도의 소원도 영원한 본향, 안식의 땅 가나안에 거주하는 것이다. 영적인 영원한 안식의 땅 가나안은 천국을 상징한다. 유대인이 가나안을 믿음으로 소유한 것처럼 신약의 성도도 천국을 믿음으로 소유할 수 있다(히 3:11, 18, 4:1). 영적 유대인인 신약 시대의 성도들이 영원한 가나안으로 가기 위해서는 신앙을 지켜야 한다. 이는 오직 말씀, 오직 은혜, 오직 믿음으로만이 가능하다.

IV. 유대인의 인사법과 한국인의 인사법 차이

유대인은 남달리 자기 민족의 전통 문화를 지키며 이를 자랑한다. 그리고 단결력이 강하다. 그들이 그토록 어려운 고난의 역사 속에서도 자기 민족의 전통 문화를 자랑함은 그것이 정의임을 확신하기 때문이다(Solomon, 1992, p. 30). 유대인의 문화는 하나님의 말씀에 의하여 형성되었다. 즉 유대인의 문화는 이방인과 다른 하나님의 선민 문화이다. 그들이 그토록 그들의 것이 정의임을 확신하는 이유도 바로 여기에 있다.

한 민족의 언어에는 그 민족의 문화가 깃들어 있다. 유대인의 인사말에는 그들의 소원이 담겨 있다. 유대인이 인사할 때 사용하는 단어는 '샬롬(Shalom)'이다. "유대인은 다윗 시대 이래 3천 년에 걸쳐 샬롬을 인사말로 사용해 왔다"(Yuro, 1988, p. 234). 그러나 샬롬이란 단어가 최초로 발견된 곳은 창세기 43장 23절의 '너에게 평화를'(Birnbaum, 1991, p. 602)이다. '샬롬'이란 단어는 '평강' 혹은 '평화'란 뜻이다. 동사로 사용하면 '평안하십니까'가 된다. 구약 성경에 약 3백50회 사용됐다.

왜 유대인의 인사말은 '평화'인가? 그 이유는 유대인의 소원이 '평화'이기 때문이다. 그들은 평화를 가장 존귀히 여긴다. 평화를 소원하는 것은 그들의 생활 방식이다. 그들은 마음, 우정, 번영 및 건강의 평강을 원한다(Birnbaum, 1991, p. 601). 유대인은 수많은 전쟁을 겪은 민족이다. 애굽에서의 종살이는 차치하고라도 그들이 가나안에 들어간 후에도 블레셋, 아멜렉, 모압, 암몬, 힛족속, 앗수르 및 바빌론에 수없이 공격을 당하였다. 유대 계통의 독일인 시인 하이네는 이렇게 말했다.

"역사를 통틀어 유대인은 짐승이 사냥꾼에게 쫓기듯이 몰이를 당했다. 그러나 유대인은 동물에게마저도 몰이를 하지 않았다"(Solomon, 1992, p. 32).

그들은 이방 민족의 공격에 맘놓고 잘 수가 없었다. 아침에 일어나면 가장 궁금한 것이 옆집이 평안한가 아니면 적의 공격으로 피해를 입었나였다. 따라서 그들은 아침에 일어나면 "평안합니까?"라고 안부를 묻거나 혹은 "당신에게 평화를(샬롬 아레이헬)!" 하며 평화를 기원한다. 탈무드에 의하면 "어떤 사람이 샬롬이란 인사를 받기만 하고 주지 않을 경우, 그는 도둑으로 불린다"(Birnbaum, 1991, p. 602).

얼마나 평화를 그리워하는 민족인가? 이 '샬롬'이란 단어에는 마음은 물론 땅도 매임(레 25:23)을 싫어하는, 자유를 소원하는 것이 포함된다. 성경은 악인에게는 평화가 없고 의인에게는 평화가 있다고 가르친다(사 32:17, 48:22). 랍비 힐렐도 "평화를 사랑하고 평화를 위하여 힘쓰라"(Birnbaum, 1991, p. 601)고 말했다.

신약의 성도들은 영적 유대인이다. 그들도 이 땅에 사는 동안 주위에서 수많은 사탄의 공격을 받는다. 영적 전쟁이다. 고난의 연속이다. 그러나 성도들은 우리 주 예수 그리스도 안에서만 참영혼의 평안을 얻을 수 있다. 죄의 눌림에서 해방되기 때문이다. 예수님은 이 땅에 평화를 주려고 오셨다.

예수님이 메시아로 베들레헴에 태어나셨을 때에 천군 천사가 하나님을 찬송하여 가로되 "지극히 높은 곳에서는 하나님께 영광이요 땅에서는 기뻐하심을 입은 사람들 중에 평화로다"(눅 2:13-14)라고 찬양한 이유가 바로 여기에 있다. 예수님이 무덤에서 살아나셔서 제자들에게 말씀하신 첫마디도 "평안하냐"(요 20:19)였다. 평화를 갈구하는 유대인의 인사였다. 사회나 세계의 평화는 어떻게 이룰 수 있나? 모두가 예수 그리스도 안에서 "네 이웃을 네 몸처럼 사랑하라"는 예수님의 계명을 지킬 때에 이루어진다.

한국인의 인사말은 무엇인가? "진지 잡수셨습니까?"이다. 한국인의 가장 큰 소원이 밥을 배부르게 먹는 것이었기 때문이다. 불과 몇십 년 전(1970년 이전)만 하여도 한국인은 너무나 배고프게 살았다. 보릿고개를 넘기기 힘들어 들에서 풀뿌리를 캐고 산에 가서 나무 껍질을 벗겨 연명하며 살아남았다. 그 당시 한국인은 아침에 일어나면 가장 궁금한 것이 옆집이 지난 밤에 저녁을 먹고 잤나 굶고 잤나였다. 따라서 한국인의 인사말은 아침에 만나면 "진지 잡수셨습니까?"이다. 그러면 인사를 받는 쪽에서는, "못 먹었다"고 하여도 상대방이 밥을 줄 것 같지 않으니까 으레 "네" 하고 만다.

유대인의 인사말인 "평안합니까"와 한국인의 인사말인 "진지 잡수셨습니까?"의 차이는 '평화'와 '빵'의 차이이다. 물론 유대인도 가난하기는 마찬가지였다.

그러나 유대인은 아무리 가난하더라도 이 땅의 평화가 가장 큰 소원이었고, 한국인은 빵이 가장 큰 소원이었다. 평화와 빵의 차이는 철학적으로는 형이상학과 형이하학의 차이, 혹은 하늘에 속한 수직 문화와 땅에 속한 수평 문화의 차이이다. 얼마나 큰 차이인가? 그러나 기독교가 들어오면서 한국인의 인사말도 유대인처럼 "평안합니까?"에 해당하는 "안녕하셨습니까?"로 바뀌었다. 하나님의 선민으로 분명 기뻐해야 할 일임에 틀림없다. 20세기 후반에 한국인은 정녕 제2의 이스라엘 민족인가?

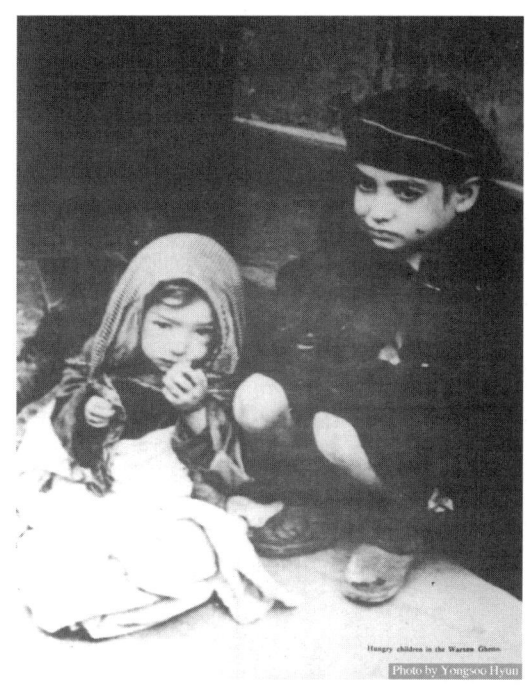

사진은 나치 치하의 와소 게토의 굶주린 유대인 어린이들(Yad Vashem 박물관 제공). 당시 고난 속에서 살아남은 유대인들이 현재 세계의 주도권을 장악하고 있다.

제3장

유대인은 왜 고난의 역사를 교육시키나

Ⅰ. 인간의 본성과 유대인의 특성

1. 인간의 본성

자연인, 인간은 좁고 고난스런 길보다는 넓고 풍요로운 길을 선호한다. 고난을 싫어한다. 이것은 인간의 본능이다. 고난에 대한 인간의 본성은 어떠한가?

첫째, 인간은 누구나 자신의 약점을 감추고 싶어하는 본능이 있다. 세계 어느 민족이나 한 개인의 과거에 대한 역사를 말할 때 자신들의 수치스러운 죄의 부분은 감추거나 혹은 거짓으로 역사를 미화하려고 노력한다. 예를 들어, 한국의 성씨마다 자신들의 족보에 자랑이 될 만한 것들만 기록하고 있다. 수치스런 첩의 얘기라든가 사생아에 대한 얘기는 모두 빠져 있다. 그리고 후대에게 좋은 것들만 전하도록 교육시킨다.

둘째, 인간은 망각의 동물이다. 인간은 자신의 좋은 것만 추억으로 간직하고 싶어한다. 아픈 과거일수록 잊으려고 노력하는 것이 보편적이다. 또한 부모는 자녀들 앞에 자신의 아픈 과거를 들추어 내고 싶어하지 않는다. 오히려 들추어질까 봐 걱정한다.

유대인은 역사의 고난을 자녀들이 잊지 않도록 교육시킨다. 학교 복도에는 과거의 어두운 역사 자료들이 현대의 밝은 역사 자료보다 더 많다. 사진은 정통파 유대인 중·고등학교 복도에 전시된 독일 나치 시대의 사진들. '민족 대학살 박물관' 내용이다.

그러나 유대인은 이 두 가지 면에서 이방인과는 다르다. 하나님의 말씀을 따르기 때문이다.

2. 유대인의 특성

A. 유대인은 수치의 역사를 기록하여 가르친다

유대인은 이방인과 무엇이 다른가? 이방인은 승리의 날을 기념하지만 유대인은 유독 승리의 날보다는 패배의 날을 더 기념한다. 유대인은 조상들이 겪었던 참혹한 고난의 역사를 일일이 밝혀서 자녀들에게 반드시 자손 대대로 기억하도록 교육시킨다. 뿐만 아니라 유대인은 어느 누구에게도 자신들의 뼈저린 역사를 감추려 하거나 부끄러워하지 않고 차분히 설명해 준다.

우선 성경을 보자. 성경 자체가 하나님의 선민인 유대인의 역사이다. 성경에는 창세기부터 유대인의 추한 모습이 적나라하게 기록되어 있다. 그 한 예로 창세기에 나타난 야곱의 집안 사정을 보자. 그는 부인이 네 명이었다. 하나님의 선민인 유대인의 최초의 열두 지파는 야곱의 네 부인에게서 난 열두 아들로부터 비롯되었다.

성경에는 그 당시 야곱의 네 부인들이 남편 야곱과 하룻밤이라도 더 자려고 치열한 안방 전쟁을 벌이는 모습이 적나라하게 그려져 있다(창 30:14-17). 그리고 야곱의 첫째 아들 르우벤이 계모 빌하를 범한 사건도 기록되어 있다(창 49:4). 르우벤 지파로서는 치욕적인 사건이다.

어디 그뿐이랴! 선지서에는 하나님을 배반하고 우상을 섬긴 패역한 유대인의 역사와 무서운 하나님의 심판이 그대로 기록되어 있다. 성경이 성경다운 것은 인간의 죄성과 죄의 역사를 하나의 거짓도 없이 기록했기 때문이다.

그들의 매일의 기도문에는 다음과 같은 '여섯 가지 기억할 사건들'(Scherman, 1992, pp. 176-177)이 있다. 유대인은 이 사건들을 항상 기억해야 한다. 이것은 토라가 항상 그것을 기억하도록 명했기 때문이다.

첫째, 출애굽을 기억할 것(신 16:3): 유대인이 애굽에 종 되었을 때에 하나님이 구속해 주신 사건이다.

> 유교병을 그것과 아울러 먹지 말고 칠일 동안은 무교병 곧 고난의 떡을 그것과 아울러 먹으라. 이는 네가 애굽 땅에서 급속히 나왔음이니, 이같이 행하여 너의 평생에 항상 네가 애굽 땅에서 나온

날을 기억할 것이니라.(신 16:3)

둘째, 시내산에서 말씀(토라) 받은 것을 기억할 것(신 4:9-10): 하나님은 유대인에게 말씀을 주시고 '말씀 맡은 자'로 삼으셨다. 유대인에게 말씀(토라)이 없으면 아무것도 아니다.

> 오직 너는 스스로 삼가며, 네 마음을 힘써 지키라. 두렵건대 네가 그 목도한 일을 잊어버릴까 하노라. 두렵건대 네 생존하는 날 동안에 그 일들이 네 마음 속에서 떠날까 하노라. 너는 그 일들을 네 아들들과 네 손자들에게 알게 하라. 네가 호렙산에서 네 하나님 여호와 앞에 섰던 날에 여호와께서 내게 이르시기를 나를 위하여 백성을 모으라. 내가 그들에게 내 말을 들려서 그들로 세상에 사는 날 동안 나 경외함을 배우게 하며, 그 자녀에게 가르치게 하려 하노라.(신 4:9-10)

셋째, 아말렉의 공격을 기억할 것(신 25:17-19): 아말렉이 유대인을 공격함으로써 이스라엘은 토라 공부를 하는 데 실패한다. 따라서 그 일을 기억함으로 토라가 얼마나 중요한지를 깨닫게 하고, 아말렉의 운명, 즉 마귀는 미래가 없다는 사실을 명심한다.

> 너희가 애굽에서 나오는 길에 아말렉이 네게 행한 일을 기억하라. 곧 그들이 하나님을 두려워하지 아니하고, 너를 길에서 만나 너의 피곤함을 타서 네 뒤에 떨어진 약한 자들을 쳤느니라. 그러므로 네 하나님 여호와께서 네게 주어 기업으로 얻게 하시는 땅에서 네

하나님 여호와께서 너로 사면에 있는 모든 대적을 벗어나게 하시고, 네게 안식을 주실 때에 너는 아말렉의 이름을 천하에서 도말할지니라. 너는 잊지 말지니라.(신 25:17-19)

넷째, 금송아지 우상을 기억할 것(신 9:7): 모세가 시내산에서 말씀을 받을 때 패역한 유대인이 금송아지 우상을 만들어 하나님을 진노케 한 사건이다. 유대인의 역사 속에서 가장 치욕적인 사건 중 하나인 이 사건을 기억하여 하나님의 말씀에 더 충실해야 한다.

너는 광야에서 네 하나님 여호와를 격노케 하던 일을 잊지 말고

유대인 유치원생, 초·중·고등 학생들은 아침마다 기억해야 할 여섯 가지 사건들을 외우며 기도한다. 사진은 정통파 유치원(미국 LA 소재)에서 하루를 시작하기 전 조상의 고난을 기억하며 민족의 평화와 번영을 위하여 기도하는 유치원생들.

> 기억하라. 네가 애굽 땅에서 나오던 날부터 이 곳에 이르기까지
> 늘 여호와를 거역하였다.(신 9:7)

다섯째, 미리암을 기억하라(신 24:9): 미리암은 동생 모세의 부인 문제를 비판했다가 하나님의 심판으로 문둥병에 걸렸으나 모세의 기도로 다시 나았다. 결코 남을 중상 모략하지 말 것을 교훈한다.

> 너희가 애굽에서 나오는 길에서 네 하나님 여호와께서 미리암에
> 게 행하신 일을 기억할지니라.(신 24:9)

여섯째, 안식일을 기억하라(출 20:8): 주중에라도 계속 안식일을 잊지 말라. 하나님이 천지를 창조하시고 안식한 날을 기억하며 영광스럽게 안식일을 준비하라.

> 안식일을 기억하여 거룩히 지키라.(출 20:8)

유대인은 유대인의 역사 속에서 일어났던 이 여섯 가지 사건을 늘 그들의 마음과 의식 속에서 기억할 것을 가르치고 있다. 실제로 정통파 유대인의 초·중·고등학교에서는 아침 기도회 시간마다 매일같이 이 기도문을 외도록 한다. 따라서 이 여섯 가지 사건들이 그들의 삶 속에, 그리고 마음 속에 죽을 때까지 각인된다.

유대인의 큰 명절 중의 하나인 유월절 제사책 〈하가다(Hagadah)〉도 "우리는 애굽 바로의 종이었다"로 시작된다(Derovan & Berliner, 1978). 자신들의 조상이 종이었다는 사실은 결코 자랑거리일 수 없다. 그러나 그들은 구

구절절 애굽의 종 되었을 때의 고난을 자녀에게 기억시킨다. 그들은 성전이 파괴된 것과 히틀러에게 당한 처절한 역사 같은 것에 대하여 온갖 방법을 동원하여 자녀들이 그 치욕의 역사들을 기억하도록 교육시킨다.

한국인도 평생 기억할 일을 몇 가지 정하여 자녀들에게 가르쳐야 한다. 예를 들면, 한국에 최초의 두 선교사 언더우드와 아펜젤러가 복음을 전한 날을 기억하라. 일본 제국의 기독교인에 대한 핍박을 기억하라. 한국 기독교가 신사참배를 합법적으로 의결한 날을 기억하라. 기독교인의 3·1운동 정신을 기억하라. 예수님의 십자가의 고난을 기억하라. 주일(主日)을 기억하라 등이다.

B. 기억함의 신학(Theology of Remembrance)

"전투를 치르고 팔다리를 잃고 돌아오는 병사와 뇌를 다쳐 기억을 상실한 병사 중 누가 더 불행한가?" 유대인은 과거의 기억을 상실한 병사를 더 불행하게 본다. 왜냐 하면 그들은 과거를 잊어버린 자는 모든 것을 잃은 자로 보기 때문이다(Solomon, 1992). 과거의 고난의 역사는 대인에게나 민족에게 그만큼 중요하다.

유대인의 역사는 어느 민족의 역사보다도 수치와 치욕의 역사이다. 그러나 하나님은 유대인에게 "옛날을 기억하라 역대의 역대를 기억하라 네 아비에게 물으라 그가 네게 설명할 것이요 네 어른들에게 물으라 그들이 네게 이르리로다"(신 32:7)고 명령하셨다. 이 말씀은 유대인에게 하나님의 구원의 역사와 함께 과거의 처절한 고난의 역사를 철저하게 후대에게 가르치라는 말씀이다. 따라서 유대인은 지금도 자녀들에게 대를 이어 자신들의 고난의 역사를 가르친다.

구약 성경에는 '잊지 않고 기억함'에 관계되는 '기억하다(zakar)'라는 히브리어 단어가 2백13번, '잊다(shakach)'란 단어가 85번, 도합 2백98번이나 사용되었다(Young, 1982). 유대인은 '망각'과 '기억함'의 차이를 민족의 '패망'과 '생존'으로 표현한다. 따라서 유대인의 '기억함'은 유대교 신앙의 한 부분이다. 좀더 신학적으로 표현한다면 유대교는 '기억함의 신학(Theology of Remembrance)'이라고 말할 수 있다.

　유대인은 1948년 나라를 회복한 이후 예루살렘이 내려다보이는 언덕에 독일의 나치에게 유대인 6백만이 학살당한 것을 기억하기 위하여 '야드 바셈 대학살 기념관'을 지었다. 그리고 모든 사람들이 볼 수 있도록 큰 글씨로

美 LA 서부 '관용의 박물관' 뒤편에 위치한 '기억의 플라자'. 사진 작가 Jim Mendengall은 이 작품을 어두움 속에서 촬영했다. 유대인은 승리의 밝은 역사보다는 패배의 어두운 역사를 더 기억한다. 어두움을 기억할 때 밝은 내일이 온다(Wiesenthal Center 제공).

"망각은 쫓겨남을 자초하나 기억함은 구원의 비밀이다"라고 써 놓았다"(윤종호, 1995년 8월 12일). 이것은 유대인이 그들이 당한 고난을 기억하는 한 하나님에게 구원받아 살아남지만 그 고난을 잊어버린다면 다시 가나안 복지에서 쫓겨날 수밖에 없다는 것을 뜻한다.

1985년 유대인을 잘 아는 독일의 대통령 리하르트 폰 바이츠제커(Richard Von Weizsaecker) 대통령은 다음과 같이 연설하였다.

"유대 나라는 지금도 기억하고 있고, 앞으로도 기억할 것이다. 우리는 화해를 추구한다. 바로 이 이유 때문에 우리는 기억함 없이는 화해가 있을 수 없다는 사실을 이해해야 한다. 수백만 명이 몰살당한 경험은 전 세계에 있는 유대인들의 존재, 그 자체의 한 부분이 되어 있다. 이것은 그들이 그 같은 잔혹한 일들을 잊을 수 없기 때문이기도 하지만 '기억함'이 유대교 신앙의 한 부분이기 때문이기도 하다."(New York Times, May 9, 1985, quoted from Brown, 1993, p. 11)

예수님도 유대인이셨다. 주님도 마지막 유월절 잔치 때에 제자들에게 떡과 포도주를 떼어 주시며 주의 몸과 피를 기억(기념)하라(눅 22:14-23)고 말씀하셨다. 이것이 오늘날 교회가 지키는 성찬식이다. 따라서 기독교는 예수님의 고난의 십자가를 기억하지 않고는 생존할 수 없다. 우리도 기독교 2천 년 역사 속에서 교회와 성도들이 흘린 온갖 피의 역사를 기억해야 한다. 그리고 이와 더불어 한국 기독교 1백 년의 역사 속에서 흘린 피의 고난의 역사도 기억해야 한다. 물론 각 가정의 고난의 역사도 자녀에게 가르쳐야 한다.

그러나 대부분의 한국인 부모들은 자녀들에게 자신들의 고난을 숨기고자 한다. 그리고 자녀들에게 "고생은 이제 아버지 대에서 끝이다. 너희는 아버지의 고난에 대하여 더 이상 묻지도 말고 알려고도 하지 말라"고 가르친다.

또한 한국인은 유독 몇 안 되는 한민족사의 전성기만을 부각시킨다. 한국인은 고난의 역사 교육보다는 승리한 역사 교육을 강조한다는 말이다. 이 점이 유대인의 고난의 역사 교육과 크게 다르다.

그나마 이것도 1980년도 이전의 이야기이다. 1997년도 이후에는 아예 중·고등학교에서 '국사'란 독립 과목을 빼버리고 '공통 사회'란 과목에 편입시켰다. 이제 2천 년부터 아예 국사 과목이 없어질 운명에 처해 있다. 그뿐만이 아니다. 사법 고시 필수 과목이었던 '한국사' 시험을 폐지했다(중앙일보, 권영빈 칼럼, 역사 文盲이 늘고 있다, 1998년 4월 24일).

뚜렷한 국가관이나 역사 의식 없는 국민을 만들고 국가관이나 역사 의식 없는 공직자를 양산한다는 것은 민족적인 죄악이다. 한국의 판사, 외교관, 행정관들이 뚜렷한 국가관이나 민족의 역사 의식이 없는데 어떻게 민족과 국가를 위하여 봉사할 수 있단 말인가? 아아, 이를 어찌하랴!

II. 유대인이 고난의 역사를 기억하는 이유

한국 정부는 1995년 8월 15일, 구 조선총독부 중앙돔 첨탑을 끌어내렸다(중앙일보 1995년, 8월 15일). 해방된 지 50년 만의 일이다. 구 조선총독부는 해방 후 정부의 중앙청으로, 얼마 전에는 국립중앙박물관으로 사용되었다. 그리고 서대문 형무소가 헐어진 지는 오래 되었다. 한국 정부가 구 일본 건물을 허무는 이유는 물론 도시 계획상의 문제도 있지만, 자라나는 자녀들에게 일본에게 받은 굴욕을 보여 주면 자녀들이 굴욕감을 느끼어 민족 비하감이

들기 때문에 교육상 안 좋다는 일부 역사학자나 관계자의 의견에 따른 것이다(신용하, 구 조선총독부 청사는 하루속히 철거해야 한다, 월간조선, 1995년, 1월호, pp. 603-610).

그러나 유대인은 굴욕의 역사 자료를 허물지 않는다. 있는 것은 가꾸고, 없어진 것은 막대한 자금을 들여 가며 복원하여 자녀에게 고난의 역사를 가르친다. 그들은 왜 고난의 역사를 가르치는가? 그 이유는 무엇인가?

1. 자신들의 죄를 각성하기 위하여

> 우리의 악한 행실과 큰 죄로 인하여 이 모든 일을 당하였사오나, 우리 하나님이 우리 죄악보다 형벌을 경하게 하시고 이만큼 백성을 남겨 주셨사오니, 우리가 어찌 다시 주의 계명을 거역하고, 이 가증한 일을 행하는 족속들과 연혼하오리이까. 그리하오면 주께서 어찌 진노하사 우리를 멸하시고 남아 피할 자가 없도록 하시지 아니하시리이까.(스 9:13-14)

이 말씀은 바빌론 포로시 유대인이 이방인과 결혼하는 것에 대하여 유대민족의 위대한 지도자 에스라가 경책하는 말씀이다. 이 외에도 모세오경과 선지서에 종에서의 해방을 기다리는 말씀이 많다.

그것은 자신들이 겪은 고난의 원인이 신본주의적인 입장에서 하나님과 자신들의 관계에 문제가 있었기 때문이라는 것을 깨닫게 하기 위해서이다. 그 문제는 바로 자신들의 죄악 때문이라고 믿는다(에 9:13a). 그러므로 더 이상 하나님의 징계를 받지 않기 위해서는 하나님 말씀에 충실하고 죄를 멀리하기 위하여 고난의 역사를 기억해야 한다.

다시 말하면, 고난의 역사를 기억하면 고난의 원인이 되었던 과거 조상들의 죄를 상기하고 오늘의 자신들의 삶을 살피게 된다. 그리고 자신들의 죄를 각성한다. 유대인은 항상 표면적 고난을 자신들의 내면적 마음의 타락과 연결하여 해석한다. 그렇기 때문에 유대인 지도자들은 엄청난 인명이나 재물의 재난을 당했을 경우에도 재난 자체를 걱정하는 것이 아니라 이 일로 말미암아 그들의 자녀들이 하나님에 대한 신앙을 잃어버릴까를 걱정한다.

이러한 자세를 가진 개인이나 민족은 어떠한 잘못이 있을 때에 책임을 다른 곳으로 돌리지 않고 자신에게 돌린다. '나'의 잘못을 깨달은 사람은 그만큼 성장할 수 있는 잠재 능력이 있다. 하나님은 겸손한 자를 축복하신다.

죄를 멀리하는 유대인은 항상 고난의 역사를 기억한다. 사진은 정통파 유대인 학교에서 오전에 탈무드와 성경을 배우고 오후에 세상 학문을 시작하기 전에 전교생이 '미드라쉬의 집'에서 기도하는 장면. 타락한 이방의 죄에 물들지 않는, 세대 차이 없는 유대인 교육은 피나는 1세들의 노력과 2세들의 순종에 의하여 성취된다.

이 점에서 유대인들의 공동체 개념은 특별하다. 이방 사회는 한 개인이 잘못한 죄는 그 개인이 책임지면 그만이지만, 유대인은 유대 사회 공동체 모두가 함께 책임진다. 유대인은 자신이 지은 죄가 없다고 해서 회개를 끝내는 것이 아니라 유대 민족 공동체의 죄까지 회개하도록 가르친다. 성경의 요나서를 보면, 요나 한 사람 때문에 배가 풍랑을 만났다가 요나가 물에 던져진 후 배와 그 안에 탄 사람들이 평온을 되찾은 이야기가 나온다. 이는 공동체 내에서 한 사람의 죄가 얼마나 무서운가를 보여 주는 좋은 예이다.

우리 한국 교계의 난제 중 하나도 나 중심, 우리 교회 중심, 우리 교단 중심 사상이 너무나 팽배해 있는 데 있다. 현대병인 개인주의에 기인한 이기주의의 산물이다. 나의 죄뿐만 아니라 우리 교회 모든 성도의 죄까지 회개해야 한다. 우리 교회의 죄뿐만 아니라 우리 나라의 모든 교단 성도들의 죄까지도 회개해야 한다. 우리 나라 모든 교단 성도들의 죄뿐만 아니라 세계 모든 교단 성도들의 죄까지도 회개해야 한다. 왜냐 하면 우리 모든 믿는 성도들은 한 성령으로 세례 받은 그리스도 안에서 형제 자매이기 때문이다(고전 12:13).

2. 고난에서 구원해 주신 하나님에게 감사하기 위하여

유대인은 자신들의 조상들이 하나님에게 패역한 죄악 때문에 참혹한 고난을 겪을 때마다 하나님이 그들을 원수에게서 해방시켜 주었다고 믿는다. 유대인은 자신들의 힘으로 해방을 쟁취했다고 쓰지 않고 하나님에 의하여 '해방되었다(the Jews were slaves and then were set free by God)(Devron & Berliner, 1978, p. 21)'고 수동태로 쓴다. 이는 자신들 위에 절대자 하나님이 계심을 믿는 신앙의 고백이다. 따라서 유대인은 자신들을 도와 주신 하나님의 은혜를 자손 대대로 감사하기 위하여 고난의 역사를 기억한다.

너는 조심하여 너를 애굽 땅 종 되었던 집에서 인도하여 내신 여호와를 잊지 말고….(신 6:12)

과거 종살이 할 때의 핍박과 고생의 역사를 기억하는 사람이나 민족은 현재 아무리 잘 살고 명예나 권력을 가졌어도 겸손한 삶을 산다. 감사하는 마음은 은혜를 기억하는 사람에게 있다. 은혜를 모르는 사람은 반대로 불평이 있게 마련이다.

저자가 1993년 유대인 정통파 회당의 기도회에 참석했을 때였다. 유대인 고등학생이 저자에게, 자신이

신본주의 정통파 유대인은 자신의 종교적 전통을 지키기 위하여 언제 어디서든 남의 눈을 의식하지 않는다. 사진은 망국 백성의 한을 안고 기도하는 1세의 간절한 모습과 그의 품에 있는 2세의 천진난만한 모습. 사진의 오른쪽 뒤편에 서 있는 이방인이 이들을 보고 웃고 있다(예시바 대학 복도에 있는 사진).

다니는 학교에 아시아 사람들이 많은데 대부분 모국의 역사를 모른다, 부모들이 가정에서 모국의 역사를 자녀에게 안 가르치느냐고 물었다. 유대인으로서는 모국의 역사를 모르는 아시아 학생들이 이해가 안 가는 모양이었다. 그 학생이 말하는 아시아 학생 중에는 물론 한국 학생도 많았음은 당연하다.

보리밥도 못 먹던 어려운 시대를 기억하고 자녀들에게 그 역사를 가르치는 사람은, 미국에서 아무리 돈을 많이 벌었어도 작은 햄버거 하나에도 감사

할 줄 안다. 그러나 쓰라린 과거를 기억 못 하는 사람은 하나님의 은혜를 망각했기 때문에 좀 잘 살게 되면 스테이크를 먹어도 불평을 하고 교만의 허세를 부리기 쉽다. 우리가 죄인 되었을 때를 생각할 때 날마다 더욱 하나님의 은혜에 감사한 생활을 할 수가 있는 것과 마찬가지이다.

3. 유비무환의 교육을 위하여

　유대인은 자신들에게 고통을 주었던 이방인들에게 원수를 갚기 위해서가 아니라, 그 고난의 역사를 기억함으로 말미암아 다시는 똑같은 고난의 역사를 반복하지 않기 위하여 고난의 역사를 기억한다.
　그들은 고난의 역사를 기억하며 평화시에 힘을 키운다. 나태하지 않는다. 이것은 유사시를 대비키 위한 유비무환의 교육의 힘이다.
　따라서 유대인이 많은 곳에는 대부분 박물관이 있다. 자신들의 전통에 관한 박물관도 있지만 많은 돈을 들여 지은 자신들의 치욕의 역사에 관한 박물관들이다. 미국 워싱턴 D.C. 백악관 근처에 '유대인의 대학살 박물관'이 있다. 이 곳은 세계적인 관광지이다. 이 박물관은 1978년에 착공하여 1993년 4월에 완공하였다. 박물관에 들어가면 빌딩 자체가 대학살 공간처럼 느껴지도록 설계되어 있다(Berenbaum, 1993, pp. 233-234). 그 곳은 독일의 독재자 히틀러가 자행한 대학살의 모습들이 사진과 역사적인 자료, 통계로 채워져 있다. 그리고 나치군이 유대인을 죽이는 모습들을 현장감 있게 느끼게 하기 위하여 당시 독가스를 다량 살포 살상하는 가스 실과 시체들, 그리고 핏자국 등을 재현해 놓았고, 최고의 음향 장치와 시청각 장비로 꾸몄다.
　1993년 이 박물관이 문을 열자 온 세계 매스컴이 떠들썩했다. 당시 가장 부정적인 반응을 보인 국가는 독일이었다. 이미 잊혀진 일인데 반세기나 지난 이 때에 세계적인 관광지인 미국의 수도 워싱턴 D.C. 한복판에 박물관을 지어 독일 역사의 가장 큰 치부인 유대인 6백만 학살을 세계인에게 상기시키는 이유가 무엇이냐고 물었다. 독일의 한 주간지는 미국이 이 유대인 대학살 박물관을 미키 마우스처럼 미국화하려는 '쇼 비즈니스'가 아니냐고 비아냥거렸다(US News, 1993, May 10).

유대인은 독일에 우리는 당신들을 용서했고 사랑한다, 그러나 이 박물관을 지은 이유는 당신들을 미워하고 원수를 갚기 위해서가 아니라 인간의 도덕에 가장 큰 손상을 입힌 이 사건을 기억함으로 말미암아 인류 역사에 다시는 이러한 피의 대학살이 있어서는 안 된다는 것을 미국인과 세계인에게 보여 주기 위해서라고 답변하였다. 즉 나치의 참상을 기억하여 세계 곳곳에서

미국 LA에 있는 '관용의 박물관' 책자 첫 페이지.
"희망은 사람들이 기억할 때 살아 있다"란 표어가 보인다(Wiesenthal Center 제공).

제7부 유대인의 고난의 역사 교육

일어날 수 있는 비극을 미리 막아야 한다는 것이다. 따라서 이 박물관 출판사에서 발행한 책 이름도 〈세계는 꼭 알아야 한다, 미국 대학살 박물관에서 증언된 대학살의 역사를〉(Berenbaum, 1993)이라고 지었다.

또한 유대인은 과거의 나치 정권이나 나치 정권에 협력한 사건은 용서하나 그 일을 저질렀던 범죄인은 끝까지 찾아내어 정의의 심판대에 세운다. 국민적인 용서와 죄를 범한 죄인에 대한 심판은 다르기 때문이다. 용서가 사랑이라면 죄인에 대한 심판은 정의이다.

그 일례로 프랑스의 마지막 전범 모리스 파퐁이 86세의 고령임에도 불구하고 1983년 유대인 희생자 가족과 단체들의 고발로 프랑스 검찰에 기소되어 13년 만에 재판에 회부된 일이 있다(한국일보, 佛 마지막 戰犯 모리스 파퐁, 1996년 9월 20일).

한국인에게도 6·25라는 피의 전쟁이 있었다. 1993년 봄에는 한국 각계에서 "6·25 기념관을 지어야 되느냐, 지을 필요가 없느냐"는 이슈로 논란이 분분하였다.

당시 짓지 말자는 쪽의 의견은 두 가지 이유에서였다. 첫째, 현재 남북이 화해 무드에 있는데 구태여 6·25 기념관을 지어 북을 자극할 필요가 있느냐, 둘째, 6·25 기념관을 지으려면 엄청난 비용이 드는데 차라리 그 돈을 가난한 원호 대상자들에게 나눠 주자는 내용이었다(한국일보, 1993년 6월 22일).

이런 경우 유대인 같으면 어떻게 할까? 그들은 분명히 지을 것이다. 그 이유는 북한을 미워하기 위해서가 아니라 외세에 의한 잘못된 이데올로기 때문에 다시는 한반도에 동족상잔의 비극이 있어서는 안 된다는 것을 자녀들에게 가르쳐 주기 위해서일 것이다. 그리고 평화시 힘을 키우지 않고 비생산적인 정치만 일삼은 안일했던 과거를 뉘우치기 위해서일 것이다. 우리도 자녀들에게 고난의 역사를 가르치고 평화시 힘을 길러 유사시의 불행한 사태에 대비해야 한다. 이것이 바로 유비무환의 교육의 힘이다.

실제로 6·25전쟁은 제2차 세계 대전 이후 가장 치열했던 세계적인 전쟁이다. 3년여 동안 세계 16개국의 유엔군이 참전하여 유엔군만 3만 6천8백13명(미군 3만 3천6백29명 포함)이 죽었다[林建彦(하야시 다케히코), 1989, p. 66; Encyclopedia Britannica, Macropaedia, Vol. 10. 1979, p. 513]. 한국인만 3백만 명이 죽었고, 중공군은 약 1백만 명이 죽은 전쟁이다(한국일보, 1993년 6월 25일). 미국에서조차도 잊혀져서는 안 된다고 하여 워싱턴 D.C.에 한국전 기념관을 짓는 이 때(1995년 6월 25일)에 한국에서 6·25전쟁을 잊어버리면 되겠는가.

"아아, 잊으랴. 어찌 우리 그 날을…."

4. 절망 속에서도 희망을 갖기 위하여

유대인은 왜 고난의 역사를 기억하는 교육을 자녀들에게 시키는가? 그 네 번째 이유는 자녀들에게 늘 희망을 주기 위해서이다. 그들은 자신들의 처절한 고난의 역사를 가르치면서 그 때마다 영원히 자신들은 죽지 않고 살아 남았다는 간증을 한다.

유대인의 미드라쉬에는 이러한 이야기가 나온다. 유대인은 사막을 많이 여행해 왔다. 사막길은 뜨겁고 목마르고 죽음이 있는 곳이다. 그러나 사막을 여행하다가 묘지를 발견하면 반가워한다. 무덤 근처에는 동네가 있기 때문이다. 따라서 유대인은 절망의 무덤 뒤에 희망이 있다고 믿는다. 유대인에게 무덤은 종말이나 죽음의 상징이 아니라 또 다른 생명과 희망의 상징이다

유대인은 절망 속에서도 희망을 갖고 산다.
사진은 토요일 안식일이 끝난 후 아버지가 두 자녀를 데리고 집으로 향하는 장면. 그들은 어두움 속에서도 희망을 잃지 않는다. 유대인에게 자녀는 희망의 상징이다.

(Solomon, 1992, pp. 15-17). 고로 유대인의 무덤은 희망의 상징이다.

이러한 유대인의 믿음은 그들의 메시아 사상에서 연유한다. 그들은 항상 좋은 세상이 올 것을 믿는다. 이러한 믿음이 있는 자는 담대해진다. 비굴해지지 않는다. 따라서 유대인은 어떠한 환경 속에서도 언제나 낙관적이다.

예를 들면, 유대인은 유월절에 '아니 마민' 이라는 노래를 합창한다. '아니 마민' 은 히브리어로 '나는 믿는다' 라는 뜻이다. 이 노래는 유대인의 심금을 울리는 아름다운 노래이다. 이 노래는 유대인이 독일의 악명 높은 아우슈비츠 수용소에 있을 때에 작사 작곡한 것이다. 그 때 유대인은 도망칠 수 없는 죽음의 극한 상황에 있었다. 그러나 그들은 그러한 환경에서도 희망을 잃지 않았다. 노래의 내용은 이렇다. "우리들은 구세주가 올 것을 믿고 있다.

그러나 구세주가 나타나는 것이 조금 늦어지고 있을 뿐이다." 유대인은 이러한 노래를 지어 부르며 스스로를 위로했다. 그들은 구세주가 오게 되면 세상이 좋아질 것을 믿는다. 용기와 희망은 스스로 버리지 않는 한 누구도 빼앗을 수 없다(Tokayer, 1984c, p. 82). 따라서 '하가다'를 비롯한 유대의 종교 고전들은 유대인에게 가해진 물리적인 피해보다 신앙을 뒤흔드는 유혹과 공격이 훨씬 더 위험하다고 가르친다(Solomon, 1992, p. 16).

유대인은 모세가 시내 광야 가시덤불에서 하나님을 만난 사건(출 3:1-7)을 이렇게 비유한다.

> 토라 곧 성경에 보면, 모세가 넓은 초원에 섰을 때에 갑자기 가시덤불이 불길에 싸였다. 그 때에 하나님은 '이 초원은 아무리 타더라도 불타 없어지지 않는다'라고 말했다. 유대인은 아무리 박해를 받고 불태워지더라도 모든 것이 불타 없어지지 않는다.(Solomon, 1992, pp. 174-175)

구약의 하나님의 선민은 어떠한 불 같은 박해에도 고난은 당할망정 사라지지는 않았다. 따라서 유대인은 소화가 되지 않는 민족이라고 말한다. 세계 어디에 가서도 그들이 그 곳에 동화되거나 그들을 없애 버릴 수가 없었기 때문이다. 마치 요나가 큰 고기 뱃속에서 소화가 안 되었듯이 말이다(p. 108). 유대인이었던 사도 바울은 이러한 그들의 사상은 세상 끝날까지 지속될 것이라고 말했다. 그리고 나중에 기독교인과 함께 예수를 믿고 온 이스라엘이 구원을 받으리라고 말했다(로마서 11장).

유대인이 고난 속에서도 희망을 갖는 사상은 영적 유대인인 기독교인에게도 똑같이 적용된다. 유대인의 역사뿐만 아니라 2천 년 간의 기독교 교회의 역사도 피의 역사였다. 적그리스도들이 성경을 불사르고 성도를 죽여 교회가 일시적인 고난을 당했을지라도 교회는 완전히 없어지지 않았다. 오히려 교회는 점점 더 흥했다. 초대 교회 시대나 로마 시대가 그러했고, 공산주의 시대가 그러했다. 그리고 한국의 왜정 시대가 그러했다. 하나님은 인류의 역사를 주관하시면서 고난 속에서도 항상 교회에 새 길을 열어 주셨다. 따라서 유대인의 국가 제목이 '희망' 이듯이 기독교인도 '희망' 이 있어야 한다. 왜냐 하면 우리 성도의 희망은 예수님의 재림에 있기 때문이다. 하늘에 소망을 둔 사람은 어떠한 극한 상황에 처할지라도 항상 기뻐하고, 쉬지 말고 기도하고, 범사에 감사해야 한다(살전 5:16-18). 우리의 자녀에게 고난의 역사 교육을 가르치는 이유가 바로 여기에 있다.

5. 한국인 2세 교육에 적용

A. 고난의 역사 교육, 그 네 가지 이유의 요약

유대인은 왜 자녀에게 고난의 역사를 가르치나? 그 이유를 요약하면 유대인은 고난의 역사를 기억함으로써 첫째, 자신들의 잘못을 회개하여 하나님과의 관계를 올바르게 정립하고, 둘째, 유대인이 고난에 처해 있을 때마다 구원해 주신 하나님의 은혜에 감사하며, 셋째, 옛 고난을 교훈 삼아 미래에 닥칠지도 모르는 위험에 대비한다. 그리고 넷째, 삶을 긍정적으로 살기 위한 희망을 갖는다.

첫번째, 두 번째가 하나님과 인간과의 관계면에서 조명한 것들이라면, 세 번째와 네 번째 것은 역사를 되돌아보면서 자신들의 생존을 위한 새로운 삶의 각오를 위한 역사 의식이다. 먼저는 하나님의 도움에 매달리지만 인간으로서 할 일은 자신들이 성실히 이행하여 미래를 준비해야 한다는 의식이다. 하나님이 하실 일과 자신이 해야 할 의무를 분별하고 성실히 자신의 의무를 이행하여 미래를 준비하는 개인이나 민족은 발전할 수밖에 없다.

따라서 유대인의 자녀 교육은 유비무환의 교육이다. 과거의 아픈 역사를 보면서 또다시 그러한 일이 일어나지 않도록 준비하면서 살아가는 민족이다. 그들은 세상에서 가장 작은 민족(신 7:6-7)이기 때문에 하나님의 보호와 자신들의 준비가 소홀하면 살아남을 수 없는 민족이다. 그러므로 그들은 평화시라도 이방 세상의 쾌락에 취하는 것을 절제한다. 특히 자녀가 육을 자극하는 이방의 세속 문화에 물들지 않도록 철저히 가르친다.

유대인은 과거의 실패를 패배로 승인하지 않고, 현실로서 받아들일 뿐이다. 과거의 패배를 아는 자만이 승리할 자격을 갖춘 자이다. 또한 그들은 그들의 역사에 함께하셨던 하나님의 도움으로 미래에 꼭 승리할 것을 굳게 믿는다(Solomon, 1992, p. 13).

B. 구 조선총독부 건물, 어떻게 해야 하나

이제 유대인의 고난의 역사 교육을 보면서 그들의 교육을 한국의 현실에 적용해 보자. 앞서 말한 대로 한국 정부가 광복 50주년을 맞이하여 1995년 8월 15일 구 조선총독부 건물 중앙돔 첨탑을 끌어내리고 허물기 시작하였다.

구 조선총독부 건물이 어떤 건물인가? 일본은 1910년 8월 조선을 강점한 이후 조선의 멸망과 조선이 일본의 식민지임을 전 세계와 조선인에게 영원히 알리기 위하여 조선의 왕궁인 경복궁 안의 일부를 철거하고 그 자리에 일본의 위용을 자랑하는 조선총독부를 세웠다(1926년 10월 1일). 조선총독부는 일제 식민지 통치의 상징적인 건물이다. 그러나 이 건물은 해방 후 한국 정부 청사로 사용해 오다가 10년 전부터 최근까지 국립중앙박물관으로 사용해 왔다(중앙일보, 한국일보, 1995년 8월 15일).

서울대 신용하 교수(한국 사회사)는 이 건물이 그대로 있을 경우 한국 학생들이 이 건물에 들어갈 때부터 생각이 우울해지고 부지불식간에 민족적인 패배주의와 열등 의식을 은근히 배양받고 나오게 된다고 했다. 반면 일본 학생들이 이 건물을 방문했을 때는 자신들의 식민지 대본영이었던 조선총독부임을 확인하고 얼마나 우월감에 취하여 희희낙락하며 한국인을 깔보겠느냐고 지적하였다(월간조선, 구 조선총독부 청사는 하루속히 철거해야 한다, 1995년 1월호, p. 606). 이제 신 교수의 주장에 대하여 논박해 보자.

첫째, 과연 이 논리는 틀린가? 물론 맞을 수도 있다. 만약 한국 민족이 자신에 대한 자아 의식, 주체 의식이 약할 경우 그럴 수도 있다. 즉 수직 문화가 약하고 수평 문화가 강할 경우 그렇게 될 수도 있다. 그러나 민족의 주체 의식이 강하면 그렇게 되지 않는다.

유대인을 보자. 그들은 자신에 대한 자아 의식, 주체 의식이 잘 정립되어 있을 뿐만 아니라 주체 의식이 강한 민족이다. 그들은 자신들이 지상에서 가장 존귀한 절대 진리인 토라 말씀을 갖고 있는, 하나님의 선민이라는 자부심이 강하다. 따라서 지구상의 어떠한 힘에 의해서도 그들의 선민 의식을 무너뜨릴 수 없었다. 외침에 의하여 비록 눈에 보이는 성전이나 국토는 무너졌어도 그들의 정신은 무너지지 않았다. 정신이 죽지 않고 살아 있으면 땅의 것도 언젠가는 살아나게 마련이다. 유대인이 생명처럼 귀하게 여겼던 예루살렘의 솔로몬 성전은 아직도 아랍인의 모슬렘 성전으로 사용되고 있다. 그러나 유대인은 그에 대하여 그렇게 비굴하게 생각하지는 않는다.

우리 민족도 마찬가지이다. 논리적이고도 강한 한민족의 주체 의식, 즉

예루살렘의 '통곡의 벽'에서 기도하는 유대인들.
유대인의 강한 신본주의적 주체 사상은 치욕의 성전
파괴를 미화하지 않고 교육의 장소로 사용한다.

사상이 필요하다. 한민족의 사상도 신본주의에 입각한 기독교 사상으로 바꾸어야 한다. 기독교인으로서 하나님의 선민 사상을 가진 민족이 될 때 일본이나 중국 같은 거대한 이방의 힘에 대한 열등 의식을 느끼지 않는다. 만약 그렇지 않을 경우 한국인은 중국이나 일본에 대한 피해 의식에서 헤어나지 못하고 심한 열등감에 사로잡혀 다시 사대주의 사상에 물들 수도 있다.

따라서 눈에 보이는 건물을 없애는 것이 극일(克日)의 길이 아니다. 건물을 허는 것은 형식에 불과하다. 구 일본의 상징적, 형식적 청산이 중요한 것이 아니라 한국인의 마음 속에, 그리고 역사 의식 속에 남아 있는 식민지 잔재 의식을 청산하는 것이 더 큰 문제이다. 그리고 우리의 자녀들에게 1세의 치욕을 거울 삼아 쉬지 않고 하나님에게 기도하며 공부하도록 가르쳐야 한다. 일본을 미워하기 위해서나 그들을 정복하기 위해서가 아니라 앞으로 더 당하지 않게 하기 위해서이다.

둘째, 유대인이면 이 건물을 어떻게 사용하겠는가? 먼저 그들은 이러한 치욕의 상징적인 건물에 한국의 값진 유물을 진열했다는 것이 이해가 안 갈 것이다. 그들은 예루살렘이나 워싱턴 D.C.에 독일에서 있었던 나치의 대학살 박물관을 거액을 들여 원형대로 짓는 형국인데, 조선총독부 같은 역사적 건물이 남아 있다면 얼마나 좋은 교육의 장소로 사용하겠는가?

따라서 그들은 구 조선총독부 건물을 일제의 잔학상을 알리는 민족 교육의 장소로 꾸밀 것이다. 이 건물에서 이루어졌던 일제의 온갖 착취와 수탈, 학살과 만행, 한국 민족 말살 정책과 음모를 꾸민 모든 자료를 사실대로 구비하고 그 당시의 현장을 그대로 복원하여 2세에게 고난의 역사 교육장으로 사용할 것이다. 특히 조선의 왕궁 안에 식민지 정책의 산실을 지었다는 역사적인 사실을 우리의 자녀들에게 상기시킬 때 얼마나 훌륭한 교육의 장소가 되겠는가?

한편 구 조선총독부 건물이 고난의 역사 교육장이 된다면, 이 곳을 방문한 일본 학생들은 조상들의 죄악에 치를 떨면서 한국인에게 속죄의 마음을 가질 것이다. 왜냐 하면 지금까지 가해자인 일본을 변호하는 자신들의 선생과 역사책에서만 배워 온 일방적인 일본 역사가 허구였음을 역사적 현장에서 확인할 것이기 때문이다. 이는 마치 독일인이 유대인의 대학살 박물관을 방문하고 자신들이 몰랐던 자신들의 역사적 과오를 깨닫고 회개하는 것과 마찬가지이다. 만약 자신들의 죄악상을 보고도 희희낙락한다면 정신적으로 이상이 있는 학생들이 아니겠는가?

Ⅲ. 유대인의 키두쉬 하셈과 순교 정신

1. 키두쉬 하셈에서 그랄 이스라엘까지

유대인은 지독하다는 말을 많이 한다. 유대인의 역사를 보면 유대인은 이방인의 핍박에 꺾이지 않는다. 자신들의 신앙에 대한 절개를 지키기 위하여 이방인의 문화에 동화되거나 차라리 죽음을 택한다. 따라서 그들은 살기 위하여 자신의 신앙을 버리는 동료들을 경멸한다. 그런데 그들이 죽음 앞에서도 비겁하거나 두려워하지 않고 자랑스럽고 깨끗하게 죽는 이유는 무엇인가?

유대인은 여호와의 이름을 존중히 여긴다. 토라는 이스라엘 백성에게 "너희는 나의 성호를 욕되게 하지 말라. 나는 이스라엘 자손 중에서 거룩하게 함을 받을 것이니라(You shall not profane my Holy Name; I will be hallowed among the people of Israel)"(레 22:32)라고 말씀하셨다. 십계명 중 제3계명에도 "너는 너의 하나님 여호와의 이름을 망령되이 일컫지 말라"(출 20:7)고 명령하셨다.

이 토라의 말씀과 연관하여 유대인이 거의 날마다 사용하는 단어가 '키두쉬 하셈(Kiddush ha-Shem)'이다. 키두쉬 하셈은 히브리 말로 '그(하나님) 이름을 성별하다' 혹은 '하나님의 이름을 거룩하게 하심'이라는 뜻이다 (Birnbaum, 1991, p. 536; David Bridger, 1976, p. 269).

키두쉬 하셈이란 단어는 주로 두 가지 의미에서 사용되었다(Birnbaum, 1991, p. 536). 첫째, 유대인이 하나님의 이름 때문에 박해를 받아 순교할 때 쓰여졌다(Birnbaum, 1991, p. 536). 따라서 키두쉬 하셈이란 단어에는 순교란 뜻도 있다(Yuro, 1988, p. 117). 유대인의 역사는 순교와 희생의 역사이다. 유대인은 아우슈비츠(Auschwitz) 수용소에서 사형 집행을 눈앞에 두고도 키두쉬 하셈, 즉 "하나님의 이름을 성별하소서"란 마음의 각오를 다졌다.

나치의 사형 집행을 기다리는 동안 기도 복장을 하고 기도하는 한 유대인. 옆에 이미 학살당한 형제들이 즐비하게 누워 있다. 그들은 죽어 가면서도 "그 이름(여호와)을 성결하게 하라"고 외치며 담대히 순교한다. 뒤에 서 있는 나치군들의 비웃음이 대조를 이룬다.

이 말의 뜻은 "저는 하나님의 선민으로 하나님의 이름을 욕되지 않게 하기 위하여 죽습니다. 하나님의 이름이 거룩히 여김을 받으소서"란 뜻이다. 초월적인 영원한 가치를 위하여 자기 생명, 즉 자기 자신도 바친다는 뜻이다 (Yuro, 1988, p. 117). '하나님의 이름을 위해서라면 핍박도 즐거이 받겠습니다'란 뜻이다.

유대인은 마지막으로 죽음에 직면했을 때 모두들 "우리의 죽음의 희생을 토대로 하여 꼭 평화나 번영의 메시아 시대가 도래할 것이다. 여러분, 역사는 인간의 이해가 미치지 않더라도 하나님의 약속은 불변하다. 그 날이 지상에 실현되리라는 것을 믿고 우리는 우리의 이 생명을 하나님께 맡기자"고 다짐한다. 그리고 마지막으로 '쉐마 기도'를 드린다. "쉐마 이스라엘! 아도나이 에로헤누 아도나이 에홋트!(이스라엘아 들으라! 우리 주 우리의 하나님은 한 분이시다)"(신 6:4)(Yuro, 1988, p. 117). 그리고 한많은 이 세상을 떠나갔다. 따라서 쉐마가 유대인의 마지막 유언이 되는 것이다.

유대인이었던 베드로 사도도 고난당할 때 가져야 할 성도의 처신에 대해 가르칠 때에 유대인과 동일한 내용으로 주지시키고 있음을 주목해야 한다. "만일 그리스도인으로 고난을 받은즉 부끄러워 말고 도리어 그 이름으로 하나님께 영광을 돌리라"(벧전 4:16).

둘째, 유대인이 여호와 하나님의 이름을 거룩하게 하는 방법은 무엇인가? 하나님의 이름을 욕되게 하지 말아야 한다. 거룩한 하나님의 이름을 욕되게 하는 단어를 '힐룰 하셈(Hillul ha-Shem)'이라고 한다. 힐룰 하셈은 키두쉬 하셈의 반대 개념의 단어이다(Birnbaum, 1991, p. 537).

이 두 단어가 역사 속에서 유대인이 자신들의 일상 생활에서 선행을 지키도록 해왔다. 하나님의 이름을 욕되지 않게 하려면 이방인에게 선행을 보여야 한다(Solomon, 1992, pp. 118-120). 이는 자신의 신앙의 아름다운 열매를 보여 주는 것이다. 따라서 이방인에게 거짓말을 하거나 부당한 이익을 받음으로 유대교나 유대인이 욕을 먹어 하나님의 이름이 욕되게 해서는 안 된다.

유대인의 미드라쉬는 키두쉬 하셈을 설명하기 위하여 랍비 시몬(Rabbi

Simeon ben Shetah)에 대한 이야기를 하고 있다. 그는 주후 1세기 초반의 산헤드린의 회장이었다. 그는 아랍 상인에게서 나귀 한 마리를 샀다. 어느날 제자들이 당나귀 목 굴레에 박힌 보석을 보고 기뻐하며 랍비 시몬에게 보고하였다. 그 때 랍비 시몬은 "내가 산 것은 당나귀이지 보석이 아니다. 당장 그 보석을 전 주인에게 돌려주어라"라고 말했다. 그 보석을 되돌려받은 아랍인은 "시몬의 하나님을 찬양할지어다"라고 외쳤다(Birnbaum, 1991, pp. 536-537; Solomon, 1992, pp. 118-120).

이 이야기는 유대인이 아이들에게 키두쉬 하솀을 가르칠 때에 곧잘 인용하는 비유이다. 스스로 바른 행위를 하는 것은 하나님의 이름을 찬양하는 일이 된다. 이러한 선행은 다른 사람의 강요에 의해서가 아니라 자기를 쳐서 복종시키어 자기보다 위대한 하나님을 위하여 행하는 것이다(Solomon, 1992, p. 120). 따라서 '하나님의 이름을 거룩하게 하는 것'은 "유대인 윤리의 지고의 표준"이다(Bridger, 1976, p. 269). 즉 유대인은 자신의 영광을 위하여 사는 것이 아니라 하나님의 영광을 위하여 산다(Birnbaum, 1991, p. 537).

이를 요약하면, 유대인은 개개인이 '키두쉬 하솀'을 지키며 유대인다운 유대인이 된다. 그리고 이것을 모아 전 세계에 흩어져 사는 유대 민족의 과거와 현재 모두를 하나의 큰 가족으로 생각하는 '그랄 이스라엘' 사상으로 발전시킨다. '그랄 이스라엘'이라는 히브리 말은 "유대인 모두가 한 곳에서 태어난 한 가족"이란 뜻이다. 이는 세계에 흩어져 있는 유대인이 수평적으로 결합되어 있을 뿐만 아니라 과거와 미래에 수직적으로 결합되어 있음을 뜻한다. 따라서 '그랄 이스라엘'은 공간과 시간을 함께 갖춘 입체적인 개념이다(Solomon, 1992, p. 29,51). 유대인의 동질성은 '키두쉬 하솀'에서 시작하여 '그랄 이스라엘'로 완성된다.

2. 기독교인의 키두쉬 하셈과 그랄 이스라엘

유대인의 키두쉬 하셈 정신은 구약의 이스라엘 백성만 지켜야 하는가? 그렇지 않다. 신약에도 구약의 키두쉬 하셈 사상은 그대로 전수되었다. 유대인이셨던 예수님은 신약 성도들에게 무엇을 어떻게 하라고 가르치셨나? 신약 시대의 신약 성도들도 십계명 중 제3계명을 지켜야 된다. 예수님 자신이 제자들에게 가르쳐 주신 '주기도문(The Lord's Prayer)'의 첫머리의 말씀도 "하늘에 계신 우리 아버지여 하나님의 이름이 거룩히 여김을 받으시오며 (Our Father in heaven, hollowed be your Name)"(마 6:9)로 시작된다.

키두쉬 하셈을 위하여 첫째, 예수님은 하나님의 이름을 거룩하게 하시기 위하여 십자가에서 순교하셨다(막 15장). 둘째, 예수님은 산상수훈에서 "너희 착한 행실을 보고 하늘에 계신 너희 아버지에게 영광을 돌리게 하라(찬양하게 하라; they may see your good deeds and praise your Father in heaven, NIV)"(마 5:16)고 가르치셨다. 즉 성도의 착한 행실이 이방인에게 보여져서 하나님께는 영광이 되고 이방인에게는 착한 행실을 보고 예수를 믿게 하는 전도가 되게 하라는 뜻이다. 이는 예수님도 유대인이셨기 때문에 유대인의 구약적인 신본주의 사상을 갖고 계셨음을 증명한다. 이 부분만 본다면 예수님이 유대인 랍비와 같은 인상이 들 정도이다. 따라서 신약의 성도인 우리도 예수님의 제자로서 키두쉬 하셈 정신을 마땅히 지켜야 한다. 다만 '그 이름(하셈)'이 신약의 성도들에게는 하나님 이외에도 삼위일체의 성자 되신 예수란 이름이 더 있을 뿐이다.

유대인이었던 바울은 기독교로 개종한 후에도 유대인의 키두쉬 하셈 사상은 지켰다. 즉 그는 첫째, 우리 주 예수란 이름 때문에 기꺼이 수많은 핍박을 당하였다(고후 11:23-33). 그리고 마침내 로마에서 순교를 당하였다. 둘째, 너희의 선한 것이 비방을 받지 않게 하여(롬 14:16) 하나님의 영광을 가리지 않도록 가르쳤다.

　마지막으로 유대인의 히브리 단어 '그랄 이스라엘'이 "유대인 모두가 한 곳에서 태어난 한 가족"이라면 영적 유대인 기독교인들도 "유대인이나 헬라인이나 종이나 자유자나 다 한 성령으로 세례를 받아 한 몸이 되었고 다 한 성령을 마셨으니"(고전 12:13) 영적 '그랄 이스라엘'이다. 그렇기 때문에 수평적으로 전 세계에 흩어져 있는 기독교인은 물론 수직적으로 과거와 현재 그리고 미래의 기독교인 모두가 한 형제 자매가 아니겠는가? 따라서 신약의 기독교인도 키두쉬 하셈에서 시작하여 기독교인다운 기독교인이 되고 이를 모아 전 세계에 흩어져 있는 기독교인과 과거와 현재 미래의 기독교인을 모아 '그랄 이스라엘'로 완성해야 한다. 물론 이 속에는 구약 시대의 하나님의 선민도 포함된다.

　따라서 유대인 자녀 교육의 개념은 구약 시대이건 신약 시대이건 변치 않는 성서적인 자녀 교육의 개념이다.

IV. 용서와 기억함의 심리학

1. 용서와 기억함은 무엇이 다른가

　용서와 기억함은 무엇이 다른가? 그리고 어떠한 관계가 있는가? 상대방의 잘못을 용서하면 다시 그 사건을 기억하지 말아야 하는가? 그렇지 않으면 기억해야 하는가? 잊어버릴 것은 무엇이고 기억할 것은 무엇인가? 용서의 유익은 무엇이고 기억함의 유익은 무엇인가?

인간의 삶 속에서 '사랑이란 곧 용서하는 것'이다. 즉 용서 없는 사랑이란 있을 수 없다. 그리고 미워하며 사는 것보다 용서해 주며 사는 것이 더 행복하다. 다시 말하면, 용서 없이 미움을 안고 사는 사람은 불행한 사람이다. 남을 미워한다는 것은 자신의 마음에 독소를 뿜어내는 것과 같다. 이 독소는 때로는 자신의 생명도 앗아간다. 그만큼 용서 없는 미움이란 남은 물론 자신에게까지 해를 끼친다. 따라서 자신에게 해를 끼친 사람을 용서한다는 것은 우선 자신의 내적 치유를 위해서도 꼭 필요하다.

이는 의학계와 정신 및 심리학계에서 실시한 많은 연구 결과에서도 증명된 사실이다. 복수심과 풀리지 않는 원한·미움 등을 갖고 있는 사람이 그 대상을 용서했을 때 놀랄 만한 긍정적인 결과들이 나타났다. 그 반면 분노와 미움을 잘 느끼는 사람들이 그렇지 않은 사람들보다 수명이 짧고 불행하다는 결과가 나왔다(중앙일보, 먼저 용서하니 기쁨이 충만, 1998년 2월 13일, 미주판).

헝가리 태생의 심리학자 토머스 샤스는 용서의 심리학을 다음과 같이 정리하였다. 그는 인간을 세 가지 종류로 구분하였다. 첫째, 어리석은 사람, 둘째, 순진한 사람, 셋째, 지혜로운 사람이다(중앙일보, 1994년 11월 19일).

첫째, 어리석은 사람은 피해를 준 사람을 용서하지도 않고 잊어버리지도 않는 사람이다. 이러한 사람은 항상 분노에 차 있으며 보복할 때를 기다린다. 이는 자신이나 사회에 또 다른 독소를 심는 것이다.

둘째, 순진한 사람은 자신에게 피해를 준 사람을 용서도 쉽게 하고 망각도 쉽게 하는 사람이다. 이런 사람은 피해의 상처가 쉽게 치유는 되지만 이 다음에 또 당할 위험이 있다. 왜냐 하면 앞으로 또 그러한 환경에서 남에게 당할 것에 대한 대비를 안 하는 사람이기 때문이다.

셋째, 지혜로운 사람은 피해를 준 사람을 용서는 하되 그 사실을 잊어버리지는 않는 사람이다. 이러한 사람은 피해를 받은 상처가 쉽게 치유되며, 앞으로 또 당하지 않도록 항상 준비하는 사람이다. 다시 말하면, 일상 생활에서 유비무환을 하는 사람이다. 이러한 자세를 갖고 있는 개인이나 민족은 망하지 않는다.

유대인의 격언에 따르면, 세상을 잘못 사는 세 부류의 사람들이 있다. 빨리 화를 내는 사람, 사람을 쉽게 용서하는 사람, 너무 완고한 사람이다 (Tokayer, 1988a, p. 290). 한국인이 귀담아들어야 할 격언이다.

어떤 분은 하나님도 성도의 죄를 기억하지 않는 분이신데 왜 자신의 과거의 고난을 기억해야 하느냐고 질문한다. 물론 하나님은 우리의 죄를 용서하신 후 기억도 안 하신다(사 43:25; 렘 31:34). 그러나 하나님은 회개한 성도의 죄를 기억치 않으셔도 성도는 자신의 과거의 죄의 고난은 기억해야 한다. 하나님도 이스라엘 백성에게 "너는 광야에서 네 하나님 여호와를 격노케 하던 일을 잊지 말고 기억하라"(신 9:7)고 말씀하셨다. 이 말씀은 하나님은 자신의 백성이 죄를 회개하면 그 죄를 용서해 주시지만 죄를 지은 본인들은 자신들의 과거 죄악을 잊지 말고 기억하라는 말씀이다. 이는 마치 기독교인이 예수 믿고 구원받은 이후에 과거 우리가 죄의 종 되었을 때의 처절한 모습을 기억함으로써 하나님의 은혜에 더 감사할 수 있다는 논리와 같다. 만약 기독교인이 예수 믿고 구원받기 이전에 죄의 종살이 할 때를 기억하지 않고 잊어버린다면, 죄의 멍에에서 해방시켜 주신 그리스도의 은혜에 대한 감사도 잊어버리게 된다. 그렇게 되면 다시 타락하여 하나님과 멀어지게 된다.

또한 하나님은 이스라엘 백성에게 "너희가 애굽에서 종 되었던 것을 기억하라"(신 5:15)고 말씀하셨다. 이 말씀은 애굽인을 미워하라는 말씀이 아니고 그들이 겪었던 혹독한 고난과 고난의 사건(역사)을 기억하라는 말씀이다. 하나님과 자신과의 관계뿐만 아니라 '나'와 '너' 그리고 '민족'과 '민족'

간의 관계도 마찬가지이다. 기독교인은 자기에게 해를 입힌 사람을 미워하지 말고 그 사람 속에 있는 죄를 미워해야 한다. 예를 들어 한국인에게 피해를 준 일본인을 미워하지 말고 그들이 지은 죄를 미워하라는 뜻이다. 다시 말하면, 그들을 용서했으면 그 사건 자체와 고난은 기억하되 그 사람들의 죄는 기억하지 말아야 된다는 뜻이다. 왜냐 하면 그들에게 당한 아픔을 기억하며 힘을 키워 미래에 그들에게 또다시 당하는 일이 없도록 하기 위함이다.

유대인은 아브라함으로부터 현재까지 약 4천2백 년 동안 수많은 주변 국가의 침입을 당해 왔다. 그렇다면 그들은 주변 국가에 적대감을 갖고 살고 있는가? 그렇지 않다. 그들은 평화를 원한다. 그들은 다가올 미래의 역사 속에서 살아남고 주변 국가들과 평화를 유지하기 위해서 과거 그들에게 당했던 고난을 잊지 않고 기억할 뿐이다. 고난의 역사를 기억함은 미래의 역사를 밝게 준비하는 지혜임을 명심하여야 한다.

2. 기독교적 민족주의는 국수주의와 무엇이 다른가

A. 사랑의 우선 순위

우리는 세계화, 국제화 시대에 살고 있다. 이러한 환경에서 "애국심은 타 민족과 어울리는 데 부담이 되지 않느냐"는 의문을 가질 수 있다. 물론 애국심을 잘못 정의하면 부담이 될 수도 있다. 그러나 기독교인의 애국심은 일반적인 것과 다르다. 어떻게 다른지 알아보자.

인간은 세계 인류 이전에 국가와 민족이 있고, 그 이전에 가정이 있다. 그리고 가정 이전에 '나'가 있다. 따라서 애국심 문제를 풀기 위해서는 먼저

'나(我)'에 관한 올바른 인식이 있어야 하고, 다음에 자신의 가정, 그리고 그 다음에 자신이 속한 민족에 대하여 설명해야 한다. 즉 사랑의 우선 순위가 중요하다.

첫째, '나'는 누구인가? 하나님께서는 '나'의 생명에 대하여 무엇이라고 말씀하셨나? 예수님은 '나'의 생명을 천하보다도 귀하다고 말씀하셨다(마 16:26). 왜냐 하면 '나'의 생명은 하나님의 형상을 따라 하나님이 창조하셨기 때문이다. 따라서 인간은 자신의 생명을 사랑해야 한다. 이것이 바로 자아 형성 및 자아 존중(Self-Esteem)의 첫걸음이다.

자신의 생명이 귀한 줄 알아야 남의 생명도 귀한 줄 안다. 반대로 자신의 생명을 업신여기는 사람은 남의 생명도 업신여긴다. 이것이 생명 경시 현상이다. 하나님이 주신 생명이기 때문에 기독교인은 절대 자기 멋대로 자살을 해서도 안 되고 남의 생명을 해하여서도 안 된다. 그리고 기독교인은 아무리 천한 거지나 타민족의 사람이라 하더라도 그들을 귀하게 여겨야 한다.

그렇다면 '나'와 '너'의 관계에서, '나'는 '너'에게 어떻게 행하여야 하는가? 하나님은 하나님의 선민에게 "네 이웃을 네 몸처럼 사랑하라"(레 19:18; 마 22:39)고 말씀하셨다. 이 말씀은 '나'와 '너'의 관계에서 기독교인이 행해야 할 중대한 행동 지침이다. 네가 네 몸을 귀하게 여기는 것처럼 남도 귀하게 여기고 사랑하라는 말씀이다. 여기에서 중요한 것은 먼저 자기 자신을 사랑하고 이웃을 사랑하는 것이다. 따라서 자기 자신을 사랑하지 않는 사람이 남을 사랑한다는 것은 성경적인 순서가 아니다. 이는 자신을 속이거나 혹은 잘못된 인간 관계이다.

이러한 사랑의 논리는 자신이 속한 가정과 민족에도 마찬가지로 적용된다. 먼저 자기 자신이 우선이고, 다음이 가족이고, 그 다음이 민족이다. 그리고 마지막이 타민족을 포함한 세계 인류이다.

둘째, 자신의 가정과 이웃의 관계를 어떻게 정립하느냐는 문제이다. 즉 어느 쪽을 먼저 사랑해야 하는가 하는 순위 문제이다. 저자가 효도 교육에서 언급한 것처럼 유대인은 자신의 부모를 먼저 사랑하지 않고 남을 사랑하는 것을 가증하게 여긴다. 정통파 유대인이었던 사도 바울은 디모데전서 5장 8절에 "누구든지 자기 친족 특히 자기 가족을 돌아보지 아니하면 믿음을 배반한 자요, 불신자보다 더 악한 자니라"고 단언하였다. 왜냐 하면 불신자도 자신의 가족을 사랑하고 돌보는데, 성도가 가정을 저버리는 것은 말도 안 되는 일이기 때문이다. 따라서 기독교인은 먼저 자신의 가정을 먼저 사랑하고 그 다음에 이웃을 사랑하여야 한다.

셋째, 자신의 민족과 타민족에 대한 사랑의 순위 문제이다. 이 문제도 '나'가 있고, '너'가 있는 것처럼, 그리고 나의 가정이 있고 이웃이 있는 것처럼, 나의 민족이 먼저 있고 타민족이 있는 것이다. 따

기독교인의 민족주의와 국수주의의 차이점

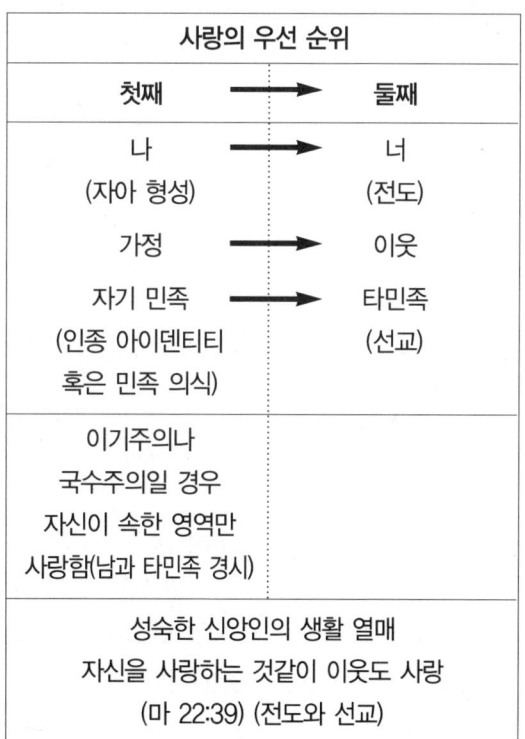

사랑의 우선 순위	
첫째 ➡	둘째
나 (자아 형성)	너 (전도)
가정 ➡	이웃
자기 민족 ➡ (인종 아이덴티티 혹은 민족 의식)	타민족 (선교)
이기주의나 국수주의일 경우 자신이 속한 영역만 사랑함(남과 타민족 경시)	
성숙한 신앙인의 생활 열매 자신을 사랑하는 것같이 이웃도 사랑 (마 22:39) (전도와 선교)	

라서 불신자들도 자기 민족을 사랑하는데 기독교인이 자기 민족을 사랑하지 않으면 안 된다. 이 말은 기독교인은 불신자보다 더 자기 조국을 사랑하는 애국자이어야 한다는 뜻이다.

바울은 선행을 베푸는 순서도 나와 나의 가정이 먼저이고, 그 다음이 똑같은 믿음의 공동체인 믿음의 가정들이라고 말했다. "우리는 기회 있는 대로 모든 이에게 착한 일을 하되 더욱 믿음의 가정들에게 할지니라"(갈 6:10). 이는 정통파 유대인이 자선(쩨다카)을 행하는 범위의 순서와 같다(제6부 제7장 Ⅳ. '유대인의 선행 교육' 참조). 따라서 우리는 먼저 하나님의 창조의 질서에 따른 사랑의 우선 순위를 인지하고 이에 순종해야 한다.

B. 국수주의의 위험성과 샐러드 볼 이론

비기독교인도 기독교인처럼 자기 민족을 사랑할 수 있다. 둘 다 민족주의자가 될 수 있다. 그러나 비기독교인의 민족주의와 기독교인의 민족주의는 다르다. 비기독교인은 자기 자신이나 자기 가정, 자기 민족만 사랑하는 이기주의자나 국수주의자가 되기 쉬우나, 기독교인은 먼저 나와 나의 가정을, 그리고 나의 민족을 사랑하는 것처럼 이웃과 타민족도 사랑해야 한다. 이것이 바로 성숙한 신앙인이 행해야 할 성령의 열매이다. 여기에는 자신의 희생이 따른다.

그러나 자신을 사랑하지 않거나 혹은 자신의 가족이나 민족을 사랑하지 않으면서 남을 사랑하고 타민족을 사랑한다는 것은 잘못된 사랑의 순서이다. 이런 사람은 자아 형성과 인종 아이덴티티 의식이 잘못 형성된 사람이다. 이러한 사람은 수직 문화의 사람이 아니다.

반면 자신을 사랑하고 자신의 가족과 민족을 사랑하는 사람은 자아 형성과 인종 아이덴티티 의식이 잘 형성된 사람이다. 이러한 사람은 예수님과의 믿음의 관계도 뚜렷하게 정립되어 있기 때문에 수평 문화에 의하여 신앙이 흔들리지 않는다. 그리고 영적 만족감도 높다(현용수, 1993). 따라서 올바른 성도라면 남과 타민족을 사랑하기 위해서도 자신과 자신의 가정, 자기 민족을 먼저 사랑해야 한다. 이러한 투철한 믿음이 있는 사람이어야 이방 선교도 사명과 기쁨으로 잘 수행할 수 있다.

자기 민족을 자신의 생명보다 더 사랑한 바울이 그 대표적인 예이다. 바울은 특별히 이방 전도를 위하여 택함 받은 사도이다. 그리고 그는 이방인을 그렇게 사랑하며 복음을 전파했다. 그러나 그는 자신의 동족인 유대인 사랑은 더 유별났다. 자신의 동족이 예수님을 믿고 구원 받은 천국 백성이 되게 하기 위하여 "나의 형제 곧 골육의 친척을 위하여 내 자신이 저주를 받아 그리스도에게서 끊어질지라도 원하는 바로다"(롬 9:3)고 절규했다. 그는 종교가 다르다는 이유(유대인은 유대교, 바울은 기독교로 개종했음)로 동족인 유대인에게 그렇게 심한 핍박을 당했으면서도 말이다. 따라서 한국의 기독교인도 종교가 다른 유교나 불교를 믿는 한국인도 사랑해야 할 의무가 있다. 한 핏줄 한 동족이기 때문이다.

이렇게 자신의 정체성이 뚜렷하고 자신의 민족을 사랑하는 개인이나 인종들이 기족교인이 될 때 확실한 믿음의 소유자들이 될 것이며, 그들이 주님 안에서 서로 도울 때 다양성 속에서 강력한 하나를 이룰 수 있다.

따라서 각 개인이나 인종 문제는 각 인종의 다양한 특성을 없애고 한 가지 특성만을 갖게 하는 용광로의 '멜팅 팟' 이론(Melting Pot Theory)이 아니고, 다양한 특성을 인정하고 서로 조화를 이루는 '샐러드 볼' 이론(Salad Bowl Theory)으로 풀어야 한다.

'샐러드 볼' 이론이란 샐러드 볼에 담긴 각종 과일과 채소들이 각각 특유

용광로 이론과 샐러드 볼 이론의 차이점

분류 구분	용광로 이론	샐러드 볼 이론
원리	다양한 내용물을 집어넣어 용해시킨 후 하나의 내용물로 나오게 한다.	다양한 내용물들이 각각 특성을 갖고 있으며, 색깔과 영양면에서 전체적으로 조화를 이룬다.
적용	개인이나 가정 및 민족의 특성을 무시하고 하나로 통일하고자 한다.	각 개인이나 가정 및 민족의 특성을 가지고 모두가 공동체를 위하여 조화를 이루며 협력한다.
결과	하나님의 창조의 원리에 어긋난다.	다양성 속의 하나의 개념(고전 12장), 바람직한 모델이다.

한 맛을 내야 하는 것처럼 각 인종들은 각자 특성을 살려야 한다. 그러나 전체적으로는 샐러드가 색깔과 영양면에서 조화를 이뤄 아름다운 하나를 이루듯이 각 인종들의 특성이 조화를 이루어 아름답고 평화로운 지구촌을 만들어야 한다.

왜냐 하면 하나님께서는 개인마다 인종들마다 특성을 주셨기 때문이다. 하나님은 한국인을 한국인으로 창조하셨다. 따라서 하나님은 한국인이 한국인처럼 살기를 원하시지 영국인이나 일본인처럼 살기를 원치 않으신다. 이는 하나님이 어떤 이에게는 음악적 재능을, 어떤 이에게는 미술적 재능을 준 것과 같은 논리이다. 음악인은 음악으로, 미술인은 미술로 하나님에게 영광을 돌리듯 영국인은 영국인으로 한국인은 한국인으로 하나님께 영광을 돌려야 한다.

이러한 논리는 각 개인이 갖고 있는 개성이 서로 다른 것에도 적용된다. 하나님은 인간을 창조하실 때에 모든 사람을 획일적으로 똑같은 성격으로 만들지 않으셨다. 각 사람에게 서로 다른 개성을 주셨다. 따라서 각자의 개성을 존중하여 장점으로 개발해야 하고, 그 각자의 개성들은 하나님의 영광을 위하여 서로 연합하여 선을 이루어야 한다. 바울이 설명한 몸은 하나인데 지체는 여럿이라는 원리는 다양성 속의 하나를 이루라는 것을 뜻한다(고린도전서 12장).

문제는 각 민족들이 자신들의 우월감을 앞세우고 자신들의 유익만을 구하는 비뚤어진 민족주의에 있다. 이러한 잘못된 민족주의의 남용 때문에 민족 간에 분쟁이 일어난다. 이것이 바로 자신만을 위하는 국수주의자들의 잘못된 행위이다.

우리는 역사를 통하여 국수주의자들의 위험성을 너무나 잘 알고 있다. 그 예로 일본과 독일의 역사적 과오를 들 수 있다. 그들은 세계적으로 자타가 공인하는 우수한 민족이다. 그들은 우수 민족이 갖고 있는 청결, 내핍 생활, 정직, 근면, 자기 절제 및 남을 돕는 생활에 철저했던 민족이다. 그러나 일본과 독일은 제1차, 2차 세계 대전의 주범이라는 사실에 주목해야 한다. 그들은 모두 자기 민족의 우월주의에 도취된 나머지 타민족을 경멸(hatred)하는 사상을 갖고 있었다. 그 결과 세계 수많은 다른 민족들에 엄청난 인명 손실과 아픔을 안겨 주었다. 국수주의의 해독이다. 국수주의는 세계 평화의 적이다. 기독교인은 절대로 이래서는 안 된다. 기독교인은 이웃과 인류를 사랑하며 세계 평화를 이루는 데 공헌해야 한다.

따라서 한국 기독교인은 한국 민족을 사랑하되 자기 민족만이 우월하다는 생각으로 남을 업신여기는 국수주의자여서는 결코 안 된다. 우리는 서로를 용납하는 관용(tolerance)의 민족이 되어야 한다. 중국인도, 일본인도 예수 믿고 구원받아 천국 가야 할 백성이다. 그런 의미에서 한국인 선교사가 중국이나 일본에 가서 복음을 전할 사명도 있다. 그들에게 복음을 전하기 위해서라도 한국 민족이 역사 속에서 없어지면 안 된다. 오히려 하나님을 위한 세계 선교를 위해서도 한국 민족이 과거 외침의 고난의 역사를 기억하고 힘을 길러 세계의 지도자가 되어야 하지 않겠는가?

C. 독일과 일본의 다른 점을 기억하자

위에서 독일과 일본의 우월적인 국수주의의 위험에 대하여 언급하였다. 그들이 일으킨 제1, 2차 세계 전쟁의 피해는 실로 말로 형언키 어렵다.

여기에서 한국 민족이 꼭 기억할 것은 그 중에서도 독일인은 자신들의 죄를 심각하게 회개하고 세계에 용서를 빌고 있지만, 일본은 지금까지도 과거사 인식에 억지와 생떼를 쓰며 자신들의 잘못을 궤변으로 합리화하고 있다.

1993년 3월 미국 워싱턴 D.C.에 위치한 유대인 대학살 박물관을 관람한 독일의 콜 총리는 본에서 이렇게 말했다. "독일의 이름으로 유대인들에게 가한 끔찍한 일을 생각하면 부끄러울 뿐이다"(US News, 1993, May 10).

중앙일보 한경환 베를린 특파원에 의하면, 로만 헤르초크 독일 대통령은 1996년 1월 27일을 나치 희생자 기념일로 선포했다. 나치가 저지른 "학살의 기억은 끝이 나서는 안 되며, 미래 세대에도 이를 알게 하여야 한다"는 게 기념일을 제정한 이유였다.

그는 "모든 독일 국민들이 세대를 넘어서도 과거 잘못된 나치의 악행 때문에 고통과 피해를 받았던 희생자를 추모하고, 다시는 이 같은 일을 반복하지 않겠다는 다짐을 할 필요가 있다"고 강조했다. 대다수의 독일 국민도 이를 환영했다. 그리고 독일은 유대인뿐만 아니라 피해를 준 주변 국가에 배상과 원조를 아끼지 않아 왔다.

그러나 일본은 다르다. 시도 때도 없이 과거 일제의 악행과 만행을 궤변으로 미화하거나 호도하려 하고 있다. 아직도 정신대 문제 하나 양심껏 해결하지 못하고 있다. 그 결과 일본은 아시아 피해국들로부터 믿을 수 없는 이웃이 되었다(중앙일보, 반성하는 독일, 궤변 반복 일본, 1996년 1월 16일).

따라서 우리 한국은 일본의 악행을 용서는 하지만 그들에게 또다시 당하지 않도록 유비무환의 자녀 교육에 힘써야 한다. 한국이 우선 부강하여 일본에 나라를 빼앗기지 않고 살아남아야 한다. 이 길만이 하나님의 영광이 나타나고, 일본에도 복음을 전할 기회가 되지 않겠는가?

제4장

유대인의 고난의 역사 교육 방법

　유대인은 자기 민족이 겪은 고난의 역사를 자녀들이 기억하도록 교육시킨다. 그들은 머리로만 암기하도록 교육시키지 않는다. 시청각적으로 교육하거나 역사의 현장을 재현함으로써 감정적으로 받아들여 행동으로 옮기도록 교육한다. 철저한 여호와의 율례와 법도에 따라 행하도록 교육시킨다. 그렇게 하기 위해서 그들은 여러 가지 교육 방법을 동원한다.
　그들의 고난의 역사 교육 방법은 대략 세 가지로 분류된다. 첫째, 그들의 조상들이 지켜온 절기를 통하여 2세들에게 가르치는 교육, 둘째, 고난의 역사 현장을 보존 및 복원하여 자녀들을 견학시키거나 훈련시키는 현장 교육, 셋째, 그들의 생활 예식을 통하여 고난의 역사를 기억하게 하는 특수한 교육 방법의 창안 등이다.

Ⅰ. 절기 교육(Ritual Education)

여호와께서 모세에게 일러 가라사대 이스라엘 자손에게 고하여 이르라. 너희가 공포하여 성회를 삼을 여호와의 절기는 이러하니라.(레 23:1-2)

유대인은 절기를 귀하게 여긴다. 절기 자체가 하나님이 주신 율법으로 규정되었기 때문이다. 유대인의 3대 절기는 유월절, 칠칠절(오순절 혹은 맥추절), 그리고 초막절(성막절)이다. 이 외에도 민족적으로 지키는 큰 절기로는 로쉬 하샤냐(신년), 욤키퍼(Yom Kippur; 대속죄일), 하누카, 부림절 및 티샤 바브(Tishah B'Av) 등이 있다. 특히 그들은 매주 안식일을 너무나 철저히 지킨다.

유대인은 절기를 통하여 여호와의 은혜를 기억하며, 감사하며 그리고 자신들의 죄를 회개하도록 교육시킨다. 이제 유대인은 절기를 통하여 2세들이 고난의 역사를 잊지 않도록 그들을 어떻게 교육하는가에 대해 몇 가지 예로써 설명해 보자(절기에 관한 자세한 신학적 고찰은 다음으로 미룬다).

1. 유대인의 절기 교육

A. 초막절

유대인은 애굽에서 4백 년 간 혹독한 종살이를 했다. 그 후 유대인은 하나님의 은혜로 모세를 지도자로 삼고 출애굽하여 광야에서 40년 간 방랑하다가 여호수아에 의하여 가나안에 정착하게 된다. 유대인의 초막절은 그들의 조상들이 출애굽하여 광야에서 40년 간 초막 생활을 하며 고생했던 것을 기억하게 하기 위하여 지키는 절기이다(레 23:43).

　지금도 그들은 초막절을 지키기 위하여 집 뒷마당에 초라한 임시 초막을 짓는다. 이를 수카(Sukkah)라고 부른다. 정통파 유대인에게는 베벌리 힐스 같은 부자 동네의 저택이라 하여도 예외가 없다. 저자는 좀 근사한 초막을 사진에 담기 위하여 여러 집의 초막을 살펴보았다. 그러나 아무리 돈 많은 부잣집이라 하여도 하나같이 합판과 나뭇잎으로 지은 초라한 움막이었다.

유대인은 초막절(수카 절기)을 지키기 위하여 온 가족이 초막을 짓는다. 사진은 예루살렘에서 초막절을 지키기 위하여 초막을 짓는 유대인 가족.

그 이유를 물은즉 그들은 자신들의 조상들, 모세 때에는 이보다도 못한 천막에서 고생했는데 어떻게 우리가 호화로운 초막을 지을 수 있느냐고 반문하였다. 이는 그 당시 조상들이 겪었던 집 떠난 나그네의 아픔을 자녀들에게 느끼게 하기 위함이다. 말로만 배우는 것과 옛 조상들이 겪었던 일을 실제로 재현하여 경험해 보는 것은 사뭇 다르다. 이 교육 방법은 바로 하나님이 유대인에게 명하신 교육 방법(레 23:43)임을 잊지 말아야 한다.

수카에는 벽만 있고 지붕은 별을 볼 수 있게 듬성듬성 서까래를 얹고 그 위에 야자수 나뭇잎 같은 것을 얹어 놓는다. 벽은 과일이나 채소로 장식되어 있다. 추수감사절도 함께 지내기 위해서이다. 어른들은 초막을 짓고 아이들은 그 초막을 치장한다. 초막 안에는 조상들(열두 지파)이 광야에서 진 치는 모습과 성막에서 제사 지내는 모습들이 그림이나 만화 등으로 치장되어 있다. 모두 자녀 교육용이다.

그들은 9일 간의 절기 동안 그 안에서 함께 자고, 그 곳에 있는 식탁에서 온 가족이 함께 식사한다. 절기 식사 중에 어른들은 자녀들에게 조상들이 가나안에 들어가기 전 광야에서 겪었던 고난을 이야기해 주면서 고난 중에 함께하신 하나님의 은혜를 상기시킨다. 그리고 자녀들에게 유대인이라는 선민 아이덴티티를 새롭게 심어 준다(Donin, 1972, 1977, 1980; Kling, 1987; Leri & Kaplan, 1978).

유대인은 유월절 절기에도 고난을 기억하기 위하여 고난의 떡인 누룩 없는 '마짜'를 먹고 쓴 나물을 먹는다. 모든 순서도 자녀들에게 고난의 사건들을 교육시키기 위하여, 그리고 그 고난 속에서 구원해 주신 하나님의 은혜에 감사하도록 짜여져 있다.

이러한 그들의 현장 교육은 그들 조상의 아픔을 자녀들이 잊지 않게 하고, 하나님의 은혜에 감사하게 하며, 이방 문화에 물들지 않도록 한다. 또한

유대인 가족이 초막에서 식사하는 모습(오른쪽은 저자). 초막의 내부 장식은 어린이들이 한다. 광야 생활 40년 간 조상들이 겪은 고난의 역사를 기억하고 하나님의 은혜를 가르치기 위한 자료들이다. 추수감사 절기도 겸하여 지킨다.

정통파 유대인의 절기 교육은 한국의 옛날 설날이나 추석처럼 철저하며 정성을 다한다. 사진은 8시간 동안 진행된 유월절 절기 식사 시간에 졸음을 이기지 못해 식탁에서 잠을 자는 아이. 그 날 유월절 잔치는 저녁 7시에 시작하여 새벽 3시에 끝났다.

이렇게 교육 받은 사람은 세상에서 출세를 했다 하여도 교만하지 않고 겸손한 삶을 살 수가 있다. 왜냐 하면 그들은 애굽의 종 출신임을 날마다 기억하면서 하나님의 은혜에 감사하기 때문이다.

B. 티샤 바브(Tishah B' Av)

유대인의 예루살렘 성전은 역사적으로 두 번 파괴되었다. 처음에는 B.C. 586년 솔로몬 성전이 바빌론의 침공으로 약탈당하고 불태워져 파괴되었다. 두 번째는 A.D. 70년, 로마 제국에 의해 약탈당하고 불태워져 철저히 파괴되었다(Kling, 1987, p. 73).

유대인은 성전을 목숨처럼 귀하게 여긴다. 그들은 성전에서 하나님에게 재물을 드리고 기도하고 하나님을 만나고 죄사함을 받았다. 성전은 바로 이스라엘 민족의 종교적 중심지였다(왕상 8:49-50; 대하 5:13-14, 7:1-3; 사 56:7). '티샤 바브'는 유대인의 예루살렘 성전이 파괴된 아픔의 날을 기억하는 절기이다. 이 날은 일 년 중 가장 슬프고 비통한 날이다(Donin, 1972, pp. 263-266).

그러면 왜 이 절기를 '티샤 바브'라 부르는가? '티샤 바브'란 말은 유대력의 아브(Av)월 9일째(tishah) 되는 날을 일컫는다. 이상하게도 바빌론과 로마에 의해 성전이 파괴된 두 날이 똑같은 아브월 9일이었기 때문에 그 날을 기억하기 위해서이다(Kling, 1987, p. 73).

역사적으로 아브월 9일에 두 번의 성전 파괴 이외에도 또 다른 재앙들이 있었다. 유대인이 1492년 스페인에서 추방된 날도 아브월 9일이었다. 그러므로 그들은 지금도 아브월 9일이 오면 예측치 못한 재앙이 올까 봐 조심하고 있다. 이 절기 때는 이 외에도 그들의 역사적 고통, 학대 및 순교의 사건들을 한데 묶어 기억하게 한다. 따라서 유대인은 이 절기 때에 히틀러에 의한 6백만 명의 유대인 학살도 잊지 않고 기억한다(Donin, 1972, 1977, 1980; Leri & Kaplan, 1978).

　유대인은 그들의 고난의 역사를 철저히 기억하기 위하여 티샤 바브 9일 전부터 당일까지 결혼 금지, 기쁜 축제 금지, 고기나 포도주 금지 및 새 옷 입는 것을 금지(안식일 제외)한다. 그리고 아브월 9일은 전 국민이 24시간 금식한다. 성전에서는 슬프고 비통한 예레미아 애가서를 유대인 음율로 읽는다. 완전히 애도하는 날로, 남자는 면도도 안 하고 여인들은 화장도 안 한다. 물론 부부 생활도 절제한다(Donin, 1972, 1977, 1980; Kling, 1987; Leri & Kaplan, 1978).

유대인은 성전이 파괴된 날을 기억하기 위한 '티샤 바브' 절기 때 회당에 모여 온종일 성경 '예레미아 애가서'를 읽는다. 그들은 육신을 위한 편한 의자를 거부하고 바닥에 앉아 말씀을 읽으며 눈물로 기도한다.

유대인은 역사 의식이 혼과 골수에 밴 민족이다. 이렇게 교육 받은 민족이나 개인이 어떻게 세상에서 좀 출세했다고 과거의 고난을 잊고 세속의 쾌락 문화에 물들 수 있겠는가?

유대인이었던 바울이 기독교로 개종한 후 자기 민족이 함께 구원받지 못함을 한탄하지 않았던가(롬 10:1)? 승리한 날보다도 고난의 날을 더 기억하는 민족! 유대인의 우수성은 그들의 마음을 지키는 고난의 역사를 기억하는 교육에서 연유된다.

2. 한국인의 절기 교육에 적용

한국인의 절기 교육은 어떠한가? 우리도 이스라엘 민족처럼 절기를 통하여 고난의 역사를 자녀에게 제대로 가르쳐야 한다.

우리 나라 현대사의 배경을 보자. 약 1백10여 년 전(1995년 기준) 미국과 캐나다의 선교사들이 한반도에 복음을 들고 들어왔다. 그 당시 한반도는 마귀가 들끓던 어두움의 땅, 동토의 땅, 가난의 땅이었지만 성령의 역사로 말미암아 새로운 빛의 시대를 열기 시작했다. 그 결과 우리는 하나님의 은혜로 세계 무대에 서게 되었다. 하지만 우리는 잘 되었을 때 하나님의 은혜에 감사하기보다는 교만하기 쉽다. 벌써 우리 나라에 힘든 노동을 피하고 퇴폐 풍조와 사치, 비리 등이 만연하고 있다. 우리 민족의 아픈 역사를 거의 잊고 있기 때문이다.

따라서 우리가 우리 후손들에게 역사적 고난의 절기, 즉 삼일절이나 8·15해방 및 6·25사변 등을 철저히 교육시키어 한국 사람의 고난의 아이덴티티를 알게 해야 한다. 물론 이와 더불어 역사적 고난의 절기마다 성서적인 해석이 따라야 한다. 잘못하면 한국의 절기를 강조하다가 하나님이 싫어하시는 한국의 전통적 우상 숭배로 다시 빠질 염려도 있기 때문이다.

어떤 면에서 고난의 역사를 가르친다고 하면 과거에 너무 집착하게 되는 것은 아닌지 걱정하는 사람들도 있다. 또한 자녀들의 자존심이 상하지는 않을까 하는 우려도 있다. 그러나 행복은 상대적이다. 행복은 불행을 기억할 때만 느낄 수 있다. 불행의 전제 조건 없는 행복은 인간에게 있을 수 없다. 하나님은 인간에게 낮과 밤을 번갈아 주셔서(창 8:22) 밤에 처할 때에 낮의 고마움을 깨닫게 하셨다. 밤이 길면 길수록 새벽을 더 기다리게 되고 빛의 고마움을 느끼는 원리가 여기에 있다.

이제 한국인의 절기 교육은 여기에서 그쳐서는 안 된다. 하나님의 선민임을 강하게 나타내는 신약적인 절기를 유대인처럼 구체적으로 마련해야 한다. 즉 성서에 나오는 절기 중 한국 기독교인에 맞는 절기의 교육을 강화해야 한다. 신년, 고난 주간, 부활절, 추수감사절 및 성탄절 등이 있다.

한국 기독교인이 절기를 교육적인 견지에서 잘 지키려면 세 가지 문제를 염두에 두고 준비해야 한다. 첫째, 어떻게 이런 절기에 하나님의 뜻을 살려 의미 있게 잘 지킬 것인가 하는 문제이다. 둘째, 이런 절기를 통하여 어떻게 1세의 신앙의 유산을 2세에게 전수시키느냐 하는 문제이다. 그리고 셋째, 어떻게 한국 기독교인에 맞도록 절기를 지키느냐 하는 문제다. 이는 서구식으로 지킬 것인가 아니면 한국식으로 지킬 것인가 하는 문제이다.

우리도 절기를 1세의 신앙 성장만을 위하여 지킬 것이 아니라 유대인처럼 1세의 신앙을 2세에게 조직적으로 전수하는 고리로 이용해야 한다. 즉 한국인 1세의 신앙 유산이 기독교적 절기를 통하여 2세에게 충분히 전달될 수 있어야 한다.

구약의 절기를 어떻게 신약 성도들에게 적용시켜 자녀 교육에 이용할 것

정통파 유대인이 유월절날 하나님이 애굽에 내린 열 가지 재앙을 하나하나 외우며 손가락으로 포도주를 적셔 접시에 찍는 모습.

메시아닉 유대인(유대인 기독교인)의 유월절도 유대인 절기와 비슷하다.
사진은 유대인 기독교인이 유월절에 열 가지 재앙을 외며 포도주를 찍는 모습.

인가? 그 한 방법으로 예수님을 구주로 영접한 유대인의 절기를 연구할 수 있다. 유대인 기독교인(메시아닉 유대인)은 자신들 조상의 절기를 기독교식으로 변형하여 잘 지키고 있다(사진 참조). 물론 우리 이방인 기독교인에게 적합하지 않은 것들도 있지만 본받을 만한 교육 내용과 방법도 많다.

이것은 가정에서나 교회에서나 마찬가지이다. 어른 따로 자녀 따로의 절

정통파 유대인이 유월절에 고난의 떡 무교병을 반으로 잘라 당시의 고난을 교육하는 모습.

메시아닉 유대인이 유월절 절기 때 무교병을 반으로 자르는 모습. 예수님을 믿는 유대인은 전통적인 조상의 절기를 기독교식으로 바꾸었다. 그들은 무교병 3개(성부, 성자, 성령)를 꺼내어 그 중 가운데(성자)를 반으로 자른다. 이는 예수님의 십자가 고난을 상징한다. 예식의 마지막 순서에는 쪼갠 두 조각을 다시 붙인다. 이는 부활하신 그리스도를 상징한다. 예수를 믿는 유대인도 자녀 교육을 위하여 정통파 유대인처럼 절기를 최대한 이용한다.

기 행사는 세대 차이를 깊게 할 뿐이다. 또한 절기를 지키는 방법도 외국의 절기 방법에만 의존할 것이 아니라 우리 문화에 맞도록 재정립하여야 한다. 예를 들면, 추수감사절에는 흥겨운 '농부가' '보리타작' '풍년가' 등을 기독교식으로 작사하여 은혜롭게 부를 수 있어야 한다.

    이를 위해 이제부터 이에 뜻을 같이하는 분들이 일어나 한국식 탈무드를 써야 한다. 주님 다시 오실 때까지 변치 않는 확고한 성서적·문화적 탈무드를 써야 한다. 그리하여 한국식 탈무드 사상에 관한 자료를 전 세계 한국인 디아스포라 교회에 보급해야 한다. 그리고 한국식 탈무드 사상에 의하여 전 세계 한민족 교회가 하나가 되어야 한다. 이는 1세뿐만 아니라 2세, 3세, 자손 대대로 국내에서나 해외에서나 마찬가지여야 한다.

그러므로 한국인 기독교인이 세계 어디서 어떻게 만나든 세대 차이가 없고 똑같은 아이덴티티와 신앙 철학을 갖고 있도록 교육해야 한다. 특히 이러한 자료는 외국에 거주하는 한국인 2세 종교 교육에 더욱 필요하다. [왜 필요한가에 대해서는 저자의 저서 〈문화와 종교 교육〉(부제: '2세 종교 교육 방향 제시') 참조, 쿰란출판사, 1993]. 저자가 쉐마기독교교육연구원을 세운 목적도 여기에 있다.

또한 절기를 만드는 것도 중요하지만 그것보다 더 중요한 것은 어떻게 정성을 다하여 지키느냐 하는 마음 자세이다. 유대인이 절기를 지키는 방법에는 엄격함과 정성스러움과 기쁨이 있다. 오늘날 기독교인들이 절기나 예배에 임하는 자세가 너무 무성의하지 않나 한번 반성해 볼 만하다. 과거 우리가 기독교로 개종하기 전 조상들에게 제사 지낼 때의 정성보다도 못하지는 않은가?

> 이스라엘아 들으라. 우리 하나님 여호와는 오직 하나인 여호와시니 너는 마음을 다하고 성품을 다하고 힘을 다하여 네 하나님 여호와를 사랑하라.(신 6:4-5)

II. 고난의 역사 현장 교육

1. 유대인의 고난의 역사 현장 교육: 맛사다

유대인처럼 역사 현장을 중요시하는 민족도 드물다. 그들은 특히 승리한 역사의 현장을 기념하기보다는 처절한 패배의 역사 현장을 결코 잊지 않고 발굴하여 2세들에게 교육의 장소로 사용한다.

그 예로 맛사다(Metsada or Massada) 사건이 있다. 맛사다는 이스라엘의 사해 바다에서 4km(2½miles) 떨어진 요단강 서편 산에 있다. 그 곳은 거의 직사각형으로 된 암석이 땅에서 솟은 듯한 웅장한 난공불락의 요새지이다. 맛사다의 높이는 지중해 기준으로 40m이지만 사해바다 해수면으로부터의 높이는 무려 4백34m나 된다(Vilnay, 1984, p. 323). 암석으로 된 정상의 평지 부분에 쌓은 성벽의 둘레만도 1천3백m이다(Vilnay, 1984, p. 325). 너무 높은 바위 산이기 때문에 지금은 관광객이 케이블카를 타고 정상에 올라간다. 그 거대한 바위 정상에 옛 헤롯 왕의 궁전이 있다. 물이 없기 때문에 비가 올 때마다 빗물을 받아 저장해 놓고 쓰는 곳이다.

맛사다 사건은 유대인 역사가 요세푸스(Josephus, A.D. 38-100년)가 쓴 〈유대인의 전쟁 이야기〉의 제7권 끝부분에 자세히 소개되어 있다. A.D. 70년경 예루살렘 성은 로마 제국의 베스페시안(Vespasian)의 아들이며 후계자인 디도(Titus) 장군에 의하여 완전히 파괴되었다(Ben-Sasson, 1976, pp. 299-303). 그 해 8월이었다. 디도 장군은 "로마에 굴복하지 않고 로마에 저항하는 유대 백성은 한 사람도 남기지 말고 완전히 멸절시킨다는 것을 역사 속에 뚜렷이 보여 주겠다"고 선포한다.

따라서 마지막으로 저항하던 유대인 9백60명은 그들의 지도자 야르의 아들 엘리에셀(Eliezer Ben Yair, son of Yair)을 따라 맛사다로 피신한다.

그 저항군을 시카리(Sicarii)라고 부른다(Ben-Sasson, 1976, p. 303). 시카리는 로마군에 대항해 싸우던 유대인의 열심당원들에게 붙여 준 이름이다(Vilnay, 1984, p. 324). "시카리들은 자유를 위해 투쟁하기보다는 로마의 노예가 되기를 원하는 자들은 동족으로 볼 수 없다는 논리를 펴고 있었다"(Josephus, <u>Wars of Jews</u>, VII, 1987, 8, 1, p. 640).

이에 대해 역사가 요세푸스는, 이스라엘 민족이 바빌론의 침공을 받았을 때 예레미야 선지자가 "하나님께 반역한 죄의 대가로 하나님께서 작정하신 심판에 순응하는 자는 살아남을 것이요, 반역하면 죽을 것이다"라고 말한 예를 들면

기암절벽으로 이루어진 난공불락의 천연 요새지 맛사다. 뒤에 사해 바다가 보인다 (사진 출처: Canon Institute). 유대인은 맛사다 정상에서 로마군과 싸우며 3년을 버티다가 마침내 모두 자결하였다.

서 시카리의 무모한 행위를 비판하였다(Josephus, <u>Wars of Jews</u>, 1987, V, 9, 4, p. 514, VII, 8, 1, p. 640). 유대 역사가들은 유대인의 과격한 저항 때문에 로마군이 이스라엘 민족에게 필요 이상으로 많은 피해를 끼쳤다는 논

리를 편다(Ben-Sasson, 1976; Josephus, Wars of Jews, Wars VII, 1993).

당시 로마의 디도 장군은 그의 부하 실바(Flavius Silva) 장군을 시켜 맛사다로 집요하게 추격한다. 실바 장군은 10만 대군을 이끌고 그 곳을 공격했지만 특수한 지형 때문에 더 이상 유대인을 공격할 수 없었다. 그러자 그는 맛사다의 직사각형 돌산을 지상에서 포위하여 모든 보급로를 차단하였다. 4.5km(3miles)나 되는 긴 포위망 담을 쌓았다. 이 담의 둘레는 오늘날 구 예루살렘 성곽의 둘레만큼 길다(Vilnay, 1984, p. 324). 식량이 떨어져 항복할 때까지 기다리며, 한편으로는 계속 공격하는 작전을 폈다. 맛사다 정상에는 이미 많은 식량이 저장되어 있었다. 엘리에셀은 맛사다의 정상에서 투석기(投石機)와 활로 저항하기 시작했다.

1달, 6개월, 1년을 기다려도 유대인은 항복할 줄을 몰랐다. 다시 2년, 3년을 기다리며 달래도 유대인은 항복은커녕 계속 저항했다. 로마의 실바 장군은 정상을 공격할 수 있는 새로운 공격로를 만들기 위하여 돌과 흙을 옮겨다가 토성을 쌓기 시작하였다. 그리고 거대한 높이의 공격용 장비를 갖춘 마차를 만들었다. 그 때에 로마 군인들은 그 공사를 하기 위해 수많은 이스라엘 포로들을 잡아다가 부역을 시켰다.

유대인 지도자 엘리에셀은 자기 동족이 노예 신분으로 끌려와 자기들을 공격하기 위한 공사를 하는 것을 보고 비통해하지 않을 수 없었다. 설상가상으로 로마군은 공격용 장비에 부착한 망치로 성벽을 부수기 시작했다. 더 이상 견딜 방법이 없었다. 최후가 옴을 직감했다. 그는 이를 하나님의 심판으로 간주했다. 그는 측근의 용맹한 자들을 소집하고 그들에게 호소했다. 엘리에셀의 첫번째 연설의 일부를 들어 보자.

"나의 고결한 동료들이여! 우리는 오래 전부터 결코 로마인들의 노예는 되지 않겠다고 굳게 맹세하였소. 우리는 참되시며 공의로우신 만민의 하나

유대인이 맛사다 정상에서 로마 군대와 항거하며 투석전에 사용했던 돌들. 아직도 역사 유물로 남아 있다.

님 외에는 그 누구에게도 굴복하지 않기로 거듭 다짐을 하였소…. 우리의 아내들이 더럽혀지기 전에 죽게 하고 우리의 자녀들이 노예가 되기 전에 죽게 합시다…. 그들은 우리의 몸은 물론 재산에도 손을 못 대면 몹시 슬퍼할 것이 분명하오. 그러나 식량에는 손을 대지 말고 그냥 남겨 둡시다. 그리하여 우리가 자결한 것은 식량이 부족해서가 아니라 초지일관하게 노예가 되느니 차라리 죽음을 택하겠다는 자유의 열망 때문이었다는 사실을 만방에 과시하도록 합시다"(Josephus, <u>Wars of Jews</u>, 1993, VII, 8, 6, pp. 647-649).

　엘리에셀은 모든 유대인에게 자결할 것을 촉구했다. 그러나 이 비장한 연설을 들은 동료들과 가족들은 의외로 눈물을 흘리며 죽기를 두려워했다. 다음날 그는 또다시 다음과 같이 긴 호소를 했다.

　"…여러분도 다른 사람들과 똑같은 자들임을 내가 알았소. 덕도 없고 용기도 없고 죽음을 두려워하기는 매한가지라는 사실 말이오…. 하나님께서 주신 조상 전래의 율법이, 우리가 깨달을 나이가 되었을 때부터 항상 가르쳐 주는 내용이 도대체 무엇이오? 또한 우리 선조들이 용기와 행동으로 실증해 보인 진리가 무엇이오? 인간에게 재난은 죽음이 아니라 오히려 삶이라는 사실이 아니오? 우리의 비겁한 행동으로 말미암아 온 인류가 선망하고 모방하기를 원하는 우리의 율법에 욕이 돌아가게 된다면 그것보다 더 수치스러운 일이 어디 있겠소? …우리를 수중에 넣고 기뻐할 로마군을 생각하고 로마군에게 털끝만큼의 기쁨도 남겨 놓지 맙시다. 오히려 로마군이 우리의 굳은 결의에 경탄을 금치 못하고 우리의 죽음에 놀라 입을 다물지 못하도록 만듭시다"(Josephus, Wars of Jews, 1987, VII, 8, 7, pp. 649-656).

마침내 열심당원들은 그가 지적한 대로 로마의 손에 노예가 되거나 죽느니 차라리 자유가 있을 때 스스로 죽는 길을 선택했다(Wilson, 1993, p. 76). 유대인들은 가족들과 한 사람씩 키스하고 부모들이 사랑하는 아이들과 함께 죽었다.

유대인 역사가 요세푸스는 그들의 영웅적 최후를 다음과 같이 설명했다. 그들은 10명을 사형 집행자로 선택하여 나머지 유대인들을 죽이게 했다. 가족 단위로 땅에 누운 유대인들이 사형 집행자로 뽑힌 동족에 의해 죽어 갔다. 모든 사람들이 죽고 사형 집행자 10명이 남았을 때 또 제비를 뽑아 한 명을 사형 집행자로 선택했다. 마지막 한 사람은 스스로 자결하였다. 이 때가 유대인 독립 운동이 종말을 고하던 A.D. 73년 8월, 맛사다로 피신한 지 3년이란 긴 세월이 흐른 후였다(Josephus, Wars of Jews, 1993, VII, 8, 6).

로마군은 계속하여 유대인 요세의 불탄 성벽을 망치로 부숴 나갔다. 그러나 유대인의 저항은 없었다. 드디어 로마의 실바 장군이 정상에 올라왔다. 그는 유대인 9백60명의 시체가 나란히 누워 있는 모습을 보았다. 그는 결코 승리의 기쁨을 맛볼 수 없었다. 왜냐 하면 전쟁은 실전을 통해 승리하여 적이

맛사다 정상. 유대인은 역사적 패배의 장소를 후세 대 자녀들의 정신 교육에 사용한다. 유대인은 이 정상에서 사관학교 임관식을 거행하며 민족심을 다시 일깨워 준다(사진 출처: Canon Institute).

굴복할 때만이 쾌감을 느끼는 법이기 때문이다. 유대인들이 "선민답게 죽자" 하고 죽은 모습을 본 실바 장군은 "유대인의 불굴의 용기에 그저 경탄할 뿐이다"(Josephus, Wars of Jews, 1993, VII, 9, 2, p. 658)라고 말했다. 그는 죽은 엘리에셀에게 "엘리에셀, 내가 졌네, 당신이 이겼네!"라는 유명한 말을 남겼다. 이런 일들이 어떻게 역사 앞에 적나라하게 노출되었을까? 다행히 실바 장군이 올라갔을 때 두 명의 여자와 다섯 명의 어린아이가 살아 숨어 있었기 때문이다(Josephus, Wars of Jews, 1993, VII, 9, 2, p. 658).

유대인은 이러한 역사적 고난의 유적지를 어떻게 교육적으로 활용하는가? 그들은 맛사다를 결코 잊어버리지 않고 그 장소에서 사관학교 임관식을 한다. 군인들이 임관식을 할 때에 "우리에게 맛사다와 같은 일은 영원히 다시 없을 것이다"라고 맹세한다. 현재 로마군이 진쳤던 세 개의 캠프들은 호스텔(hostel)로 바뀌었다(Vilnay, 1984, p. 324). 유대인은 맛사다를 역사의 수치라는 이유로, 그리고 자녀들에게 비굴함을 느끼게 한다는 이유로 그 곳을 헐고 다시 짓는 우(愚)를 범치 않았다. 그리고 그 곳 주위는 이스라엘군의 훈련장으로 사용하고 있다. 이스라엘군은 그 곳에서 훈련받으면서 조상의 저항 정신을 배운다. 우리는 과거의 패배를 기억하며 미래를 대비하는 유대인의 고난의 역사 현장 교육을 통해 많은 것을 배울 수 있다.

2. 유대인이 로마에 패한 이유: 유대인과 기독교인의 견해 차이

유대인 지도자 엘리에셀은 마침내 예루살렘과 맛사다에 임한 재앙을 하나님의 심판으로 간주했다. "이것은 분명코 우리가 지은 수많은 죄에 대한 하나님의 분노의 표시임이 틀림없소. 우리가 동족에게 저지른 교만하고 잔인한 악행에 대한 하나님의 진노임이 분명하오. 그러므로 우리 스스로 목숨을 끊어 우리가 저지른 죄에 대한 심판을 로마군에게서가 아니라 하나님에게서 직접 받도록 합시다"(Josephus, Wars of Jews, 1993, VII, 8, 6, p. 649). 그러나 그들은 구체적으로 자신들의 죄가 무엇인지를 언급하지 않았다.

우리가 신학적으로 분명히 알아야 할 것은 그들의 죄를 보는 유대인의 입장과 기독교인의 입장이 다르다는 점이다. 기독교인의 입장에서 유대인을 보면, 유대인은 하나님을 배반하고 메시아이신 예수님을 십자가에 죽인 민족이다. 예수님도 그들의 이러한 어려운 고난을 예언하면서 누가복음 23장 28절에서 29절에 "예루살렘의 딸들아 나를 위하여 울지 말고 너희와 너희 자녀를 위하여 울라. 보라 날이 이르면 사람이 말하기를 수태 못 하는 이와 해산하지 못한 배와 먹이지 못한 젖이 복이 있다 하리라" 하셨다. 패악한 이스라엘 백성들은 "그 피를 우리와 우리 자손들에게 돌릴지어다"라고 대답했다.

그들은 지금 이 사실을 아는지…. 그러나 우리는 그들을 원망하기 전에 현재 우리의 모습은 어떤지 볼 수 있어야 한다. 하나님의 사랑과 공의는 누구에게나 공평하시다. 우리는 제대로 자녀들에게 신앙 교육을 시키고 있는가?

3. 한국인의 고난의 역사, 현장 교육에 적용

A. 한국인의 고난의 역사

이스라엘의 고난의 역사와 우리 나라의 고난의 역사가 어떠한 유사점이 있는가? 올해는(1999년) 단기 4332년이다. 역사가에 의하면 그 동안 약 9백 30번의 전쟁이 있었다. 이것은 한국 역사에 4, 5년마다 한 번씩 전쟁이 있었다는 것을 뜻한다. 고구려의 광개토대왕이 만주를 한 번 정벌한 것 외에는 한국인들이 다른 나라를 침범한 사실이 거의 없다. 한국인은 거의 오천 년 동안 당하기만 했다는 얘기다. 이 점 역시 유대인과 비슷하다.

저자는 역사학자는 아니다. 그러나 대학 시절 미국 유학 시험을 치르기 위해 비교적 체계적으로 한국 역사를 공부한 적이 있다. 당시 국사를 저자 나름대로 정리하면서 느끼지 않을 수 없었다. 한국 역사는 거의 15년이나 20

년 간격으로 크게 외침을 당해 왔다. 그래도 평화를 누리고 살아온 기간은 6·25동란 이후부터 지금까지 약 40년의 기간뿐이다. 또한 제대로 세 끼 밥 먹고 산 기간도 신라 시대를 빼고는 극히 최근의 얘기다. 그럼에도 불구하고 한국은 외침이 있을 적마다 치열하게 독립을 위해 대항하여 5천 년 동안 단일 민족으로서 작은 한반도를 지켜 왔다. 이는 하나님의 주권 속에서 섭리가 있었기 때문이다.

한국 사람은 한(恨)의 역사를 갖고 살아왔다. 외국 군대에 무참히 짓밟히고, 못 먹어서 굶주리고, 권력 있는 사람들에게 빼앗기고, 양반들에게 수탈당한 고난의 역사. 힘이 없어 외세와 권력에 당한 부당한 대우, 강압에 의하여 눌려 왔던 한(恨), 정의와 상식이 통하지 않았던 시대들, 억울함과 슬픔, 고통과 좌절, 체념이 쌓인 역사이다.

그래서 슬피 우는 노래들이 많다. 악기도 가야금, 거문고, 퉁소 등 슬픈 소리를 내는 것들이 많다. 물론 북이나 꽹과리 같은 경쾌한 소리를 내는 악기도 있지만 대부분 우리 문화는 슬픈 것이 많다. 연속극조차도 우는 연속극을 방영해야 시청자들에게 호응을 받는다. 미국에서는 텔레비전이나 영화 같은 데서 눈물 흘리는 장면을 거의 볼 수 없다. 서구 사람들의 눈에는 한국인이 '우는 것을 즐기는 민족'으로 비칠지도 모른다.

서구 문화는 진취적이고 도전적이지만 우리 문화는 수동적인 한이 맺힌 삶을 그대로 반영하고 있다. 한국인의 역사는 통곡하며 울어서라도 억울한 한을 해소하지 않으면 미칠 수밖에 없는 역사의 연속이었다. 예수님이 우리 민족을 특별히 사랑하신 이유가 바로 여기에 있다. 하나님은 애통하는 자의 하나님이시기 때문이다(마 5:4). 그 동안 한국 민족은 교회당에서 얼마나 가슴에 맺힌 한을 통곡하였던가? 오늘의 한국 교회 성장도 한국 민족의 이러한 한 맺힌 통곡의 기도 소리에 대한 주님의 응답으로 보아야 한다.

이러한 고난의 역사에서 우리 민족과 이스라엘 민족은 유사점이 많다. 그러나 한민족이 아무리 고난을 많이 당했다 하여도 유대인처럼 전쟁에 패배하여 온 민족이 포로로 잡혀가거나 전 세계로 흩어진 일은 없었다.

B. 한국의 맛사다, 병자호란과 삼전도비

한국인은 이러한 고난의 역사를 2세들에게 어떻게 교육시켜야 하는가? 우리 나라 역사에도 맛사다 사건과 비슷한 예가 많다.

그 한 예가 병자호란이다. 병자호란(丙子胡亂)은 인조 14년에 청(淸)나라 태종(太宗)이 직접 10만의 대군을 거느리고 우리 조선을 침략한 사건을 말한다(변태섭, 1994, p. 356). 지금으로부터 약 3백여 년 전인 1636년에 일어난 수치의 역사이다. 그 때 힘이 약해 쫓기던 인조대왕은 왕자와 비빈(妃嬪)을 미리 강화로 피난시키고 자신은 길이 막혀 살을 에는 듯한 엄동설한에 신하들을 데리고 남한산성으로 피신했다(이기백, 한국사 신론, 1983, pp. 256-257). 청나라 태종은 남한산성을 공격하는 것을 멈추고 그 산성을 모두 포위했다. 그 후 청나라 태종은 로마의 실바 장군처럼 인조가 항복하기를 기다렸다. 조선 왕실은 그 곳에서 겨우 45일을 견디었다. 그리고 곧 항복했다.

유대인이 맛사다 정상에서 3년을 버틴 것에 비하면 비교도 안 되는 기간이다. 더구나 피신한 유대인은 작은 종교 종파였고, 인조는 한 나라의 왕이었는데도 말이다. 물론 유대인처럼 유비무환 정책으로 군량미와 군수품, 생활 용품을 미리 비축하지 못한 것도 한 가지 이유였다(변태섭, 1994, pp. 356-357).

남한산성에서는 항복하자는 파(主和派)와 싸우자는 파로 의견이 갈라지게 되었다. 그러나 결국에는 항복하자는 의견으로 기울게 되었다. 눈이 무릎까지 쌓인 엄동설한에 무력(無力)한 인조는 청나라 태종 진영에 나가 태종에게 무릎을 꿇고 항복의 예를 취했다. 그 때 그 장소에 세운 기념비를 삼전도비(三田渡碑)라고 한다. 지금의 송파에 있다. 삼전도에서의 항복은 유사 이래 가장 치욕적인 사건이다. 왜냐 하면 그 많은 외침에도 왕이 직접 나가 무릎을 꿇고 항복한 것은 처음이었기 때문이다(신한국사연구회, 1994, p. 342).

이 때 맺은 맹세 때문에 조선과 청나라의 관계는 군신 관계가 되었다. 앞으로 조선은 청나라의 신하로서 청나라가 시키는 대로 해야 된다는 조약이다. 그리고 왕자를 인질로 데려갔고 매년 청나라에 공물을 바치도록 했다. 조약 중에는 남성의 상징인 고환(睾丸)을 잘라서 말린 것을 바치라는 조항도 있었다. 얼마나 수치스런 역사인가?

우리도 이러한 현장을 유대인처럼 역사적으로 잘 보전하여야 한다. 그러나 총신대 역사학과 유준기 교수에 의하면 한국 정부가 삼전도비를 보전하기는커녕 수치의 역사라 하여 흙으로 덮어 버린 것을 몇 년 전(1970년대) 다시 흙을 파내고 찾았다고 증언했다(1995년 5월). 도대체 수치의 역사를 흙으로 덮는다고 덮이는가? 눈에 보이는 비석은 덮이겠지만 역사의 수치는 덮이지 않는다. 또한 덮여서도 안 된다. 이 점이 바로 한국인이 유대인과 다른 점이다.

우리도 육군사관학교 임관식을 삼전도비가 있는 곳에서 거행해야 한다. 그 곳에서 사관학교 생도들이 "삼전도의 치욕 같은 사건은 이제 영원히 한국 민족의 역사에서 없을 것이다"고 되풀이해 외치게 해야 한다. 그리고 한국군 훈련병들도 이러한 역사적 수치의 현장에서 훈련받도록 해야 한다.

남한산성도 당시 인조대왕의 수치를 나타내기 위해 잘 가꾸어 놓아야 한다. 그리고 송파나 남한산성에 등산하는 부모들은 가족끼리 그 곳을 지나면서 자녀들에게 그 사실을 가르쳐 주고 함께 하나님께 기도를 드려야 한다. 한

민족의 역사에 다시는 삼전도의 치욕 같은 수치스러운 역사가 일어나지 않게 해달라고…. 그리고 부모는 "너희들이 더 열심히 신앙 생활을 하고 더 열심히 공부해야 하는 목적도 국가와 민족을 위함이라는 사실"을 가르쳐야 한다. 한 사람의 영달을 위한 것만이 아니라는 사실을 주지시켜야 한다. 한국 교회가 세계 만방에 복음을 전하기 위해서도 한국이 강국이 되어야 한다. 이는 결코 남을 침략하기 위해서가 아니다. 이 길만이 역사의 수치를 덮는 길이다.

또한 삼전도비 같은 역사적 패배의 장소는 초·중·고·대학생들의 민족 교육 현장으로도 사용해야 한다. 우리 나라의 고난의 역사 현장은 이 외에도 일본 제국의 조선 민족 박해 현장과 공산주의의 박해 현장을 비롯하여 얼마든지 있다. 모두 발굴하여 잘 가꾸어 보전하여 자녀 교육용으로 영원히 남겨야 한다.

III. 고난의 역사 박물관 교육

1. 유대인의 고난의 역사 박물관

유대인이 많이 거주하는 지역에는 거의 모든 지역에 박물관이 있다. 예루살렘에는 물론이고 미국만 하더라도 뉴욕과 워싱턴, 로스앤젤레스에도 박물관이 있다. 그들은 자기 민족의 고고학적인 박물관뿐만 아니라 고난의 대학살 박물관도 귀중하게 여긴다. 즉 자신들의 옛것을 귀중하게 여기고 가꾼다. 실지로 그들의 박물관에 가보면 이민 보따리, 숟가락이나 가방 등 하찮은 것들이 많다. 물론 그것들은 유명인의 유품이 아니라 평범한 선조들이 사용했던 생활 용품이다.

유대인은 그들이 거주하는 대도시마다 '대학살 박물관'을 짓고 처절한 조상들의 고난의 자료들을 모아 2세들에게 고난의 역사 교육을 시킨다. 사진은 독일의 나치들이 유대인을 대량 학살한 후 화장한 화장터(Jerusalem의 Yad Vashem 박물관 제공).

유대인은 생활 하나하나를 역사로 기록하는 습관이 있다. 아무리 적은 금액의 영수증도 일일이 챙겨 매일매일 장부에 기록해 둔다. 대강대강이 없다. 이러한 습관으로 무엇이든 공부하고 연구하여 그 과정과 결과들을 보관한다. 모든 것이 증거 위주요, 서류 위주이다. 이것이 유대 민족에게 학자가 많은 이유 중 하나다.

　이러한 습관은 자녀들도 마찬가지이다. 금세기의 명작으로 알려진 〈안네의 일기〉가 좋은 예이다. 안네라는 유대인 소녀가 나치 치하에서의 하루하루를 기록한 글로, 일기 문학의 불후의 고전이 되었다.

　왜 유독 그 일기에는 감동이 있는가? 그 글에는 유대인이기 때문에 당해야 했던 고난의 아픔이 있다. 그리고 선과 악에 대한 고민이 있고, 악에 대한 고발이 생동감 있게 그려져 있다. 삶의 철학이 있다. 이것은 유대주의 사상에 근거한 인간 양심의 소리이다. 안네는 선악간의 분별력을 교육 받은 유대인이기 때문이다. 그러므로 똑같은 고난이라 하더라도 유대인 소녀의 시각에서 표현하는 내용과 방법은 다른 소녀들과 다를 수밖에 없다.

2. 유대인 자녀는 고난의 역사 박물관을 보고 어떻게 변하나

A. 유대인은 정체성을 갖고 유대 민족을 위하여 산다

　유대인이 긴 고난의 역사 속에서 살아난 비결은 무엇인가? 그들은 자녀들에게 무슨 교육을 어떻게 시키는가? 그들이 자녀들에게 시키는 여러 가지 교육 중 하나가 고난의 역사를 기억하게 하는 교육이다. 고난의 역사를 배운 유대인은 어떻게 변하는가?

　이스라엘에 가면 유대인 대학살 박물관이 있다. 유대인들은 일 년에 한 번씩 방학 때마다 자녀들이 이스라엘을 방문하게 한다(Donin, 1977, p. 105). 외국에서 온 유대인 자녀들은 처음 박물관에 들어갈 때는 별 의식 없이 서로 장난치며 히히덕거리며 들어간다.

저자는 1986년 2월에 그 곳을 방문했다. 박물관에 들어서면 벽에 커다란 비누 공장의 조형물(sculpture)이 보인다. 독일의 나치들은 사람(유대인) 기름으로 비누를 만들었다(Dimont, 1979, p. 413). 비누 공장 전면에 비누를 만드는 원료를 집어넣는 터널이 있다. 여행 가이드의 말에 의하면, 독일의 나치 군인들이 유대인을 나체로 모두 벗겨 놓고 일렬로 세운 다음 그들을 하나씩 비누 원료통으로 밀어 넣는다. 그러면 유대인의 몸이 기계 속에서 산 채로 으스러지면서 뼈는 뼈대로 살은 살대로 기름은 기름대로 정리된다. 그리고 그 기름이 원료가 되어 비누가 만들어져 나온다.

그 곳에는 이 외에도 유대인이 많은 고난을 받았음을 증명하는 역사 자료들이 있다. 유대인 자녀들은 박물관을 돌아보며 조상들의 고난의 역사를 보고 눈물을 흘리며 나온다. 들어갈 때와는 사뭇 다르다.

어린 유대인 자녀들이 고난의 역사 현장을 보고 눈물을 흘리며 무슨 생각을 할까? 그들은 두 가지를 결심한다. 첫째, 유대인 자녀들은 유대인으로 살기를 결심한다. 자신의 민족적 아이덴티티 의식을 확립하는 것이다. "나는 유대인으로 살기를 원하노라! 나는 유대인으로 살기를 원하노라! 나는 유대인으로 살기를 원하노라!" 그들이 유대인이라는 아이덴티티 의식을 회복하는 것은 유대인에 노벨상 수상자가 많고, 학자가 많고, 재벌이 많아서가 아니다. 자신들의 부모가 속한 조상들의 고난의 현장을 몸소 체험하기 때문이다. 조상들의 아픔을 자신들의 아픔으로 체험한다는 말이다. 즉 조상의 아픔을 IQ(머리)로 아는 것이 아니고 EQ(가슴)로 체험했다는 말이다.

유대인 자녀들은 그 곳에서 역사 의식을 갖게 된다. 너는 결코 유대인임을 잊지 말라! 승리한 모습들만을 보고 유대인의 아이덴티티를 갖는다면 진정한 유대인이 아니다. 고난의 역사를 보고 더욱 유대인임을 자각하고 자신

유대인 자녀는 고난의 역사 박물관을 견학한 후 자신의 정체성을 회복한다. 그리고 유대 민족을 위해서 살기로 결심한다. 사진은 나치 당시 가스 살인실을 재현한 '증언의 방'에서 당시 생존자들의 증언을 경청하는 방문객들. LA의 '관용의 박물관' 내부에 있다(Wiesenthal Center 제공).

들의 고난의 역사에 적극적으로 동참하고자 하는 유대인이 진짜 유대인이다.

둘째, 유대인 자녀들은 앞으로 유대 민족을 위하여 살 것을 결심한다. 그들의 삶의 철학이 새롭게 정립된다. "나는 내 일생을 유대인을 위하여 살리라! 유대인을 위하여 살리라! 유대인을 위하여 살리라!" 그리고 유대인의 평화와 번영을 위하여 기도한다. 다니엘과 에스더가 유대인을 위하여 산 것처럼. 그들은 왜 열심히 공부하는가? 왜 출세하는가? 우선적으로 유대 민족을 위해서이다.

미국에 거주하는 유대인 자녀들이 여름 방학 때 이스라엘을 방문하여 파괴된 성전의 통곡의 벽에서 민족의 평화와 번영을 위하여 함께 기도하는 모습. 아아, 유대인이여!
전 세계에 흩어져 있는 한국인 디아스포라도 조국과 한국 민족의 평화와 번영을 위하여 기도하는 자녀로 키워야 한다.

전 세계에서 온 유대인 자녀들이 각자 사는 곳으로 돌아가면서 다짐한다. 미국에 거주하는 유대인 자녀들도 "내가 미국에 돌아가면 유대인을 위하여 살리라!" 브라질에 거주하는 유대인 자녀들도 "내가 브라질에 돌아가면 유대인을 위하여 살리라!" 독일에 사는 유대인 자녀들도 "내가 독일에 돌아가면 유대인을 위하여 살리라!" 따라서 전 세계에 흩어져 살고 있는 유대인은 어디를 가나 한 민족의 공동체 사상을 갖고 있다. 그들의 땅은 지구상에서 가장 작지만 온 세계를 지배하는 이유가 바로 여기에 있다. 그리고 유대인은 동족에게 무슨 일이 일어나면 무섭게 단합한다.

그렇다면 유대인은 자기 민족만 아는가? 그렇지 않다. 그들은 자신들이 거주하는 지역의 평화와 번영을 위해서도 기도하며 공헌하려고 힘쓰고 있다. 이것이 성경적으로 옳기 때문이다. 하나님이 유대인에게 바빌론 포로 시절 바빌론 왕과 그 지방의 평강을 위하여 기도하라고 말씀하신 신학적 근거가 있기 때문이다(렘 29:4-7). 따라서 현재 미국에 거주하는 유대인은 미국의 평화와 번영을 위하여 기도하며 크게 공헌한다. 그런 면에서 미주 교포들도 조국을 위한 애국심을 가져야 하겠지만, 자신들과 자녀들이 거주하는 미국의 평화와 번영을 위해서도 기도하고 공헌해야 한다.

B. 6일 전쟁 승리의 비결: 유대인의 애국심

1967년 6월 5일 이집트 및 주변 아랍국과 이스라엘 사이에 6일 전쟁이 있었다(Ben-Sasson, 1976, pp. 1082-1088). 6일 전쟁은 당시 인구가 1억 5천만이나 되는 아랍권이 불과 2백5십만 명밖에 안 되는 이스라엘을 안식일에 기습적으로 침공한 전쟁이다(Solomon, 1992, p. 8). 세계 각국의 지도자들이 모두 경악했다. 그들은 "이스라엘은 1948년에 가까스로 독립을 하더니 급기야 19년 만에 역사 속에서 영원히 없어지는구나!" 하고 우려했다. 그러나 기적이 일어났다. 전쟁은 불과 6일 만에 이스라엘의 승리로 끝이 났다.

이스라엘이 승리한 이유는 무엇인가? 유대 민족의 단결이다. 당시 전쟁이 터지자 이변이 생겼다. 미국의 각 대학 기숙사에서는 유대인 학생과 아랍 학생들이 동시에 사라졌다. 그 이유는 유대인은 전쟁이 났다는 소식을 듣고 참전하기 위하여 이스라엘로 떠났고, 아랍인은 전쟁을 위한 징집을 피하기 위하여 숨었기 때문이었다.

당시 뉴욕 케네디 공항에서도 묘한 장면을 볼 수 있었다. 전쟁에 나가기 위해 학업을 팽개치고 짐을 꾸려 이스라엘로 향하는 유대인 학생들과 전쟁을 피해 이집트를 떠나 미국에 막 도착한 이집트 부호 자녀들이 뒤섞여 있었

유대인은 생존을 위하여 단결한다.
사진은 1909년 봄 세계 각지에 흩어져 살던 유대인들이 잃었던 이스라엘의 영토 텔아비브에 돌아와 유대 국가 건설을 선포하는 모습. 그들이 돌아온 후 사막은 백합이 꽃피기 시작하였다.

다.
　유대인 학생들은 아무리 시험중이라 하여도, 또 교수가 말려도 기숙사에서 짐을 꾸려 이스라엘 텔아비브 공항으로 날아갔다. 대학 교수가 유대인 학생에게 물었다. "너희 몇 명이서 이스라엘에 간다고 별 도움이 되겠는가?" 유대인 학생들은 이렇게 대답하였다. "지금 내 조국에서는 나의 동족이 피를 흘리고 있습니다. 먼 훗날 내 자식이 아버지는 우리의 동족이 피를 흘리고 있을 때 어디에 계셨느냐고 묻는다면 나도 그 피 흘리는 현장에 있었노라고 대답해야 합니다." 전 세계 유대인이 조국을 지키기 위해 이렇게 이스라엘의 전쟁터로 속속 몰려들었다.
　이러한 결과를 보여 준 이유는 유대인이 선천적으로 이집트인보다 우수해서가 아니라 그들에겐 특별한 교육이 있었기 때문이다.
　'역사적인 유대인 100인'(Michael Shapiro, 1995)에 95번째로 꼽힌 유

대계 미국인 영화 감독 스필버그도 일찍이 유대인 커뮤니티를 떠났던 사람이다. 어릴 때 유대인이라는 이유로 주위의 핍박을 많이 받고 자라 유대 사회를 떠났던 그가 정통파 유대인 커뮤니티로 다시 돌아왔다. 'E.T.' 나 '쥐라기 공원'을 만들 때가 아니라 유대인의 대학살에 관한 '쉰들러 리스트'를 만들 때의 일이다. 어떻게 다시 유대인의 아이덴티티를 찾게 되었을까? 그는 조상들의 참혹한 고난의 역사 현장을 접하고 비로소 자신이 유대인임을 확인하고 유대 민족을 위하여 살기로 결심한 것이다.

3. 한국인의 고난의 역사 박물관 교육에 적용

A. 한국인 1세가 해야 할 일: 옛 자료를 귀하게 여기자

한국은 박물관을 사용하여 어떻게 자녀들을 교육해야 하는가? 물론 고난의 역사 박물관을 만들어야 한다. 그러나 고난의 역사 박물관에 대해서는 차후 반복되기 때문에 다음에 얘기하기로 하고, 먼저 근본적으로 우리 민족에게 필요한 역사 자료를 대하는 생활 자세에 대하여 이야기해 보자. 우리는 그동안 주위의 역사적 자료에 너무 무관심했다. 이제 우리는 관심을 갖고 주위의 역사적 자료를 수집해야 한다. 한 가지 중요한 것은 우리가 현재 귀하게 여기지 않고 하찮게 여기는 물품들이 모두 박물관 소장품으로써 가치가 있다는 사실이다.

다듬잇돌, 인두, 화로, 갓, 두부 만드는 공정, 베틀, 맷돌, 떡 찧는 절구, 구식 방앗간, 낫, 지게, 망태, 소쿠리, 제기, 새끼줄, 가마니, 삼베 수건, 요강, 담뱃대 등 수없이 많다. 노랫가락이나 풍물도 마찬가지다. 이것들은 모두 먼

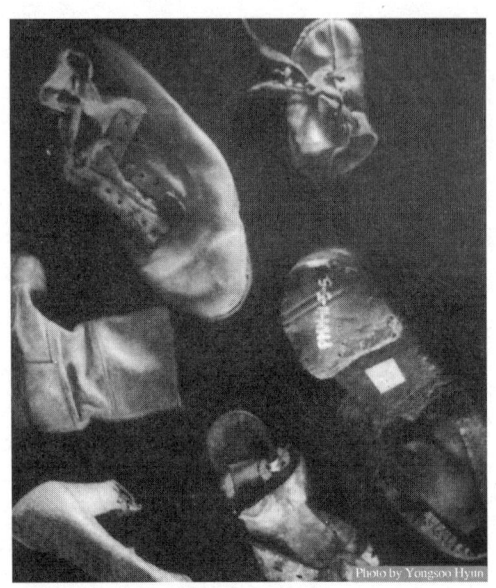

LA 서부에 위치한 '관용의 박물관'에 전시된 유대인의 구두들. 나치 당시 신었던 것들이다. 그들에게는 조상들의 생활 용품 모두가 귀중한 교육 자료들이다(LA Wiesenthal Center 제공).

옛날의 것들이 아니라 불과 몇십 년 전에 우리 조상들이 사용하고 즐겼던 것들이다. 이제 우리의 귀중한 것들이 모두 없어지기 전에 지방마다 '내 고장 박물관' 만들기를 서둘러야 한다. 그리고 이것을 2세 교육을 위한 귀한 자료로 사용해야 한다. 내 것을 귀하게 여기는 것은 그만큼 향토적, 민족적 자긍심을 높이는 일이다. 그뿐만 아니라 이러한 향토 박물관 유물들을 전 세계 코리안 디아스포라가 사는 곳에 보내어 그 지방에 한국 민속 박물관을 만들어야 한다. 이 길이 1세와 2세 사이의 세대 차이를 좁히는 길이다. 이러한 일들은 먼저 깨달은 교회가 앞장서야 한다.

이와 더불어 현재 50세 이상의 한국인은 자신의 인생을 회고하며 글을 써서 후세 자녀들에게 넘겨주어야 한다. 그들은 각자 나름대로 한국 역사의 귀한 증인들이다. 어떤 이들은 일본군, 중공군, 대만군, 인민군 및 국군 등 5개국 군인의 경력을 갖고 있다. 그분들이 죽고 나면 다시 자료의 빈곤에 시달릴 것이다.

이러한 역사적 증인들에는 마땅히 여성들도 포함된다. 그들은 마지막 한국 특유의 아름다운 어머니상일지도 모른다. 수없는 고난의 터널들을 통과

한 한국 여성의 지혜로 장엄한 서사시들이 얼마든지 나올 수 있다. 한국의 어머니들! 그들은 오늘의 한국을 있게 한 희생과 눈물과 지혜의 상징이다. 얼마 전 인민군 간호 장교 소위 출신 이복순 씨에 관한 소설 〈떨어진 꽃은 다시 줍지 않는다〉(1994)를 읽으며 개인적으로 그분에게 감사하게 생각했다. 이러한 개인적 역사의 증인들이 어찌 한둘이랴?

지금도 늦지 않으니 죽기 전에 연필을 들고 생각나는 대로 기록했으면 한다. 후일 노벨상감의 소재가 수두룩한데도 썩혀 두니 안타깝기만 하다. 한국인이 왜 노벨 문학상을 못 타는가? 소재가 없어서가 아니다. 소재는 남보다 많은데, 그 소재를 설득력 있게 국제적인 수준으로 승화시키는 깊이 있는 사상과 기술이 부족하기 때문이다. 여기서 말하는 국제적인 수준이란 문학의 구성과 소재를 심오한 사상적 작품으로 승화시키는 방법론을 말한다.

저자가 오래 전 미국의 어느 상류층 가정을 방문한 적이 있다(1980년). 그 가정의 가장이 응접실 탁자에 놓인 귀한 보물책을 보여 주었다. 그 책은 그들의 뿌리에 대한 기록으로 미국 정착 1세대가 처음 유럽에서 미국으로 이민 오는 장면에서부터 시작되었다. 이민 초기에 농사짓는 사진과 온 가족이 추수하는 모습, 2세대 자녀들이 학교 다니는 모습, 3대의 화려한 미 주류 사회에서의 활약상 등 사진과 함께 자세한 설명이 있었다. 그 가정의 보물은 바로 자기 가문의 역사가 담긴 한 권의 책이었다. 그 책을 보면서 나는 무엇을 어떻게 할 것인가를 생각했다. 한국인도 이제는 말만 하지 말고 기록하는 습관을 길러야 한다. 옛것을 후대에게 넘겨주는 것, 이것이 세대 차이를 극복하는 자녀 교육 방법이다.

B. 서대문 형무소와 유관순 열사: 한국인 자녀는 고난의 역사 박물관을 보고 어떻게 변해야 하나

한국에도 고난의 역사를 기억할 만한 역사적 장소나 박물관 자료가 많다. 예를 들면 왜정 시대의 서대문 형무소나 종로 경찰서 같은 곳이다. 이런 곳들을 유대인처럼 역사적 박물관으로 사용해야 한다.

특히 서대문 형무소는 유관순 열사를 살인적으로 고문한 장소로 유명하다. 이를 역사적 고증에 맞게 박물관으로 복원시켜야 한다. 유관순 열사가 총과 칼을 찬 두 일경에게 무자비하게 잡혀가는 모습, 매맞는 모습, 벌거벗겨진 채 희롱당하는 모습과 모진 고문 상황을 옛 사진이나 영화를 통하여 편집할 수 있다. 고문을 당할 때의 외마디소리와 신음 소리는 현대 오디오 시스템을 사용하여 얼마든지 재현할 수 있다.

이 외에도 여덟 토막으로 잘리는 장면, 칼을 든 일본 경찰, 피투성이의 벽, 당시의 고문 기구와 사형 집행에 쓰였던 칼, 토막이 된 시체, 그리고 주위의 오만한 일본 형사와 군인 등을 생생히 전시해야 한다.

그리고 자녀들에게 일 년에 한 번씩 견학시켜야 한다. 견학시킬 때 부모는 그 곳에서 함께 눈물로 기도해야 한다. 저자의 이러한 사상도 충청북도 산골에서 초등학교 6학년 때 본 영화 '유관순'의 영향이 크다. 어릴 때의 교육이 그만큼 중요하다. 일평생 잊혀지지 않는다. 이는 결코 일본인을 증오하여 원수를 갚기 위함이 아니라 똑같은 패배의 역사를 되풀이하지 않기 위해서이다. 기독교인은 절대로 내 것만 챙기는 국수주의자여서는 안 된다. 일본도 우리의 선교지임을 명심해야 한다.

또한 해외 교포 자녀들이 한국을 방문하게 하여야 한다. 한국을 방문한 한국인 2세 디아스포라들이 서대문 형무소를 방문하면 히히덕거리며 철없이 들어갈지도 모른다. 그러나 조상들의 고난의 역사 현장을 보고 나면 울면서

유대인은 투철한 민족 사랑 나라 사랑 교육을 시킨다. 사진은 이스라엘군이 시간을 내어 통곡의 벽에서 조국의 평화와 번영을 위하여 기도하는 모습(자료: 이스라엘 정부에서 발행한 엽서).

나올 것이다. 그리고 유대인처럼 두 가지 결심을 할 것이다.

첫째, 한국인으로 살기를 결심하며, 자신의 민족적 아이덴티티 의식을 확립할 것이다. 자신이 누구인지를 비로소 확인함으로써 "나는 한국인으로 살기를 원하노라! 나는 한국인으로 살기를 원하노라! 나는 한국인으로 살기를 원하노라!" 할 것이다. 그리고 그들은 한국의 평화와 번영을 위하여 기도하기 시작할 것이다. 그들이 한국인의 아이덴티티 의식을 회복한다면 한국에 고층 빌딩과 재벌이 많아서가 아니다. 조상들의 고난 현장을 몸소 체험하면서 조상들의 아픔을 자신들의 아픔으로 체험하기 때문이다. 이럴 때 비로소 자녀는 부모의 아픔을 공감하면서 그동안 막혔던 벽도 허물 수 있다. 가정이 하나가 될 수 있다.

한국인 자녀들은 그 곳에서 역사 의식을 갖게 될 것이다. "나는 결코 한국인임을 잊지 말자!" 잘 사는 모습만을 보고 한국인의 아이덴티티를 갖는다면 진정한 한국인이 아니다. 만약 한국 자녀들이 한국의 잘 사는 모습만 보고 한국인임을 자랑스럽게 생각한다면, 장차 혹시 한국이 일본이나 중국에 망하게 됐을 때에는 한국인임을 부끄럽게 생각할 수도 있기 때문이다. 따라서 자신들의 고난의 역사를 보고 더욱 한국인임을 자각하고 자신들의 고난의 역사에 적극적으로 동참하고자 하는 한국인이 진짜 한국인이다.

둘째, 한국인 자녀들은 앞으로 한국 민족을 위하여 살 것을 결심하며, 삶의 철학이 새롭게 정립될 것이다. "나는 내 일생을 한국인을 위하여 살리라! 한국인을 위하여 살리라! 한국인을 위하여 살리라!" 주기철 목사와 손양원 목사가 한국인을 위하여 산 것처럼.

한국인이 왜 열심히 공부해야 하는가? 왜 출세해야 하는가? 우선적으로 한국 민족을 위해서이다. 전 세계에 흩어져 있는 한국인 자녀들이 각자 사는 곳으로 돌아가면서 다짐한다. 미국에 거주하는 한국인 자녀들도 "내가 미국에 돌아가면 한국 민족을 위하여 살리라!" 브라질에 거주하는 한국인 자녀들도 "내가 브라질에 돌아가면 한국 민족을 위하여 살리라!" 소련에 사는 한국인 자녀들도 "내가 소련에 돌아가면 한국 민족을 위하여 살리라!"

그들이 기독교 정신으로 삶의 목적이 뚜렷해졌을 때 새로운 삶의 도전을 받는다. 이 삶의 도전은 주님 오실 때까지 자자손손 지속된다. 그렇게 될 때 세속의 수평 문화에 영향을 받지 않고 초연해질 수 있다. 따라서 전 세계에 흩어진 한국인은 어디를 가나 한민족의 공동체 사상을 갖게 된다. 한국의 땅은 작지만 온 세계에 힘이 퍼져 있어야 한다. 그리고 이 2세 디아스포라의 신앙의 열기는 자기가 사는 지역의 세계 선교 사업으로 연결될 수 있다. 그러나 우리가 분명히 자녀들에게 가르쳐야 할 것은 한국인 2세 디아스포라는 자신들이 거주하는 지역을 위해서도 기도하고 공헌해야 할 책임이 있다(렘 29:4-7)는 사실이다.

C. 한국인 디아스포라의 문제점과 그 해결 방안

1) 해외 교포의 실상

이러한 한민족 디아스포라 선교 운동은 범세계 한민족 운동으로 퍼져야 한다. 그렇지 않으면 불원간 커다란 위험에 빠질 수 있다. 저자가 브라질을 방문했을 때, 경제적으로 자리를 잡은 많은 교포들이 방황하는 모습을 보았다. 그들은 가난을 극복하기 위하여 가난한 한국 땅에서 배를 타고 몇십 년 전(1960년대)에 세계의 외지인 브라질로 이민 간 것이다. 처음에는 우선 먹고 살아야 하기 때문에 열심히 일만 했다. 그 덕에 이제 경제적으로, 시간적으로 여유가 있게 되었다.

그러나 그들은 "이제 무엇을 위하여 어떻게 살아야 할 것인가?"라는 문제에 봉착했다. 인생에 대한 삶의 목적이 분명치 않다. 따라서 주일에 골프를 즐긴다. 골프도 한두 번이지, 먼 타국 어디에서 진정한 행복과 삶의 보람을 느낄 수 있겠는가? 자연히 세속으로 타락하기 쉽다. 자녀들은 더 위험하다. 그들은 부모들처럼 고난을 모르는 세대이기 때문에 악착같은 면도 없다.

이러한 문제는 브라질 교포뿐만이 아니고 미국 교포를 비롯하여 전 세계 곳곳에 흩어진 교포들이 직면한 문제들이다. 이민의 역사가 길어지면서, 고난을 겪지 않은 세대들이 자라면서 더욱 심해지고 있는 추세이다. 신앙심도 해이해질 뿐만 아니라 조국에 대한 애국심도 없어진다. 자칫 잘못하면 그 지역에 동화되거나 변두리 인종으로 전환될 수도 있다.

한국이 정신대 문제로 일본에 항의하는 일도 중요하다. 그러나 그보다 과거의 역사를 보면서 교계 지도자는 물론 정치가나 재벌이나 지식인이나 학생이나 노동자 모두 대각성 운동을 벌이는 일이 더 중요하다. 정신을 차리고 실력을 키워 미래를 준비함으로써 일본의 아시아 재침략의 꿈을 막아야 한다. 왜정 시대는 일본인이 총칼로 우리 민족의 딸들을 사냥하듯 잡아가 정신

저자가 운영하는 '쉐마기독교교육연구원'은 한국인 디아스포라의 성경적 자녀 교육을 위하여 연구하고 자료를 보급하고 있다. 사진은 미국 LA에서 열린 제1회 성경적 유대인 자녀 교육 세미나에 참석한 목회자들이 보는 데서 유대인 랍비 서기관이 '쉐마(신 6:4-9)' 말씀을 양피지에 붓과 먹으로 쓰고 있는 모습.

대를 만들었지만 지금 그들은 돈으로 정신대를 사고 있지 않은가? 벌써 제주도는 우리의 땅이라기보다는 일본인의 향락적 침략지(?)라고 하지 않는가?

2) 다큐멘터리 영화를 통한 고난의 역사 교육

저자는 22년 동안 미국에서 살면서 여러 대의 차를 샀다. 그러나 한 번도 일제 차를 산 적이 없다. 텔레비전도 모두 한국제이다. 아들들이 커서 운전을 하기 시작하면서 일본 차를 사자고 여러 번 요구했다. 고장이 잘 안 나고 다시 팔 때에 후한 값을 받고, 모양도 멋있다는 이유였다. 미국에서 자란 아이들은 일제 차를 상당히 선호한다. 그러나 저자는 언제나 거절하였다.

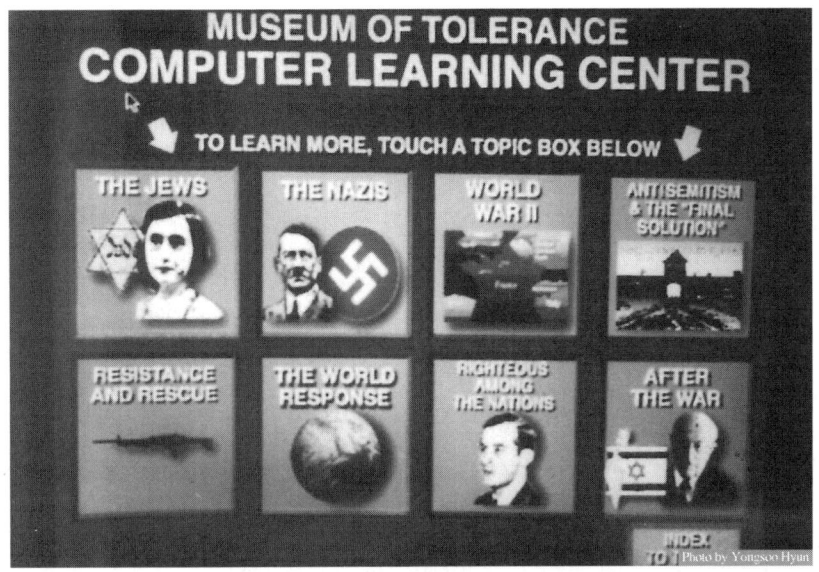

유대인은 나치와 유대인 학살의 진실을 알리기 위하여 최첨단 문명의 이기인 컴퓨터를 이용하고 있다(LA Wiesenthal Center 제공).

그랬더니 아들들이 "아버지! 기독교는 사랑의 종교인데 왜 그렇게 일본 사람을 미워하세요?" 하고 물었다. 저자는 이렇게 설명했다. "내가 언제 우리 옆집의 일본인 부부를 미워했느냐? 그들과 가깝게 지내는 것을 너희들이 보지 않았느냐? 기독교인이 개인적으로 타민족을 대할 때와 국가 의식을 갖고 국가 대 국가의 입장에서 대할 때는 서로 다르다. 한국인이 개인적으로 일본인을 대할 때는 그들에게 그리스도의 사랑을 베풀어야 한다. 그러나 국가 대(對) 국가의 관계에서는 국익을 먼저 생각해야 한다. 만약 한국이 힘이 없어 다시 일본에게 정복당한다면 이는 하나님의 영광을 가리는 것은 물론 그들에게 복음을 전할 능력도 잃는 것이다. 따라서 "일본 사람을 미워해서가 아니라 그들에게 한국인이 또 한 번 당하지 않기 위하여 우리 한국인은 그들의 차를 사면 안 된다"고 일러 주었다. 그리고 "너희들만 일제 차를 안 사는 것이 아니고 너희들이 장가가서 아이들을 낳게 되면 아버지가 한 말을 계속 일러 주어라"라고 말했다.

저자는 잘 이해하지 못하는 아들들을 설득하기 위하여 한국 근대사의 다큐멘터리 연속극 '여명의 눈동자' 비디오 테이프를 빌려왔다. 온 가족이 그 비디오를 함께 봤다. 첫부분에 13세 처녀 여옥이 정신대로 잡혀가는 장면이 나온다. 만주로 향하는 군용 열차의 한 칸은 군수품으로 실린 한국의 어린 딸들로 꽉 찼다. 곧이어 날이 어두워지자 헌병 둘이 나타났다. 그들은 피곤하여 앉은 채로 개나리봇짐을 껴안고 졸고 있는 한국의 어린 딸들의 머리채를 하나씩 젖혔다. 뒤칸에 타고 있는 일본 장군에게 헌납할 예쁜 처녀를 고르기 위해서였다. 두 헌병이 여옥의 양 겨드랑이를 낚아챘다. 그리고 장군의 방에 강제로 밀어넣고는 문을 잠갔다. 술을 마시던 장군이 일어나 껴안자 그녀는 본능적으로 반항했다. 그 당시 한국 여인들에게는 정조가 곧 생명이었다. 일본 장군은 아무 말 않고 칼집에서 칼을 뽑아 여옥이를 내리쳤다. 여옥이의 긴 머리채가 싹둑 잘렸다. 그리고 그는 부들부들 떠는 한국의 딸 여옥이를 힘으로 강간했다. 이 장면은 나약하고 순결한 소녀, 즉 한국이 강대한 폭도 일본에게 강제로 정복당하는 처참한 모습을 상징한다. 그 후 한국의 정신대와 한국인 일본군 학도병이 일본인한테 당하는 모습은 끝없이 진행된다. 한국 근대사에 대한 비디오를 몇 달에 걸쳐 모두 본 아들들에게 물었다. "이제 왜 아버지가 일본 차를 사지 말라고 하는지 알겠느냐?"고. 아들들은 그제야 머리를 끄덕였다.

이러한 저자의 교훈은 결코 일본에 국한된 것이 아니다. 과거 한국을 괴롭힌 나라는 일본 외에 중국과 소련도 있다. 따라서 한국인은 가능한 한 모든 외제 사용을 절제해야 한다. 왜냐 하면 외제를 사면 한국의 국력이 쇠하게 되고 한국의 국력이 쇠하면 외침에 약해지기 때문이다. 물론 국제화 시대에 외제를 안 산다는 것은 힘들다. 그러나 설사 산다 하더라도 이러한 의식을 갖고 사는 것과 수평 문화에 젖어 사는 것과는 다르다.

따라서 우리는 주변국과는 정치적으로 우호적인 관계를 유지하며 그들에게 배울 것은 배우되, 과거 그들에게 당한 고난을 기억하면서 그들에게 또다시 당하지 않도록 힘을 길러야 한다. 한국이 그들의 과거를 용서한 이상 그들을 적대시할 필요는 없다. 그들에게 너무 예민한 것도 열등 의식의 노출이다. 힘이 있으면 열등 의식도 없어지는 법이다.

유대인을 보자. 유대인은 역사를 통하여 그들의 주변 국가들에 수없이 당해 왔다. 그러나 유대인은 그들과 함께 살며 우호에 힘쓰고, 장사도 잘 하고 돈도 잘 벌지 않는가? 이웃과의 지혜로운 처신은 자신을 결코 고립시키지 않는 법이다. 이것이 지혜 있는 민족의 처세술이다.

3) 한국 정부가 해외 교포 자녀를 진정한 한국인으로 만들려면

요즘 한국에서는 해외 한인 자녀들을 초청하여 단기 교육을 많이 시킨다. 한국 정부에서 이들에게 보여 주는 곳들은 거의 틀에 박혀 있다. 찬란한(?) 문화 고적지와 휴전선을 돌아보게 하고, 63빌딩에서 불갈비를 먹이고, 삼성전자의 텔레비전 공장을 둘러보게 하고 부곡 온천에서 목욕을 시킨다. 자부심을 키우기 위해서이다.

그러나 한국인의 수치스런 고난의 역사 현장은 안 보여 준다. 아버지 땅의 아픈 역사를 체험하지 않고는 아버지를 진정 이해할 수 없다. 부모와 자식 간에 사상과 역사 의식이 통하지 않고는 깊은 대화의 채널이 뚫릴 수 없다. 먼저 자녀들이 현재 아버지가 있기까지의 역사를 깊이 이해하고 고난의 역사를 EQ로 체험해야 한다. 그리고 자녀들이 아버지의 아픔을 나의 아픔으로 나누어 가질 때 동일한 사상적 공감대를 형성하고, 그 다음에 아버지와 깊은 대화를 나눌 수 있다. 이런 교육만이 부모와 자녀 사이의 세대 차이를 없앨 수 있다. 그리고 민족의 공동체 일원으로 살기를 원한다.

승리한 것들만을 보고 한국인의 아이덴티티를 갖는다면 진정한 한국인이 아니다. 한국이 어렵고 힘들 때 한국인임을 자랑할 수 있는 사람이 진정한 한국인이다. 우리 자녀들이 조상의 자랑거리 때문에 민족을 사랑하기보다는 설사 아무것도 자랑할 것이 없을지라도 민족을 사랑하는 사람으로 만들어야 한다. 우리 민족이 이스라엘 민족처럼 고난의 역사로 점철되었기 때문에 더 민족을 사랑하도록 해야 한다.

이는 민족뿐만 아니라 부모와 자녀 관계도 마찬가지이다. 설사 부모가 자신보다 여러 가지 면에서 못한 것들이 있다 하여도 자녀는 자신의 부모를 부모로서 공경해야 진정한 하나님의 사람이다. 이러한 애국애족 사상으로 한국인이 무장해야 해외에 있는 그들이 현지에서 출세했을 때, 유대인처럼 음양으로 조국을 돕는 대사들이 될 수 있다. 한민족 디아스포라에게 공동체 의식이라는 힘이 생긴다면 이것이 바로 한국 민족 국제화의 지름길이다.

4) 한국 기독교의 뿌리 교육과 기독교 박물관 설립의 필요성

한국의 기독교도 괄목할 만한 성장을 거듭하였다. 남한 인구의 25%가 기독교인다. 이제 우리의 기독교 역사를 체계적으로 정리하여 그 신앙의 유산을 후세에게 전할 책임이 있다.

한국 기독교의 역사는 1885년 4월 5일 부활 주일 미국 북감리교의 H. G. 아펜젤러 부부 선교사와 북장로교의 H. G. 언더우드 선교사가 인천의 제물포항에 도착하면서 시작되었다. 한국 기독교도 이미 1백14년(1999년 기준)의 역사를 갖고 있다. 더구나 천주교는 2백 년이 넘었다. 그런데도 한국 기독교가 한국 기독교 역사 박물관 하나 만들어 놓지 못한 것은 못내 아쉽다.

특히 한국 기독교는 일제 시대와 6·25를 거치며 수많은 순교자들의 피의 역사로 점철되었다. 한국 기독교의 성장 이면에는 주기철, 손양원, 조만식, 길선주 등 일일이 헤아리기 힘들 만큼 많은 위대한 신앙의 조상들의 피와 땀의 희생이 있었다. 이들 중에는 세계 어디에 내놓아도 손색이 없는 성인(聖人) 중의 성인도 있다. 손양원 목사 같은 분이시다.

그런데도 한국 기독교인은 왜 외국의 리빙스턴이나 에드워드 조나단, 무디 혹은 빌리 그레이엄은 잘 기억하고 위대하게 생각하면서 자신의 신앙의 조상에게는 무관심한가? 내 것을 귀하게 여기지 못하는 잘못된 의식 때문이다.

한국의 위대한 신앙의 선조들은 후손을 잘못 만나 세계 속의 신앙의 위인으로 존경받지 못하고 있는 셈이다.

한국 기독교인은 물론 외국의 한국 교포들도 자녀들에게 한국인의 뿌리 교육뿐만 아니라 한국 기독교인의 신앙의 뿌리, 즉 한국 기독교 교회사를 비롯한 위대한 신앙의 뿌리에 대해서도 가르쳐야 한다. 물론 우리에게 복음을 전하여 준 고마운 외국 선교사에 대해서도 알아야 한다.

이러한 한국 기독교의 신앙의 뿌리 교육을 위하여 먼저 한국 교회사를 연구해야 한다. 위대한 신앙의 선조들이 한국 교회사에 미친 업적을 연구하여 그들의 정신과 그들이 남긴 발자취를 한눈에 볼 수 있도록 박물관을 만들어야 한다.

저자는 마산에서 집회를 마친 후 그 교회 목사의 배려로 손양원 목사의 유적지인 여수의 애양원을 찾은 적이 있다. 저자의 아내와 두 아들이 동행했는데 얼마나 감격했는지 모른다.

한국인도 한국인의 고난의 역사를 후세에게 가르칠 교육의 장소와 자료가 필요하다. 사진은 한 유대인이 나치의 핍박에 오열하는 모습. 전쟁의 잔재 위에 앉아 있는 노인의 손에 조그만 피난민 보따리가 보인다.

그뿐 아니라 한국 기독교가 한국 근대사에 미친 영향을 파헤쳐야 한다. 한국의 문학, 예술, 음악, 학문, 정치 등에 미친 지대한 영향을 발굴하여 한국 근대사를 신본주의적 입장에서 새로 써야 한다.

예를 들어 한국 현대사의 대통령 중 민선 대통령은 거의 모두 기독교인이다. 이승만, 윤보선, 김영삼, 김대중(천주교) 씨 등이다.

어디 그뿐인가? 현대 시, 소설, 수필, 가곡, 고전 음악 등 수많은 영역에서 기독교인의 영향은 지대하다. 또한 한국 기독교가 한국인의 의식 구조와 문화에 끼친 영향도 지대하다. 한국 개화의 문은 바로 한국 기독교를 통하여 열렸기 때문이다.

그럼에도 불구하고 이런 사실들이 세상에는 드러나지 않고 있다. 초·중·고 교과서에 기독교의 영향이 전혀 반영되지 않고 있다. 왜 그러한가? 기독교인 스스로 올바른 역사 의식이 부족하기 때문이다. 특히 자신의 신앙의 조상에 대하여 무관심하기 때문이다. 그렇지 않다면 유교나 불교인들에게 밀려서인가?

어찌하였든 한국의 역사가 왜곡될 수는 없다. 더 많은 세월이 가기 전에 한국의 역사를 기독교적 각도에서 조명하여 바로잡아야 한다. 이제부터라도 기독교인들이 각자의 전공 분야에서, 즉 국사 전공자는 국사 편찬에, 문학 전공자는 문학사에서, 정치인과 정부 관리는 정책 수립과 국가 운영에서 한국 기독교 역사의 영향을 정리하고 홍보하여 이를 확대시켜 나가야 한다. 그리고 마침내 한국을 기독교 국가로 만들어야 한다.

그리고 자녀들에게 이를 바로 가르쳐 조상들의 신앙의 유산을 지켜 행하게 해야 한다. 그리하여 신앙의 선배님들의 수고에 보답하고 하나님께 영광을 돌려야 한다.

이에 덧붙여 한마디 하고 싶은 이야기가 있다. 한국의 교회 건물을 꼭 서구의 교회 양식을 따라 지을 필요가 있는가? 한국의 건축 양식으로 지어야 하지 않겠는가?

그래도 한국 천주교는 유대교와 비슷한 점이 있어서 자신들의 선교 2백 년 역사를 정리하고 그 유적지들도 잘 발굴 보관하여 국내는 물론 해외까지 그 역사적 사실을 홍보하고 가르치려고 노력하고 있다. 개신교도 이를 본받아야 한다. 예루살렘 성지 순례도 중요하지만 우리 한국 기독교인의 신앙의 뿌리 교육도 중요하다.

참고로 천주교에서 발행하는 미주 평화신문에 게재된 '한국 순교 성지 순례'의 광고 일부를 소개해 보자(평화신문, 1998년 5월 17일, 미주판).

순교자의 꽃 활짝 피어라(Bloom, Ye Flowers of the Martyrs)

평화신문 미주 지사에서는 올해 두 차례에 걸쳐 한국의 순교 성지를 순례하기로 했습니다. 우리 조국의 위대한 순교자들의 발자취를 찾아서 우리들의 신앙의 뿌리를 알고 순교 영성을 본받자는 것이 취지입니다. 또한 이는 IMF 시대의 조국 경제를 돕는 우리들의 작은 정성이기도 합니다.

- 인솔 사제 : 안상인 신부(평화신문 미주 지사장)
- 성지 안내 : 이충우 씨(가톨릭 신앙 유산 연구회장)
- 순 례 지 : 절두산, 새남터, 서소문, 당고개, 명동 성당, 배론, 베티 성지, 천안 독립기념관, 솔뫼, 서산 해미, 보령 갈매못, 청양 다락골, 전주 치명자산, 안성 미리내 성지, 관덕정, 황사평, 제주 명소 방문, 모슬포, 제주 추사 유배지

IV. 고난의 역사를 기억하게 하는 교육 방법의 창안

1. 유대인의 생활 예식(결혼)을 통한 고난의 역사 교육

유대인은 일상사도 신앙과 연결하여 생각한다. 그리고 이를 자녀 교육에 적용한다. 그들은 하나님을 위한 신앙적 실천을 위해 지혜를 모은다. 그들은 그들이 힘써 지키는 율법 이외에도 일상 생활의 예식에 고난의 역사를 기억하게 하는 교육적 방법을 도입한다.

유대인은 인간의 일생 중 가장 기쁜 날을 결혼하는 날이라고 말한다. 사진은 결혼식 후 신랑 신부가 무등을 타고 기뻐하는 모습.

　한 가지 예를 들어 보자. 유대인은 결혼식 순서에도 그들의 옛 고난의 역사를 기억하는 순서를 포함시킨다. 그들은 결혼 예식 마지막 축도 후에 신부가 신랑에게 수건으로 싼 포도주잔을 건네 준다. 신랑이 포도주잔을 발로 밟아 깨뜨리는 순서를 갖기 위해서이다(Lamm, 1980, p. 228).
　그들은 왜 포도주잔을 깨뜨리는가? 포도주잔은 그들의 고난의 역사와 어떠한 관계가 있는가?
　유대인에게 포도주는 그들의 신앙 생활에서 끊을래야 끊을 수 없는 관계가 있다. 포도주는 그들의 모든 절기에 쓰인다. 포도는 하나님이 축복하신 가나안의 여덟 가지 음식(신 8:8) 중 하나이다(Kolatch, 1985, p. 320). 이스라엘 민족에게 있어 그들의 포도주잔에 포도주가 가득하면 이는 하나님의 축복과 번영을 의미한다. 이러한 하나님의 축복과 번영은 그들과 하나님의 관

유대인은 육적으로 아무리 기쁜 날이라도 예루살렘 성전이 파괴된 고난의 역사를 잊지 않도록 교육시킨다. 사진은 컵을 깨기 전 주례 랍비와 많은 증인 앞에서 "예루살렘아 내가 너를 잊는다면, 내 오른손이 내 재주를 잊을지며… 내 혀가 내 입천장에 붙을지로다"를 서약하는 신랑 신부.

주례자 랍비와 모든 하객이 지켜보는 가운데 신랑이 포도주잔을 깨는 모습.

계가 화평했을 때에만 가능했다.

　하나님과의 화평은 그들의 예루살렘 성전에서 이루어졌다. 예루살렘 성전은 유대인의 신앙 생활의 중심지였다. 유대인은 성전에서 하나님을 만나고 하나님께 제사를 드리고 죄사함을 받았다. 그리고 그들이 하나님과 화목했을 때 "내 잔이 넘치나이다"(시 23:5) 하고 노래하였다.

그러나 예루살렘 성전은 B.C. 586년 바빌론에, 그리고 A.D. 70년 로마에 의하여 두 차례나 파괴되었다. 두 번 다 연도만 틀리지 똑같은 아브월 9일이었다. 따라서 유대인은 아브월 9일을 재앙의 날로 지킨다. 이를 티샤 바브라고 한다. 이 날은 일 년 중 가장 슬프고 비통한 날이다(Donin, 1972, pp. 263-266)(자세한 것은 제7부 제4장 I-1 'B. 티샤 바브 (Tishah B' Av)' 참조). 유대인에게 이 예루살렘 성전의 파괴는 바로 그들의 축복과 번영의 파괴를 뜻한다. 즉 성전이 번창했을 때는 '축복의 잔'(Lamm, 1980, p. 231)이 넘쳤고, 성전이 파괴되었을 때에는 '축복의 잔'이 깨졌다.

유리로 된 포도주잔을 깨는 또 다른 이유가 있다. 이는 유리 깨지는 소리를 통해 그 동안 잊었던 성전에 대한 과거를 기억하기 위함이다. 따라서 어떤 유대인들은 포도주잔 대신에 유리 전구를 밟아 깨기도 한다.

유대인은 예루살렘 성전에 대한 애착이 대단하다. 유대인에게 성전이 파괴된 사건은 죽음보다 견디기 힘든 비통한 사건이었다. 그들은 이 성전 파괴의 역사를 자녀들이 꿈에라도 잊지 않도록 심혈을 기울여 교육시킨다. 교육방법에는 크게 두 가지가 있다. 하나는 재앙의 날을 기념하여 티샤 바브 절기로 지키는 것이고, 다른 하나는 결혼식 날 신랑 신부가 포도주잔을 깨는 예식이다.

그러면 왜 유대인은 하필 결혼식 날 성전이 파괴된 날을 기념하기 위하여 포도주잔을 깨뜨리는가? 몇 가지 이유가 있다. 그 중에 하나가 14세기 콜 보(Kol Bo)에 의하면, 인간이 이 세상에 태어나 살면서 일생 중 가장 기쁜 날이 두 남녀가 만나 결혼하는 날이라고 한다. 따라서 그들은 아무리 육적으로 가장 기쁜 날이라도 세상의 쾌락에 취하여 예루살렘 성전이 파괴된 고난의 날을 잊지 않게 하기 위하여 포도주잔을 밟아 깨뜨리게 한다(Lamm, 1980, p. 229). 더 깊은 뜻도 있다. 신랑이 파괴된 하나님의 집을 상기하며, 모든 회당이 작은 성전인 것처럼 자신의 유대인 가정을 건설하여 자신들의 생활에서 성전을 재건하는 책임감을 갖게 하는 것이다(Lamm, 1980, p. 230).

유대인 신랑은 결혼식에서 포도주잔을 깨기 전에 주례 보는 랍비와 많은 증인들 앞에서 "예루살렘아! 내가 너를 잊을진대 내 오른손이 그 재주를 잊을지로다. 내가 예루살렘을 기억지 아니하거나 내가 너를 나의 제일 즐거워하는 것보다 지나치게 아니할진대 내 혀가 내 입천장에 붙을지로다"(시 137:5-6)를 서약한다.

이렇게 자기 민족의 고난을 기억하는 사람은 애국자이며, 민족주의자이다. 바울도 애국 애족자였다. 그는 유대교에서 기독교로 개종한 이후 유대인이 하나님에게서 멀어진 것을 통탄히 여긴 나머지 자신이 저주를 받아 그리스도에게서 끊어질지라도 그의 형제, 곧 골육이 구원받기를 간구하였다(롬 9:3).

다시 말하면, 바울은 자신과 종교가 다른 동족(유대인)도 사랑한 사람이었다. 따라서 우리 한국 기독교인은 자신과 종교가 다른 한국인도 다른 종족보다 먼저 사랑할 의무가 있다.

2. 한국인의 생활 예식을 통한 고난의 역사 교육 적용

한국인의 교육 중 우리의 고난의 역사를 기억하게 하는 교육 방법을 창안한 경우는 저자가 아는 한 극히 드물다. 그러나 아주 없는 것도 아니다. 한 가지 예를 든다면 1993년부터 6·25 절기 때에 한사랑 선교회에서 벌여 온 '6·25 음식 먹어 보기 운동'이 바로 그것이다. 즉 2세들에게 6·25 당시의 배고프고 가슴아팠던 고난을 체험하게 하여 과거의 고난을 잊지 말게 하자는 뜻에서 마련한 것이다. 전후 세대가 점점 6·25의 비극을 잊어가고 있는 요즈음 대단히 좋은 방법이다.

앞으로 이러한 고난의 역사를 기억시키는 방법들은 절기뿐만 아니라 일상 생활의 예식을 통해서도 되도록 많이 창안하여 2세 교육에 활용해야 한다. 그리고 이러한 운동은 국민 중 일부만이 실천하는 것이 아니라 온 국민이 실천하는 절기로 만들어야 할 것이다.

참고로 미국에 있는 저자의 교회에서 지낸 1995년도 6·25 절기를 소개한다. 대예배 때에 온 가족을 함께 앉게 하였다. 저자는 '기독교와 6·25'라는 제목으로 성전 파괴의 비통함에 대하여 설교(렘 39:1-10)했고, 순서에 맞추어 모두 일어나 애국가를 불렀다.

2부 순서에서는 가족별로 보리떡, 개떡, 수제비를 먹었다. 3부 순서에서는 30분 정도 애국가와 6·25 노래를 자녀들에게 가르치며 함께 불렀다. 그후 40분 정도 6·25 전쟁 기록 영화를 온 교인이 가족별로 앉아서 감상하였다. 6·25 전쟁 기록 영화는 로스앤젤레스 주재 한국문화원에서 빌렸다. 한국말을 모르는 자녀를 위하여 영어로 통역하였다. 영화가 끝난 후 부모와 자녀가 함께 민족을 위하여 기도하는 시간을 가졌다. 기도할 때에는 가족끼리 서로 손을 잡게 하였다. 모두 일어나 둥글게 원을 만들고 손에 손을 잡게 하고 애국가를 부른 후 만세삼창을 불렀다. 마지막으로 저자의 축도로 끝냈다. 3부 순서가 끝난 후 가족끼리 서로 포옹하게 하고 다시 온 교인이 돌아가며 악수하는 순서를 가졌다. 저자가 모든 순서에서 가족을 중요시한 것은 가족 내의 세대 차이를 막기 위해서이다.

V. 왜 인간에게 고난이 중요한가

1. 고난은 인간의 타락과 교만을 절제시킨다

인간은 육체적, 정신적, 영적 평안을 갈구한다. 고난은 누구나 싫어한다. 이 세상에 고난을 좋아하는 사람은 아무도 없다. 인간이 행복을 추구하는 것 자체가 고난으로부터 멀어지기 원하는 것이다. 그러나 고난에서 멀어지는 것은 좋지만 고난을 잊으면 불행해진다. 고난을 잊으면 행복의 진정한 가치를 모른다. 인간은 고난을 기억할 때에 행복해질 수 있다. 따라서 첫째, 고난은 인간의 타락과 교만을 절제시킨다. 인간은 자신이 고난에서 멀어지기 위해서도 고난을 기억해야 한다. 왜 인간에게 고난이 중요한가?

하나님은 아담을 하나님의 형상대로 창조하셨다(창 1:27). 그러나 아담은 하나님의 말씀에 불순종함으로써 타락하였다(창세기 3장). 그 후 인간은 부패한 마음을 갖게 되었다(렘 17:9). 바울은 자신의 습성에 대해 말할 때 예수님을 믿은 후에도 하나님을 기쁘게 하기보다는 육의 행함이 나타날 때가 많다고 안타까워했다(롬 7:21-23). 따라서 인간은 육을 절제해야 한다.

성령의 은사도 육을 절제하는 것이다(갈 5:22). 육을 절제하는 방법은 영적으로 성령을 좇아 행하는 것(갈 5:16)이다. 성령의 열매는 절제이다(갈 5:23). 육을 절제시키는 방법 중 하나가 바로 고난이다. 따라서 시편 기자는 "고난이 나에게 유익이라 이로 인하여 내가 주의 율례를 배우게 되었나이다"(시 119:71)라고 고백했다.

랍비들은 번영으로부터 오는 자기 과신에 대하여 경고하고 있다. 랍비 아카(R. Acha)는 "배가 부른 사람은 사악한 짓을 많이 저지른다"는 탈무드의 격언을 상기시켰다(Cohen, 1995, p. 234). 유다 왕국의 웃시아 왕도 강성하여지매 그 마음이 교만하여 악을 행하여 그 하나님 여호와께 범죄하였다(대

인간은 고난 속에서 하나님을 만나고 하나님의 백성이 되며 자신의 타락과 교만을 절제한다. 사진은 모세가 십계명을 받았다는 모세봉에서 바라본 시내 광야(Canon Institute 제공). 유대인은 하나님을 빌딩 숲이 아닌 시내산에서 만났다.

하 26:16).

인간의 육은 배부르고 등이 따뜻하면 풍요에 대한 불감증이 생긴다. 그리고 생활에 대한 싫증을 느끼고 더 육을 자극하는 쾌락을 찾게 된다. 가난할 때는 건전하던 사람이 부자가 되거나 성공하면 타락하는 이유가 여기에 있다. 원래 자랑은 아무것도 없다가 조금 가진 사람이 한다.

그러나 성공을 했어도 진정으로 고난을 기억하는 사람은 다르다. 부자가 되었어도 고난을 기억하는 사람은 자신의 부를 내색하지 않고 평범하게 생활한다. 권력을 얻었어도 고난을 기억하는 사람은 평민처럼 겸손하게 산다. 공부를 많이 했어도 고난을 기억하는 사람은 자신의 학식을 자랑하지 않는다. 명예를 얻었어도 고난을 기억하는 사람은 서민처럼 겸손하게 생활한다. 겸손한 사람은 낮아진 사람이다. 자신의 육을 절제하는 사람이다.

고난을 기억하는 사람은 겸손하여 고난을 당한 사람들의 아픔을 이해하고 그들의 친구가 될 수 있다. 과거 자신의 처지를 기억하여 그들을 껴안고 그들의 아픔에 동참한다. 남에게 선을 베풀 줄 아는 사람이 된다. 따라서 고난에 처한 사람을 포용하므로 마음이 넓어진다. 진정한 하나님의 사람이 된다.

예수님도 임금과 종의 비유에서 내가 네 빚을 전부 탕감하여 준 것 같이 너도 네 동관을 불쌍히 여기어 그의 빚을 탕감하여 주라고 말씀하셨다(마 18:31-32). 이러한 관용을 베푸는 마음은 자신의 고난의 때를 기억할 때에 풍성해진다. 그러나 인간이 자신의 고난을 잊으면 없는 자에게 오히려 방자히 행하는 법이다.

예수님이 우리의 진정한 위로자가 되어 주실 수 있는 이유도 그분이 이 땅에서 인간이 겪을 수 있는 최악의 고난을 몸소 당하셨기 때문이다.

고난을 기억하는 사람은 자신이 잘 되었을 때에 교만하지 않고 하나님께 감사한다. 그리고 잘못되었을 때에는 자신의 부족함을 살피며 하나님께 죄를 회개한다. 인간의 됨됨이나 그릇은 어려울 때보다도 출세했을 때 더 잘 나타난다.

유대인 중에는 세계적인 부자가 많고, 학자가 많고, 명예를 가진 사람들이 많은데도 그들이 스스로 자랑하지 않는 이유가 무엇인가? 사상을 가진 깊이 있는 민족이기 때문이다. 대인이기 때문이다. 큰 그릇의 민족이 갖추어야 할 자격을 갖춘 민족이다. 이것이 그들의 겸손이며, 진짜 성공한 사람의 지혜이다. 유대인 지혜의 근본은 여호와를 경외하는(잠 1:7) 신본주의 사상에 뿌리를 두고 있다.

물질적인 풍요는 하나님을 배반하게 한다. 그렇기 때문에 어려울 때보다도 풍요로울 때에 더 조심해야 한다. 선 줄로 생각하면 넘어질까 조심해야 한다(고전 10:12). 모세는 이스라엘 백성이 광야에서 금송아지 우상을 만든 것도 하나님이 그들에게 풍부한 금과 은을 주었기 때문이라고 말했다(Cohen, 1995, p. 234). 이것이 바로 풍요의 저주이다.

하나님은 인간이 먹고 배부르면 하나님을 버리고 타락할 것을 이미 알고 계셨다. 모세는 광야에서 이스라엘 민족을 신앙으로 훈련시켰지만 곧 그들이 젖과 꿀이 흐르는 가나안 복지에 들어가면 하나님을 배반할 것을 알았다. 신명기 31장 16절에서 21절까지의 말씀을 보자.

> 여호와께서 모세에게 이르시되… 내가 그들의 열조에게 맹세한 바 젖과 꿀이 흐르는 땅으로 그들을 인도하여 들인 후에 그들이 먹어 배부르고 살찌면 돌이켜 다른 신들을 섬기며 나를 멸시하여 내 언약을 어기리니 그들이 재앙과 환난을 당할 때에 그들의 자손이 부르기를 잊지 아니한 이 노래가 그들 앞에 증인처럼 되리라. 나는 내가 맹세한 땅으로 그들을 인도하여 들이기 전 오늘날에 나는 그들의 상상하는 바를 아노라.(신 31:16-21)

실제로 이스라엘 민족은 가나안에 들어간 이후 부패할 대로 부패하였다. 부패의 가장 큰 원인은 고난이 없어졌기 때문이다. 하나님과의 언약을 어긴 백성은 여러 번 하나님의 공의에 의하여 심판을 받았다. 하나님은 사랑하는 백성을 심판하시기 전에 안타까운 마음으로 "내가 광야 마른 땅에서 너를 권고하였거늘, 저희가 먹이운 대로 배부르며 배부름으로 마음이 교만하며, 이로 인하여 나를 잊었느니라"(호 13:5-6)고 한탄하셨다. 이것은 바로 이스라엘 민족뿐만이 아니고 우리 연약한 인간 모두의 자화상이다.

하나님이 왜 인간에게 과거의 고난의 역사를 기억하라고 간곡하게 말씀하시는가? 인간의 심성은 화장실 들어갈 때와 화장실 나올 때의 마음이 다르다. 인간이 명예나 학벌이나 권력이나 물질 때문에 출세하고 나면 자신의 초라했던 이전 생활을 잊고 교만해지기 쉽다.

하나님은 바울을 얼마나 사랑하셨던가? 그러나 하나님은 사랑하는 바울에게 사탄의 가시 같은 질병의 고난을 주셨다. 바울이 체험한 영적 자랑 때문에 너무 자고(自高)하지 않도록 하기 위해서였다. 바울은 처음에는 이 고난의 뜻을 모르고 세 번씩이나 기도하였다. 그러나 하나님이 주신 고난의 뜻을 알고는 감사하며 기뻐했다(고후 12:7-10). 인간에게는 고난도 복이 된다는 증거이다.

2. 사상은 사막에서 나온다

인간이 사색할 수 있는 계절은 어느 계절일까? 만물이 소생하는 따뜻한 봄이나 여름일까? 아니면 낙엽 지며 찬바람 부는 겨울일까? 한국 어문각에서 나온 '신한국 문학전집' 중에 4권으로 된 시선집이 포함되어 있다. 그 중 봄·여름·가을·겨울을 주제로 한 시를 각 계절별로 분류해 본 결과, 봄이 6편으로 가장 적었고, 여름이 8편, 겨울이 13편, 그리고 가을이 18편으로 가장 많았다(중앙일보, 위진록 칼럼, 1995년 10월 17일, 미주판).

이는 무엇을 뜻하는가? 인간의 시상(詩想)은 따뜻한 봄과 여름이 아니라 차가운 가을과 겨울에 풍성해진다는 말이다. 즉, 인간의 시상은 풍요에서가 아니라 고난에서 나온다는 뜻이다.

인간은 고난을 겪으면서 철이 든다. 인생을 깊이 생각하게 된다. 생의 의미를 정립하는 철학적인 사람이 된다. 수직 문화의 사람이 된다. 그렇기 때문

하나님은 사막 광야에서 이스라엘 민족에게 고난의 교육을 시키셨다. 사진은 이스라엘 백성이 지나간 통로로 알려진 아라바 광야의 딤나 지역. 뱀과 전갈이 있는 곳이다. 이 곳은 놋뱀이 출토된 곳이기도 하다(Canon Institute 제공).

에 선현들은 "3일 간 굶어 보지 않고 인생을 논하지 말라"고 말했다. 굶어 보지 않은 사람은 인생의 깊이를 모르는 사람이기 때문이다. 굶는 것도 먹을 것이 있으면서 금식하는 것과 먹을 것이 없어서 굶는 것과는 크게 다르다. 경제적인 어려움으로 먹을 것이 없을 때의 긴박함이란 당한 사람만이 안다.

유대인 지도자는 지금도 딱딱한 의자에 앉는다. 그 이유는 모세가 광야에서 이스라엘 민족을 가나안으로 인도할 때에 돌의자에 앉아서 생활했기 때문이다. 당시 모세는, 백성들이 광야의 초막에서 사는데 내가 어찌 편안한 생활을 할 수 있느냐고 반문하면서 돌의자를 고집했다는 것이다.

유대인은 어떻게 이처럼 겸손한 생활을 할 수 있는가? 그들은 사막 출신이다. 사막은 광야이다. 사막은 물도 없고 돌산과 자갈과 독사와 전갈이 우글거리는 곳이다. 그들은 시내산에서 하나님의 말씀을 받았다. 즉, 신본주의 사상을 사막에서 받았다. 풍요로운 애굽에서가 아니다. 애굽에는 나일강이 있기에 풍요롭다. 풍부한 나일강의 물은 세속적 쾌락 문화와 창궐한 인본주의를 상징한다.

사상은 초현대 빌딩 숲이나 호텔, 혹은 재벌에서 나오는 것이 아니다. 사막에서 나온다. 사막은 바로 고난을 상징한다. 인간은 혹독한 고난 속에서 자기 자신을 알고, 인생의 깊이를 알고, 하나님의 섭리를 깨달을 수 있다. 따라서 고난은 저주가 아니라 축복의 전주곡이다.

성경 자체가 고난을 겪은 선지자들이 쓴 책이다. 모세가 광야에서 모세오경을 썼고, 다윗이 고난중에 시편을 썼다. 이사야 선지자나 예레미아 선지자가 고난중에 선지서를 썼다. 예수님도 십자가에서 고난을 당하셨고, 바울도 많은 고난을 당하면서 바울서신을 썼다. 성경의 저자들은 고난이란 사막에서 하나님을 만났다. 따라서 성경의 저자들이 만난 하나님을 만나기 위해서는 우리도 고난을 알고 겪어야 한다.

다시 말하면, 고난이 없으면 여호와 하나님의 말씀(진리)을 깊게 깨달을 수 없다. 현자들이 고생을 사서 하는 이유가 여기에 있다. 역사적으로 훌륭한 많은 영혼의 지혜자나 구도자는 안락한 풍요를 거부하고 사막이란 고난을 스스로 택했다. 눈에 보이는 땅의 것보다는 눈에 안 보이는 하늘의 것이 더 중요하기 때문이다.

이스라엘의 사막, 그것은 고난을 상징하고, 사막에 거하셨던 하나님은 우리가 고난 속에 거할 때 더 가까이 계신다. 인간의 깊이 있는 신본주의 사상은 사막에서 나온다. 따라서 사막은 인간에게 두려운 곳이지만 인간의 영적 성장을 위해서는 꼭 필요한 곳이다. 고난은 하나님이 사랑하는 자에게 주시는 일종의 값진 선물이다.

3. 고난은 지혜를 낳게 한다

인간의 삶은 교과서식으로 살아지지 않는다. 교과서에서 지식을 얻는다면 실생활의 삶 속에서는 지혜를 얻는다. 그 지혜도 풍요로운 삶 속에서 얻어지기보다는 고난 속에서 얻어진다.

인간이 고난을 겪는다는 말은 인간의 삶 속에 문제가 있다는 말이다. 문제가 작을 때에는 작은 고난이 있고 문제가 클수록 더 많은 고난들이 있다. 인간은 문제가 있을 때 지혜를 구한다. 질적으로 조그만 문제가 있을 때에는 조그만 지혜가 필요하지만 큰 문제에는 큰 지혜가 필요하다. 양적으로 적은 문제에는 적은 지혜가 필요하지만 많은 문제에는 많은 지혜가 필요하다.

지혜는 바로 문제 해결의 도구이며 열쇠이다. 우리 나라 말에 '궁하면 통한다' 는 말이 있다. 어려울 때에 문제 해결의 방법도 생긴다는 말이다. 인간은 고난 속에서도 죽지 않고 살게끔 되어 있다는 뜻이다. 하나님께서는 성도들에게 감당할 만한 시험을 주신다(고전 10:13).

> 사람이 감당할 시험밖에는 너희에게 당한 것이 없나니, 오직 하나님은 미쁘사 너희가 감당치 못할 시험 당함을 허락지 아니하시고, 시험 당할 즈음에 또한 피할 길을 내사 너희로 능히 감당하게 하시느니라.(고전 10:13)

옛 어른들이 학교 공부를 많이 하지 않았는데도 신세대보다 세상을 살아가는 지혜가 더 많은 것은 그들이 신세대보다 더 많은 고난 속에서 생존을 위한 지혜를 터득하며 살아왔기 때문이다. 생존을 위한 지혜였다.

다시 말하면, 어른들이 고난 속에서 얻은 지혜가 많다면 요즘 신세대들은 풍요 속에서 얻은 지식은 많으나 지혜는 부족하다. 지혜가 수직 문화라면 지

유대인은 사막과 같은 핍박 속에서도 그들의 지혜의 원천인 토라 말씀을 지키기 위하여 목숨을 걸었다. 사진은 유럽에서의 반유대주의 핍박 속에서 몰래 토라를 껴안고 새벽 기도회를 지키는 유대인들(Wiesenthal Center 제공).

식은 수평 문화에 속한다. 수직 문화 없는 수평 문화는 썩을 수밖에 없다는 것을 명심해야 한다.

역사적으로도 위대한 인물들은 문제가 많았던 고난의 역사 속에서 탄생하였다. 한국의 손양원, 이승만, 김구, 조만식, 함석헌 등과 미국의 윌슨, 아브라함, 무디, 빌리 그레이엄 등도 고난의 역사 속에서 태어난 인물들이다. 그들은 큰 문제들에 부딪치면서 지혜를 키운 위인들이다.

하나님의 말씀인 성경도 지식으로 아는 것과 인생의 고난을 체험하면서 깨닫는 것과는 다르다. 인간은 미련하여 설사 지식으로 하나님의 말씀을 이해한다 하여도 한계가 있다. 그 말씀의 깊은 뜻은 고난에 처할 때 하나님의 은혜 속에서 명확하게 깨달을 수 있다.

전자를 IQ적 지식이라고 한다면 후자는 EQ적 체험적 지식이다. 또한 전자를 머리로 아는 지식이라고 한다면 후자는 가슴으로 체험한 지식이다. 따라서 하나님의 말씀은 머리로만 아는 것이 아니라 말씀에 감동을 받아야 한다. 여호와 하나님이 여호와의 율법을 네 마음(머리가 아님)에 새기라(신 6:6)는 이유가 여기에 있다. 그리고 그 말씀을 생활에 적용하여 실천해야 한다. 즉, 진리를 머리로 깨닫고 가슴으로 느끼고 발로 행동해야 올바른 기독교 교육이 완성된다.

현대에 왜 국내·외적으로 큰인물들이 없는가? 현대는 탈냉전 시대이다. 평화의 시대에 살고 있다. 세계 제1,2차 대전이나 공산주의와 민주주의의 이데올로기 대립 같은 큰 고난이 없는 시대이다. 고난이 없는 시대에는 지혜자가 많이 나타나지 않는다. 지혜자가 나타나지 않는다는 말은 큰인물이 나타나지 않는다는 말이다. 따라서 우리는 시간은 많으나 큰인물이 없는 시대에 살며 인물난으로 허덕이고 있다.

그렇다고 우리가 자청하여 큰 지혜를 얻기 위하여 하나님께 고난을 구할 필요가 있는가? 그럴 수는 없다. 고난은 누구나 싫어한다. 특히 전쟁 같은 고난은 엄청난 피해를 가져온다. 물론 개인적으로는 넓은 길보다는 좁은 길의 고난을 택할 수 있을 것이다.

따라서 우리는 고난을 구하기보다는 평화 속에서도 우리의 자녀들에게 고난의 역사 교육과 아울러 힘든 극기 훈련(예: 미개한 선교지에서의 중노동, 힘든 운동, 금식 등)을 시키어 고난을 체험하게 해야 한다. 그럴 때만이 지혜를 터득하고 겸손해질 수 있다. 하나님은 교만한 자를 물리치시고 겸손한 자에게 은혜를 주신다(약 4:6).

인간은 고난과 고난의 역사 교육을 통하여 스스로 연약함을 깨달을 때에 겸손해진다. 그리고 지혜의 원천이신 하나님에게 지혜를 구하게 된다. 따라서 누구든지 지혜가 부족하면 모든 사람에게 후히 주시고 꾸짖지 아니하시는 하나님께 구해야 한다(약 1:5). 하나님은 그 기뻐하시는 자에게는 지혜와 지식과 희락을 주신다(전 2:26).

처절한 고난을 당하지 않고도 자신의 마음이 썩지 않는 신앙 생활을 하는 것, 그 자체가 지혜의 생활임을 알아야 한다. 미련한 자는 큰 일을 당한 후에 진리를 깨닫지만 지혜로운 자는 고난의 역사 교육 속에서 미리 깨닫는다.

4. 고난은 인내와 의지를 강하게 키운다

A. 고난은 인내라는 지혜를 키운다

아담의 타락 이후 인간은 육의 속성을 따라 '들사람' 처럼 살았다. 그러나 하나님의 사람은 장막에서 여호와의 율례와 법도에 의하여 길들여진 '야곱'의 사람이다. 이런 사람은 육의 속성을 따라 사는 것이 아니라 성령의 속성을 따라 산다. 성령의 속성을 따라 사는 사람은 사랑의 사람이다. 사랑의 속성 중 하나가 바로 인내이다(고전 13:5). 인내는 성령을 받을 때 은사(갈 5:22)로 나타나지만 그것이 생활화되는 데에는 고난을 통하여 정금같이 다듬어진다.

인간은 문제 속에서 고난을 겪을 때 지혜와 함께 인내를 배우게 된다. 이는 생존을 위한 인내이다. 인내는 일종의 지혜이다. 인내의 지혜는 이론만으로 배울 수 있는 것이 아니다. 처절한 환경 속에서 몸소 고난을 겪을 때만이 참다운 인내를 배울 수 있다. 인간은 작은 고난에서 작은 인내를 배우고 큰

말씀이 육신이 되신 예수님도 광야에서 고난의 기도를 하신 후 공생애 사업을 시작하셨다. 사진은 예수님이 40일 금식 기도를 하신 후 성령에 이끌리어 마귀에게 시험 받으신 시험산. 저자가 그 앞에 서 있다.

고난에서 큰 인내를 배운다. 하나님께서 쓰시는 큰인물들은 고난의 용광로를 통하여 커다란 인내란 수직 문화를 갖추게 된다. 인내는 지혜자가 갖추어야 할 필수 조건이다. 따라서 고난을 통하여 문제 해결의 지혜를 배운 사람은 인내의 사람이다.

하나님도 오래 참으시는 분이시다(벧후 3:9). 예수님과 바울도 오래 참으셨던 분이시다(히 12:2-5; 고후 1:6, 6:4-5). 따라서 인내할 수 있는 사람은 하나님의 속성을 가진 사람이다. 참다운 인내란 참을 수 있는 것을 참는 것이 아니고 참을 수 없는 것도 능히 참는 것이다. 예수님의 억울한 십자가 고난이 바로 그 대표적인 예이다.

야고보는 "내 형제들아 너희가 여러 가지 시험을 만나거든 온전히 기쁘게 여기라. 이는 너희 믿음의 시련이 인내를 만들어 내는 줄 너희가 앎이라.

인내를 온전히 이루라. 이는 너희로 온전하고 구비하여 조금도 부족함이 없게 하려 함이라(약 1:2-4)"고 말했다.

바울은 "다만 이뿐 아니라 우리가 환난 중에도 즐거워하나니 이는 환난은 인내를 인내는 연단을 연단은 소망을 이루는 줄 앎이로다(롬 5:3-4)"라고 말했다. 다시 말하면, 우리에게 가장 중요한 소망의 완성은 환난에서부터 시작한다는 사실이다. 환난에서 인내, 인내에서 연단, 연단에서 소망을 이루니 환난은 얼마나 큰 축복의 씨앗인가?

인간의 인내는 고난과 믿음의 시련 속에서 자란다(약 1:3; 살후 1:4). 따라서 고난을 통하여 인내를 배운 사람은 깊이 있는 수직 문화의 사람이고, 고난 없이 인내를 배우지 못한 사람은 수평 문화의 사람이기 쉽다.

B. 고난은 의지력과 담대함을 키운다

인간이 얼마나 담대한가 혹은 얼마나 강인한 의지력이 있는가 하는 것도 인내라는 자로 측정할 수 있다. 이를 바꾸어 말하면, 의지가 약한 사람은 인내가 연약하다. 조금만 어려운 일이 닥쳐도 쉽게 포기하고 쉽게 좌절한다. 그러나 의지가 강한 사람은 인내가 강하고 담대하다. 마음먹은 것이 설사 잘 안 된다 하여도 쉽게 포기하지 않는다. 그리고 쉽게 좌절하거나 비굴하지도 않다. 7전 8기의 모습으로 오뚝이처럼 다시 일어선다. 이것은 고난과 믿음의 시련 속에서 인내가 자라면서 스스로 의지가 강해지며 담대해지기 때문이다. 따라서 이 세상에 고난 없는 성공은 기대할 수 없다.

1948년 나라를 되찾은 이스라엘은 현재도 수많은 주변 아랍권의 위협에 시달리고 있다. 그러나 유대인은 아랍의 위협을 자신들의 고난의 역사 속에서 얻은 지혜로 긍정적으로 받아들이고 있다. 랍비 솔로몬에 의하면,

아랍의 위험이 없으면 이스라엘 내부의 분쟁으로 시끄러워 힘이 결속되지 않지만, 아랍의 위험이 커질수록 내부의 분쟁은 자취를 감추고 긴장 상태가 고조되면서 단결이 잘 되기 때문이다.(Solomon, 1992, p. 15). 유대인은 외부로부터의 고난 때문에 스스로 국력이 강해지고 담대해진다는 논리다.

우리는 세계 여자 골프의 여왕 박세리 선수를 기억한다. 그녀는 1998년 5월 '맥도널드 LPGA 여자 챔피언십 골프 대회' 우승에 이어 그 해 7월 7일 'US 여자 골프 오픈 대회'에서도 우승하여 세계 무대 데뷔 첫해에 메이저 대회 2연승이란 대기록을 세웠다(중앙일보, 1998년 5월 19일, 7월 7일).

보통 사람은 그녀의 표면적 승리에 기뻐했지만 의식이 있는 사람은 그녀의 승리의 이면에 숨어 있는 고난을 생각하며 콧등이 시큰함을 느꼈을 것이다.

박세리 선수는 골프를 초등학교 3학년 때 시작하여 초등학교 6학년 때부터 본격적으로 연습하였다.

박세리 선수의 아버지는 매일 오전 5시 30분이면 어김없이 세리를 깨워 문 밖으로 등을 떠밀었다. 15층 아파트 계단 오르내리기 5회 반복으로 하루를 시작했다. 이어 1시간 동안 요가 운동을 했고, 유성 골프장 입구에서 매일 6km를 뛰었다. 하루 8백 개의 샷 연습과 6백 번의 퍼팅 연습을 오후 10시까지 단 하루도 거르지 않고 반복됐다. 지옥 같은 나날이었다. 자다가도 아버지가 "퍼팅 연습을 1천 번 더 해라" 하면 일어나 퍼팅 연습장으로 향해야 했다.

체력과 기량 훈련뿐만이 아니었다. 골프에서 요구되는 평정심과 대담성을 키우도록 아버지는 어린 세리를 칠흑 같은 어두운 산중에 내버려두고 돌아가길 거듭했다. 이 때마다 세리는 무서워도 울음을 속으로 삼키며 산 속을 수없이 헤매야 했다. 혹시 아버지에게 눈물을 보이면 불호령이 떨어지기 때문이었다. 7년 후 그녀는 세계 정상에 우뚝 섰다(중앙일보, <u>세리야, 잘 했다.
아빠가 그 동안 너무 모질었지…</u>, 1998년 5월 19일).

　박세리의 성공 비결은 무엇인가? 선천적인 소질도 중요하지만 무엇보다도 아버지의 지혜로운 고난 교육의 열매였다. 고통스러운 고난 교육은 그녀로 하여금 강한 의지력과 대담성을 갖게 하는 원동력이 되었다.

　부모가 자녀를 교육시키는 데에 고난 교육은 비단 스포츠뿐만이 아니라 모든 분야에서 성공하는 데 필수 과목임을 잊지 말아야 한다. 부모가 자녀에게 아무 일도 시키지 않고 편하게 방치하는 것은 자녀를 나약하게 만들거나 육의 수평 문화에 빠지게 할 우려가 있다.

　고난은 인간에게 의지력과 담대함을 키워 주는 고마운 것이다. 성공은 고난이 있기에 값진 것이다. 고난 없는 성공은 없을 뿐만 아니라 설사 있다 하여도 성공 후 곧 타락하게 된다. 성공의 기쁨은 고난의 깊음에 정비례한다.

　하나님도 하나님이 크게 사용하시려고 선택하신 요셉, 모세, 다윗을 그들의 인간 교육을 위하여 세상의 일류 대학에 보내신 것이 아니라 먼저 처절한 고난 대학(苦難大學)에 입학시키셨다. 따라서 전인 교육의 지정의(知情意)에서 의지의 계발에도 고난의 역사 교육이 중요하다.

　여호와 하나님께서 왜 그토록 사랑하시던 이스라엘 민족에게 고난을 주셨는가? 그 이유는 그들을 독수리처럼 강한 민족으로 키우시기 위함이다(신 32:11-12). 하나님께서 그들을 40년 간 광야의 길을 걷게 하시면서 굶주리게 하시고, 낮추시며 그들을 시험하사 마침내 복을 주려 하심이었다(신 8:2-3, 16).

　하나님은 이스라엘 민족에게 고난을 주시면서 동시에 하늘의 만나 즉 여호와의 말씀을 주셨다. 즉, 이스라엘 민족은 하나님의 말씀 속에서 영혼이 새로워졌으며 강하고 담대한 믿음을 소유하게 된다.

강함과 담대함은 고난을 통과한 후에 얻어지는 축복의 결과이다. 강하고 담대한 믿음을 소유한 이스라엘 민족은 마침내 가나안을 유업으로 얻는 축복을 받게 되었다.

5. 고난은 감사의 사람으로 만든다

감사의 반대는 불평이다. 감사하지 않는 사람이나 민족은 불평 불만에 물들어 있다. 미국에서 자란 많은 자녀들은 불평을 많이 한다. 왜 그렇게 불평이 많은가? 왜냐 하면 그들은 고난을 알지도 못하고 겪어 보지도 않았기 때문이다. 그들은 모든 것들이 너무 풍족한 환경 속에서 자랐다. 냉장고 문을 열면 고기를 비롯한 기름진 음식들이 가득하다. 미국에서 가장 흔해빠진 음식이 햄버거 아니면 닭고기가 아닌가? 이처럼 풍족한 환경에서 불평하는 자녀들은 천국에 데려다 놓아도 불평할 아이들이다. 불평하는 개인이나 민족은 하나님을 배반한다.

인간이 감사하게 생각하며 사는 비결은 무엇인가?

첫째, 감사는 과거의 고난을 되새길 때에 생긴다.

이는 어두움이 있어야 빛이 돋보이고, 까만색이 있어야 하얀색이 돋보이고, 슬픔이 있어야 기쁨이 돋보이는 원리와 같다. 배고팠던 과거를 기억할 때에 현재의 배부름에 만족할 수 있으며, 하나님에게 감사할 수 있다.

유대인이 애굽의 처절한 고난의 종살이를 생각하며 현재의 자유와 풍요에 감사하는 것도 마찬가지이다. 지혜로운 자는 성경을 통해서 그리고 역사를 통해서 배우고, 어리석은 자는 직접 피눈물을 흘리고 나서야 배운다. 그러나 피눈물로 배울 때는 이미 늦게 마련이다.

유대인은 더 큰 고난을 막기 위하여 고난의 역사 교육을 시킨다. 그들은 대속죄일인 욤키퍼 절기 때에 그 동안의 죄를 회개하면서 하루를 금식하며 고난을 체험한다. 하나님이 대속죄일에 "이 날에 스스로 괴롭게 하지 않는 자는 그 백성 중에서 끊어질 것이라(레 23:29)"고 말씀하셨기 때문이다. 인간은 자신의 죄를 깨달았을 때에 비로소 죄사함 받은 것에 감사할 수 있다. 따라서 인간에게 고난이 없으면 감사가 없다. 고난은 인간을 감사의 사람으로 만드는 축복의 과정이요, 도구이다.

둘째, 감사는 소유에 있지 않고 현실의 만족에 있다.

감사는 자신이 얼마나 가졌느냐 하는 소유의 정도에 비례하는 것이 아니라 현재 가진 것에 대하여 얼마나 만족하느냐에 달려 있다. 왜냐 하면 소유는 절대적인 것이 아니고 상대적이기 때문이다. 소유는 자신의 것을 누구와 비교하느냐에 따라 '많다' 혹은 '적다'가 판가름난다. 만약 자신이 소유한 정도에 따라 감사하는 사람이라면 자신보다 조금 덜 가진 자와 비교할 때는 감사하고, 자신보다 더 많이 가진 자와 비교할 때는 불평할 것 아닌가? 이러한 소유의 비교에 의한 감사는 진정한 감사가 될 수 없다.

누가 행복한 사람인가? 많이 가졌어도 항상 부족함을 느끼는 사람은 부자라도 가난한 사람이며 불행한 사람이다. 그러나 조금 가졌어도 부족함이 없다고 느끼는 사람은 부유한 사람이며 행복한 사람이다. 없는 가운데서도 부유하게 느끼는 사람은 현실에 만족하는 사람이고, 이러한 사람은 감사한 생활을 할 수 있다.

이것은 통계에서도 밝혀졌다. 미국의 데이비드 마이어스 박사의 행복의 추구에 관한 연구에 의하면, 돈이 많아질수록 얻을 수 있는 '행복의 양'은 줄어든다. 선진국들을 대상으로 인구를 경제력에 따라 4등분해 실시한 조사에 의하면, 가장 가난한 집단 중에서는 72%가 삶 전반에 대하여 '만족' 혹은

'대단히 만족' 하다고 느끼는 데 비해 가장 부유한 집단에서는 불과 14%만이 삶에 대한 '만족'을 표현했다.

그러면 돈이 행복감을 느끼는 데 크게 기여하지 못하는 이유는 무엇인가? 마이어스 박사에 의하면, "돈은 힘이 막강해진 것 같은 느낌을 주는 것은 사실이지만, 사람의 행복은 그 같은 힘보다는 주로 개인적인 관계, 자기 자신에 대한 느낌 그리고 정신적인 면 등에 의해 영향을 받는다"(한국일보, 1992년 6월 14일, 미주판).

그러므로 바울은 "내가 궁핍한 사람으로 말하는 것이 아니라 어떠한 형편이든지 내가 자족하기를 배웠다"(빌 4:11)고 고백했다. 따라서 매사에 긍정적인 사고를 갖고 감사 생활을 하는 사람이 바로 행복한 사람이다.

셋째, 환경을 초월한 감사 생활은 하나님의 은혜 속에 거할 때에 가능하다.

불신자들은 감사의 조건들이 있을 때마다 감사한다. 그러나 성도는 감사의 조건이 있을 때에만 감사하는 것이 아니라 늘 감사해야 한다. 인간적으로 볼 때 감사의 조건이 없는 최악의 상태에서라도 감사해야 한다. 피조물의 감사는 원천적으로 창조자 하나님에게서 오며 하나님을 향한 것이기 때문이다.

성도는 절대자 하나님의 창조물과 역사의 주관을 절대로 거부할 수 없다. 무조건 감사만이 있을 뿐이다. 그 이유는 하나님의 역사의 주관 속에는 모든 것이 연합하여 선을 이루기 때문이다. 따라서 설사 그 뜻을 좁은 인간의 소견과 지혜로 깨닫지 못한다 하여도 그분을 믿고 감사해야 한다.

그렇기 때문에 바울은 "범사에 감사하라. 이는 그리스도 예수 안에서 너희를 향하신 하나님의 뜻이니라"(살전 5:18)고 못박았다. 이러한 성도의 초월적 감사 생활은 하나님의 은혜 속에 거할 때만이 가능하다. 유대인이 순교를 당하는 순간에도 하나님께 감사한 이유가 여기에 있다.

다윗은 생사가 달린 극한 상황에서도 "여호와는 나의 목자시니 내게 부족함이 없다(시 23:1)"고 노래했고, 바울은 온갖 핍박 속에서도 항상 기뻐하고 감사하라(살전 5:16-18)고 권면하지 않았는가? 인간은 부유할 때보다도 고난 속에서 하나님의 은혜를 체험한다. 그리고 하나님의 은혜를 체험할 때 고난 속에서도 하나님께 감사할 수 있다. 이것은 일종의 역설이다. 이것이 바로 세상의 감사 논리와 하나님의 감사 논리와의 차이점이다.

제5장

결 론

왜 세상 학문은 점점 발달하는데 인간은 점점 타락하는가? 그런데 유대인은 어떻게 역사적으로 성결한 삶을 유지해 왔는가? 유대인의 생존의 비밀은 무엇인가? 유대인은 자녀를 어떻게 신본주의 사상을 가진 수직 문화의 사람으로 양육하는가? 이에 대한 답 중 하나가 유대인의 '고난의 역사 교육'이다. 고난의 역사 교육을 시킨 민족과 안 시킨 민족은 무엇이 다른가? 한국의 현실을 보자.

1992년 미국의 가수 '뉴 키즈 온 더 블록[New Kids on the Block(1992)]'이 한국을 방문했을 때다. 당시 한국의 어린 여중·고생 2만 명이 "오빠!"를 부르짖으며 광란하며 수십 명의 사상자를 냈다. 그들이 어떻게 그녀들의 오빠가 되는가? 왜 이러한 현상이 일어나는가? 그녀들에게 역사 의식이 없기 때문이다. 그들은 고난도 모르거니와 역사적으로 고난을 기억하는 교육을 받아 오지 못했다. 1세가 갖고 있는 역사 의식이 단절된 현실 위주의 육의 문화에 취해 있기 때문이다. 그러면 그 책임은 누구에게 있는가? 어른들이다. 어른들이 자녀 교육을 잘못 시켰기 때문이다.

역사 의식이 있다는 말은 철학적 사고 능력이 있다는 것을 뜻한다. 철학적 사고 능력이 있다는 말은 자신의 아이덴티티 의식 혹은 자긍심이 있다는 것을 뜻한다. 자신의 아이덴티티 의식이 있으면 세속의 환경 변화에 쉽게 흔들리지 않는다. 아이덴티티 의식이 확실한 사람들은 눈에 보이는 땅의 물질이나 유행, 권력 혹은 명예 같은 수평 문화에 더 가치를 두는 것이 아니라 눈에 보이지 않는 정신 문화, 즉 사상, 인격 및 도덕적이며 신령한 수직 문화에 더 큰 가치를 두는 사람들이다.

유대인은 역사적으로 고난을 기억하는 교육을 받아 온 민족이다. 설사 그들이 고난을 몸소 겪지 않고 출세한 민족이라 하여도 고난을 기억하는 사람은 역사 의식이 있는 사람이다. 역사 의식이 있는 사람은 수직 문화의 사람이다. 역사 의식이 있는 수직 문화의 사람은 깊이 있는 사상과 문제를 푸는 지혜를 갖고 있으며, 고난 속에서도 인내할 줄 알며, 어떠한 환경 속에서도 감사할 줄 아는 사람이다. 이렇게 고난을 체험하고 기억하는 사람은 설사 이 세상에서 출세했다 하여도 교만하지 않고 겸손한 삶을 살 수 있다.

고난은 인간의 마음과 인격과 의지를 미성숙에서 성숙으로, 연약한 모습에서 단단한 모습으로, 그리고 약한 모습에서 강한 모습으로 성장시킨다. 그리고 인간의 교만을 겸손으로 바꾸어 주고 좁은 마음을 넓은 마음으로 변화시켜 준다. 즉, 좁은 그릇의 인간을 큰 그릇으로 만들어 준다.

인간은 고난을 겪고 기억함으로써 사상가나 철학자가 된다. 고난은 인간의 타락과 교만을 절제시켜 준다. 고난은 지혜를 낳게 해주며 인내와 의지를 강하게 키운다. 그리고 고난은 인간을 감사의 사람으로 만들어 준다.

따라서 하나님의 말씀이 영혼의 양식이라면 고난은 인간을 영적, 그리고 인격적으로 성숙하게 만드는 도구이며 과정이다. 유대인이 유월절날 삶은 계란을 먹는 이유도 계란이 불을 가할 때 단단해지듯 그들의 신앙도 고난의 불이 가해졌을 때 더 단단해진다는 사실을 자녀들에게 가르치기 위함이다. 그러므로 유대인의 '고난의 역사 교육(Education of Historical Tragedies)'

은 한국인이 본받아야 할 성서적 자녀 교육 방법이다.

망각은 쫓겨남을 자초하나 기억함은 구원의 비밀이다.
(Forgetfulness leads to exile, while
remembrance is the secret of redemption.)
(예루살렘의 '야드 바셈 대학살 기념관')

제8부

글을 마치면서

서론

유대인이 지금까지 역사 속에서 사라지지 않고 생존한 이유는 그들의 특별한 교육 방식 때문이다. 그들의 주요 교육은 가정에서 이루어진다. 그러나 그들의 가정 교육을 적극적으로 도와 주는 스승은 랍비이다. 랍비들은 유대인 커뮤니티의 지도자들이다. 그들은 회당에서 유대 민족에게 토라와 탈무드를 가르친다. 그리고 커뮤니티와 유대 민족의 공동사에 대한 리더십을 갖고 있다.

저자가 이제까지 쓴 유대인 자녀 교육을 요약하면 한마디로 선민 사상 교육이다. 즉 하나님의 말씀을 자자손손 전수하기 위한 쉐마 교육이다. 유대인은 선민 사상 교육을 효과적으로 하기 위하여 그들의 가정을 교육의 중심지로 삼는다. 하나님이 그렇게 명하셨다. 하나님은 유대인의 교육을 위하여 율법을 주셨다.

이제 마지막으로 기독교가 생각하는 유대인의 율법에 대한 오해를 풀기 위하여 유대주의의 본질에 대하여 설명하고, 유대인의 율법과 교육의 관계, 그리고 한국 기독교의 교육 내용에 관한 율법의 필요성을 설명해 보자. 그리고 유대인의 선민 사상과 한국인의 선민 사상을 비교하며, 한국인 2세 교육에 어떻게 적용할 것인가에 대해 알아보자.

제1장

율법에 대한 바른 이해

Ⅰ. 유대인의 율법은 꼭 나쁜가

저자는 가끔 유대인의 율법에 대해 부정적인 시각을 가진 사람들을 만난다. 그들은 율법에 관련된 모든 것을 나쁘게 여긴다. 사실은 저자도 유대주의를 연구하기 전에는 유대인의 율법에 대해 약간의 부정적인 편견을 갖고 있었다. 왜냐 하면 예수님과 사도들이 유대인 율법주의자들에게 너무 많은 고난을 당했기 때문이다. 그러나 유대주의를 연구한 지금은 다르다. 왜냐 하면 하나님께서 주신 본래의 율법과 이를 남용한 율법주의자들의 행위는 근본적으로 다르다는 것을 깨달았기 때문이다.

저자는 이 오해를 풀기 위하여 본서에서 몇 번 율법과 은혜, 그리고 구원과 성화에 대하여 언급했다. 이제 책을 마무리하면서 한국인의 교육을 위하여 무엇이 필요한가를 설명하기 위하여 다시 한 번 이 문제를 정리하고자 한다.

첫째, 먼저 구약적인 개념에서 율법이 무엇인지 알아보자. 복수로 된 '율법들(mitzvoth)'이란 단어는 토라에 포함된 신성한 계명을 뜻한다. 탈무드 용어로는 613개의 신성한 계명을 말한다. 유대인은 이 율법을 선행이라 부른

정통파 유대인들은 어제나 오늘이나 세대 차이가 없다. 그리고 가족간의 유대 관계가 깊다. 사진은 토요일 안식일이 끝나고 온 가족이 회당을 떠나는 핫시딤파 유대인 가족. 그들은 피임을 안 하기 때문에 식구가 많아 벤을 타고 다닌다.

다. 따라서 자선도 율법이라 부르고, 도덕과 윤리면에서의 신성한 계명도 율법이라고 한다(Birnbaum, 1991, pp. 390-391).

유대인은 특별히 토라, 모세오경을 율법책이라고 부른다. 유대교는 구약시대의 여호와의 율례와 법도에 의거한 종교이다. 여호와의 율례와 법도는 모세오경을 기본으로 한 구약 성경의 내용이다. 따라서 유대인은 이를 율법책이라 부른다. "모세가 이 율법의 말씀을 다 책에 써서 마친 후에"(신 31:24), "이 율법책을 네 입에서 떠나지 말게 하며"(수 1:8) 등의 예를 보아 알 수 있다. 유대인이셨던 예수님도 구약을 율법이라 칭하셨다(마 5:17-18; 요 7:19).

기독교인이 유대인을 부정적으로 보는 경우가 흔하다. 유대인도 선한 유대인과 악한 유대인이 있다. 예수님 당시에 바리새인이라고 해서 모두 다 나쁜 사람들이 아니다. 니고데모처럼 경건한 바리세인도 있었다. 선한 유대인은 여호와의 율법을 지키는 사람이고, 악한 유대인은 여호와의 율법을 지키지 않거나 혹은 율법이 요구하는 본래의 뜻을 어기고 율법을 남용한 율법주의자들이다. 따라서 악한 유대인이 있다면 여호와의 율례와 법도, 즉 구약 성경이 나쁜 것이 아니고 율법(말씀)대로 살지 못한 그들이 나쁜 것이다.

총신대학원 정훈택 교수는 학위 논문으로 마태복음에 나타난 믿음과 행위의 관계를 연구하였다(정훈택, 1993, '열매로 알리라' 참조). 그도 "예수님은 율법을 '삶의 규범'으로 인정하셨다"고 단정하였다(p. 210). 예수님의 율법에 대한 분명한 태도는 장로의 유전에 대하여 바리새인들이 논쟁한 것(마 15:1-9)에 나타난다. 예수님은 유대 지도자들의 태도에서 하나님의 율법과 유전 사이의 심각한 갈등 및 충돌을 발견하시고 그들이 전통을 수호하려는 것 때문에 더 귀한 율법을 파괴하고 있다고 꾸중하셨다. 예수님에 따르면 율법은 빵보다 더 귀중히 여겨야 할 하나님의 말씀이었다(마 4:4)(pp. 210-211).

유대인이었던 바울도 이 점을 심하게 책망했다.

> 하나님 앞에서는 율법을 듣는 자가 의인이 아니요, 오직 율법을 행하는 자라야 의롭다 하심을 얻으리니… 유대인이라 칭하는 네가 율법을 의지하며 하나님을 자랑하며… 도적질 말라 반포하는 네가 도적질하느냐? 간음하지 말라 말하는 네가 간음하느냐? 우상을 가증히 여기는 네가 신사 물건을 도적질하느냐. 율법을 자랑하는 네가 율법을 범함으로 하나님을 욕되게 하느냐. (롬 2: 13-23)

예수님의 제자 요한도 "하나님을 사랑하는 것은 하나님의 계명을 지키는 것"(요일 5:2-3)이라고 못박았다.

둘째, 구원론적인 입장에서 신약 시대에 유대인이 메시아이신 예수님을 안 믿기 때문에 그들이 아무리 율법을 잘 지킨다 하여도 그들에게는 구원이 없다(자세한 내용은 본서 제2권 제6부 제3장 II-2. 'B. 리브가와 예수님의 중보의 역할 비교' 참조).

셋째, 신약 시대의 성도는 율법을 어떻게 보아야 할 것인가? 이 질문은 바로 여호와의 율례와 법도를 어떻게 보아야 하는가란 말과 같다. 왜냐 하면 유대인이 지키는 율법 자체가 구약 성경이기 때문에 우리가 생각하는 율법의 개념과는 거리가 있다. 먼저 기독교는 신구약 66권을 정확 무오한 하나님의 말씀으로 믿는다는 것을 전제 조건으로 정해야 한다. 유대인이 명시한 613개의 율법 속에는 우리가 생각하는 율법적인 것도 있지만, 신약 성도에 적용되는 인간의 마음에 관한 것도 얼마든지 많다.

구약의 계시와 신약의 계시는 구속사적인 입장에서 구약은 신약에 대한 예표성(typological)과 규범성(paradigmatic)을 갖고 있다. 그리고 두 계시는 종말론적 완성(eschatological)을 향하여 나아간다. 따라서 우리는 구약에서 신약으로 넘어갈 때, 어떤 구속사적 전환이 생겼는지 먼저 살펴보아야 한다(김정우, 1995, p. 153).

바울이 말한 율법에서의 해방은 구원론적인 입장에서 구약의 율법 행위가 인간의 구원에 조금도 영향을 주지 못한다는 뜻이지, 사람이 세상에 살면서 법을 지키지 않고 방종하라는 뜻이 아니다. 즉 율법에서의 해방은 유대인이 지키는 613개의 율법 중에 유대인이 선민으로서의 아이덴티티를 규정하는 구약의 할례 의식, 짐승을 드리는 제사, 특별한 날과 절기 및 식생활 등의 율법이 신약 시대의 성도에게는 구원의 조건이 될 수 없으므로 필요 없다는 말이다. 특히 유대교 율법이 요구하는 특별한 날과 절기를 지키는 전통은 우상 숭배로 돌아가는 것과 동일하다(갈 4:8-11)(Sanders, 1995, p. 153). 따라서 이러한 율법은 그리스도의 피로 죄사함 받은 신약 시대의 성도는 지킬 필요가 없다.

넷째, 그러면 신약 시대의 성도가 지킬 법은 무엇인가? 신약의 성도는 마땅히 '그리스도의 법'을 지켜야 한다(갈 6:2b). 사실 바울이 이야기한 '그리스도의 법'은 구약의 율법보다 더 강력한 법이다. 구약의 율법이 초보자의 행위라면, 그리스도의 법은 성숙한 성도가 지켜야 할 법이다. 기독교인이 지켜야 할 법은 율법적인 선행, 쩨다카가 아니고 인애의 헤세드에 속한 율법이다. 형제의 짐을 서로 지는 것이다(갈 6:2a). 이웃 사랑 속에서 모든 율법이 이루어지기 때문이다. 바울의 말대로 "온 율법은 네 이웃 사랑하기를 네 몸같이 하라 하신 한 말씀에 이루었다"(갈 5:14). 따라서 성도가 기본적인 율법을 지키지 못하면서 어떻게 그리스도의 법을 지키겠는가?

그러나 우리가 분명히 짚고 넘어가야 할 것은 신약의 성도들이 구약의 어느 율법은 지켜야 하고, 어느 율법은 지키지 말아야 하는가에 대한 구체적인 규정이 신약 성경에는 명확히 없다는 점이다. 샌더스는 이를 "바울이 신약의 성도에 맞는 완전한 할라카 체제(유대인의 세세한 응용 율법)를 만들지 않았기 때문"이라고 설명한다. 이는 아직도 논쟁점으로 남아 있다(Sanders, 1995, pp. 144-145).

다섯째, 구약의 율법 자체도 하나님의 사랑에 근거한 것이다. 유대인의 율법에 대해 부정적인 시각을 갖는 사람은 율법주의자들의 표면적인 율법만 보았기 때문이다. 그 예로 "네 이웃 사랑하기를 네 몸같이 하라" 하신 예수님의 말씀(마 22:39)도 실상은 레위기 19장 18절에 나오는 유대인의 613개의 율법에 속한 계명 중 하나이다. "원수를 갚지 말며 동포를 원망하지 말며 이웃 사랑하기를 네 몸과 같이 하라. 나는 여호와니라"(레 19:18). 그렇다면 이 계명도 유대인의 율법이기 때문에 신약의 성도는 지키지 말아야 하는가? 그렇지 않다. 우리가 관념적으로 '유대인의 율법'을 오해한 것이 바로 이런 부분들이다. 우리가 4복음서와 로마서나 갈라디아서에 나타난 부정적인 율법주의자들의 율법만 들어 왔기 때문이다. 그러나 실지로 유대주의를 연구해 보면 우리가 생각하는 것과 많이 다르다. 샌더스도 "우리는 먼저 바울의 권고가 율법과 유대교 전승과 매우 일치한다는 사실을 지적해야 한다"고 역설했다(Sanders, 1995, p. 142).

할례도 마찬가지이다. 하나님도 기본적으로 구약에서 표면적 육신의 할례도 강조하셨지만, 이면적 마음의 할례도 강조하셨다. 사실은 구약에서도 표면적 할례는 이면적 할례의 표시에 불과하다(롬 2:25-29). 몇 가지 예를 보자.

> 그러므로 너희는 마음에 할례를 행하고 다시는 목을 곧게 하지 말라(신 10:16). 네 하나님 여호와께서 네 마음과 네 자손의 마음에 할례를 베푸사, 너로 마음을 다하며 성품을 다하여 네 하나님 여호와를 사랑하게 하사, 너로 생명을 얻게 하실 것이다.(신 30:6)

그리고 예레미아 선지자가 말한 "대저 열방은 할례를 받지 못하였고, 이스라엘은 마음에 할례를 받지 못하였느니라 하셨느니라"(렘 9:26)는 말씀은 마음에 할례 받지 않은 유대인은 육신의 할례를 받지 않은 이방인과 차이가 없음을 말해 준다. 이것은 바울이 "할례는 마음에 할지니 표면적 유대인이 유대인이 아니요 이면적 유대인이 유대인이다"는 개념과 동일하다(롬 2:28-29).

구약이나 신약이나 마음에 할례를 받지 않고 어떻게 하나님을 사랑할 수 있는가? 신약적인 개념으로 할례는 구원의 표인 세례에 해당된다(롬 4:11; 골 2:11; 벧전 3:21). 따라서 구약의 할례 의식 자체는 없어졌으나 그 정신은 신약의 세례로 이어졌다(김정우, 1995, p. 153). 당연히 세례 의식보다는 회개하고 거듭나는 것이 더 중요하지 않겠는가(고전 1:17)? 거듭나지 않은 사람의 세례는 형식에 불과하다. 많은 구약의 진실한 선지자들이 외친 내용들이 바로 형식보다는 내용이다. 구약의 참된 선지자들도 사도 바울처럼 율법주의자들을 책망했음을 명심해야 한다.

여섯째, 율법은 하나님이 주신 선한 것이다. 유대인이었던 바울도 율법 자체를 하나님이 주신 것이기 때문에 선한 것이라고 못박았다.

> 이로 보건대 율법도 거룩하며 계명도 거룩하며 의로우며 선하도다.(롬 7:12)

예수님도 바리새인과 서기관들에게 율법도 지키고, 의와 인과 신도 행하라고 말씀하셨다.

> 화 있을진저 외식하는 서기관들과 바리새인들이여, 너희가 박하와 회향과 근채의 십일조를 드리되, 율법의 더 중한 바 의와 인과 신은 버렸도다. 그러나 이것도 행하고 저것도 버리지 말아야 할지니라.(마 23:23)

예수님은 율법을 폐하러 오신 것이 아니라 완성하러 오셨다.

> 내가 율법이나 선지자나 폐하러 온 줄로 생각지 말라. 폐하러 온 것이 아니요, 완전케 하려 함이로다. 진실로 너희에게 이르노니 천지가 없어지기 전에는 율법의 일 점 일 획이라도 반드시 없어지지 아니하고 다 이루리라.(마 5:17-18)

결론적으로 이를 요약하면 첫째, 신약의 구원론적 입장에서 율법의 행함은 구원의 조건이 되지 못한다는 것이고, 둘째, 예수님의 율법주의자들에 대한 책망은 그들의 눈에 보이는 율법 행위보다는 그 이전에 하나님이 율법을 주신 율법의 정신(the Spirit of Laws), 즉 마음이 더 중요하다는 것을 깨우치는 말씀이었다. 그것이 바로 예수님이 말씀하신 의와 인과 신을 행하라는 것이다. 바리새인들이 예수님께 책망받은 이유도 그들은 속은 썩었는데 겉만 율법의 행위로 의인인 것처럼 보이기 때문이었다. 그런 사람은 회칠한 무덤이다(마 23:27).

현대 교회에도 바리새인 같은 율법주의자들이 얼마든지 있지 않은가? 따라서 율법 자체가 나쁜 것이 아니고 율법을 주신 하나님의 뜻을 저버리고 율법을 남용하는 율법주의와 그 율법주의를 따르는 율법주의자들이 잘못된 것이다. 근본적으로 구약의 하나님은 신약의 하나님이시다. 그리고 그분은 영존하는 분이시다. 따라서 근본 신본주의 사상은 구약이나 신약이나 동일하다.

II. 교육의 내용에는 율법도 있어야 한다

인간이 인간답게 살기 위해서는 반드시 어느 것이 옳고, 어느 것이 그른지 그 기준이 있어야 되지 않겠는가? 다시 말하면, '하라'는 것과 '하지 말라'는 것이다. 예를 들어 "네 부모를 공경하라"는 다섯 번째 계명은 '하라'는 계명이고, "살인하지 말라"는 여섯 번째 계명은 '하지 말라'는 계명이다. 둘 다 유대인의 중요한 율법이다. 이 율법은 또한 기독교인이 지켜야 할 율법이기도 하다. 죄가 무엇인가? 간단히 말하여 하나님이 "하라"는 것은 안 하고, "하지 말라"는 것을 하면 죄이다.

왜 신약의 성도에게는 율법이 부정적으로 보이게 되었는가? 첫째는, 썩은 종교 지도자들이 예수님을 괴롭혔다. 썩은 종교 지도자들이란 외식하는 율법주의자들이다. 둘째는, 초대 교회 당시 바울이 선교하여 세운 교회에 외식하는 율법주의자들이 이방인 성도에게도 할례를 강요하는 우를 범했다. 이 때에 바울은, 구원은 하나님의 은혜로 말미암아 믿음으로 받는 것이지 절대로 율법의 행함으로 받는 것이 아니라는 진리를 선포했다(엡 2:8-9). 일종의 영적 전쟁이었다. 바울은 율법주의자들에게 "우리가 전한 것 이외 다른 복음을 전하면 저주가 있을지어다"(갈 1:8)라고 말하며 정면으로 도전하였다. 그 당시는 유대교와 기독교가 갈라지는 상황에서 목숨을 건 도전이었다.

그리고 바울은 구약에서의 선민의 구원도 율법의 행함이 아니고 믿음으로 의롭게 된다는 근본적인 하나님의 구원의 원리를 재천명했다(갈 3:6-9). 그 성서적 근거로 아브라함이 믿음으로 의롭게 된 '칭의'의 문제를 제기하였다(창 15:6; 갈 3:6-9). 그러므로 신약의 성도들도 믿음으로 말미암은 자들이기 때문에 아브라함의 아들이며, 믿음으로 말미암은 자는 믿음이 있는 아브라함과 함께 복을 받는다(갈 3:7-9)는 진리를 분명히 했다. 즉 신약의 성

정통파 유대인은 안식일에 관한 율법을 철저히 지킨다. 그들은 안식일에 전기를 사용한다는 이유로 사진을 못 찍게 한다. 따라서 저자는 안식일이 끝난 후(토요일 해진 후) 담소하는 그들을 찍었다.

도들은 모두 자랑스러운 영적 유대인이다. 그렇기 때문에 아브라함의 후손, 즉 유대인이 소유했던 구약 성경은 신약 성도의 성경도 된다. 따라서 구약 시대이건 신약 시대이건 구원은 믿음으로 받고, 율법의 내용은 구원받은 성도가 하나님의 자녀답게 성숙하기 위한, 성화에 필요한 교육의 내용으로 봐야 된다.

그러면 문제는 어디에 있는가? 개신교가 율법을 너무 무시하고 믿음만을 강조하다 보니까 신약의 성도들, 특히 한국의 기독교가 율법적인 생활의 열매를 강조하지 않았다고 보아야 한다. 따라서 한국의 성도들이 행함 없는 믿음 생활을 가정이나 사회에서 보임으로 타종교인들에게 질책을 받고 있다. 이는 그리스도의 영광을 가리는 행위이다. 성도는 예수 믿고 구원을 받았으면, 반드시 회개에 합당한 열매를 내놓아야 한다(눅 3:8). 사람은 그의 열매로 그를 알게 된다(마 7:20). 그것이 바로 성화의 과정에서 이루어져야 한다. 믿는 자는 안 믿는 자와 뭔가 구별되어야 한다. 율법을 정확하게 지키므로 부정 부패가 없어야 하고, 기독교인은 시험 볼 때에 커닝도 하지 말아야 한다.

유대인은 날 때부터 하나님의 선민으로 구별되었다고 믿기 때문에 그들은 이 세상에 나면서부터 하나님의 형상을 닮아 가는 교육을 받는다. '하나님의 형상을 닮는다' 는 말은 '거룩해진다' 는 뜻으로, 하나님을 향하여 점점 더 세속과 구별되어진다는 의미이다. 그 교육의 내용이 여호와께서 주신 613개의 율법(하나님의 말씀)이며, 교육의 방법은 613개의 율법을 지켜 행하는 것이다. 이 율법을 얼마나 잘 지켜 행하느냐 혹은 못 행하느냐에 따라 복과 저주가 결정되는 것이다. 따라서 기독교인도 유대인의 율법적인 것(예: 할례와 짐승 제사)을 빼고 신약 시대에도 적용되는 율법은 지켜야 한다.

개혁 신학원의 홍인규 교수는 "유대인에게 율법은 구원의 조건이 아니고 복과 저주를 선택하는 교육의 내용"이라고 규정하였다. 따라서 율법은 인간이 선택할 수 있는 문제가 아니라 인간의 의무이다(1994, 바울은 율법을 잘못 전하고 있는가, pp. 294-295 참조). 유대인이 율법을 준수하는 것은 여호와의 말씀에 순종하는 것이고, 여호와의 말씀에 순종하는 것은 하나님의 은혜에 거하게 되는 조건이 된다. 여호와의 말씀에 순종하여 하나님의 은혜에 거하면 축복이요, 그렇지 않으면 저주이다(신명기 28장). 이러한 구약의 정신은 신약의 성도에게도 똑같이 적용된다.

공동체에는 법이 있어야 한다. 각 교회와 교단에도 법이 있다. 가정에도 법이 있어야 한다. 자녀 교육에도 법이 있어야 한다. 우리는 가정과 교회에서 법과 은혜를 조화시켜야 한다. 가정에서 법은 아버지가, 은혜는 어머니가 맡아서 교육시킨다. 가정이나 교회에서 율법을 너무 강조하면 차가운 율법주의자가 되어 사랑이 약하게 되고, 은혜를 너무 강조하면 법이 약해져서 버릇이 없어진다. 예수님도 간음한 여인을 은혜로 감싸 주시기도 하셨지만(요 8:3-11) "네 손이나 네 발이 너를 범죄케 하거든 찍어 내어 버리라"(마 18:8)라는 강한 말씀도 하셨다. 항상 기독교는 말씀과 성령, 율법과 은혜의 두 수레바퀴가 조화를 이루어야 건전하다.

III. 경건한 기독교인의 율법의 예

1. 청교도의 율법

행위에 대한 율법은 유대인만 가졌던 것이 아니다. 청교도의 율법도 유대인처럼 엄격하고 정확했다. 청교도도 청결 교육, 정직, 근면, 내핍 생활, 남을 돕는 선행을 실천한 종교 그룹이다. 이들은 영국과 독일 경건주의의 후예들로 미국 대륙에 이민 와서 성경에 바탕을 둔 위대한 미국을 건설하였다. 초기 미국 헌법의 내용 자체가 신구약의 성경에 기초를 두었다.

초기 미국은 청결 교육, 정직, 근면, 내핍 생활, 남을 돕는 선행을 실천하는 나라였다. 전통적인 청교도 집안에서 자란 미국인들의 이야기를 들어 보면, 그들도 어려서부터 어머니로부터 "하라"와 "하지 말라"는 말씀을 무수히 듣고 자랐다. 식당에서도 아이가 순종을 잘 안 하면, 화장실로 데리고 가서 사랑의 매를 들곤 했다. 교회사를 보면, 기독교의 경건주의도 유대인 같은 율법이 많다는 사실에 대해 비판을 받고 있다. 예를 들면, 학교에서의 오락 제한 등 금욕주의적 율법이다(Walker, 1985, p. 540).

요한 웨슬레를 중심으로 한 영국 옥스포드의 링컨 칼리지에서 조직된 성신 클럽(Holy Club, 1729년)은 감리교회(Methodist Church)를 태동시켰다. 처음에 성령으로 회심한 사람들이 율법을 지키려는 의지에서 시작하였다. 내적으로나 외적으로 하나님의 법을 온전히 지키려고 노력하면 반드시 구원을 얻을 수 있으리라 믿었다. 그들은 경건하고 규칙적 종교 생활을 엄격한 질서와 규율로 실천하였다. 고로 다른 사람들이 그들을 조롱하는 말로 "메서디스트"라고 불렀다. '메서디스트'란 '엄격한 규율 준수자들'이란 의미의 말이다. 이것은 후에 감리교의 영구적 이름이 되었다.

미국의 청교도들은 신앙의 자유를 찾아 1622년 1백2명이 메이플라워호 범선을 타고 장장 63일 동안의 험한 항해 끝에 미국 동부에 도착하였다. 사진은 플리머스 항구에 있는 옛 메이플라워호(모조선) 앞에 선 저자의 세 아들.

그러나 이제는 엄격한 유럽의 종교인들이 건설한 미국에서도 생명처럼 여기던 정직이 옛말이 되어 가고 있다. 조세핀 윤리 연구소에 의하면, 고교생 37%와 대학생 16%가 좀도둑질을 한 경험이 있다고 한다(중앙일보 미주판, 1996년 2월 24일). 청교도의 율법 정신이 해이해져 가고 있기 때문이다.

뒤늦게 정신을 차린 미국 정부와 각 사회 단체에서 보수화에 걸맞은 사회 규범들을 정하고 실시하였다. 대표적인 예가 1990년 이래 청소년들의 밤 10시 이후 통행 금지와 교복 착용이다. 그 결과 야간 통행 금지를 실시한 도시는 17세 이하의 범죄율이 27%나 감소했고, 롱비치 시는 1994년 전 지역에 교복 착용을 실시한 이후 폭력이 34%나 감소했고, 마약 복용 69%, 성폭력 74% 감소라는 획기적인 성과를 거두었다(중앙일보 미주판, 교복 착용 뒤 성폭력 74% 감소, 1997년 2월 18일).

물론 자녀들에게 규정한 야간 통행 금지나 교복 착용은 교육의 율법적인 내용에 속한다. 따라서 시민이나 자녀의 권리는 자신에게 주어진 율법이라는 의무를 행할 때 얻어질 수 있다. 율법을 행할 의무 없는 자유는 가정과 사회를 좀먹는 방종임을 명심해야 한다.

2. 아미쉬 사람들의 율법

미국 동부 펜실베이니아 주 랭커스터에는 유대인보다 더 철저한 기독교 종교 그룹이 있다. 이 곳에는 유명한 모세오경에 나타난 성막의 모형도 있다. 이 곳은 그들 때문에 미국의 유명한 관광지가 되어 있다. 그들을 '아미쉬(Amish) 사람들'이라고 부른다. 그들은 '메노나이트(Mennonites) 사람들'과 신학 사상이 같다. 그들은 부모가 여호와의 말씀을 자손 대대로 가르쳐 지켜 행하라는 쉐마 교육을 몸소 실천하는 사람들이다. 그들은 개신교의 이단이 아니다. 다만 현대 문명을 거부하고 경건한 종교 생활을 고집하는 사람들이다.

아미쉬 사람들은 철저하게 요한일서 2장 15절에서 17절까지의 말씀을 믿고 실천하는 사람들이다.

> 이 세상이나 세상에 있는 것들을 사랑치 말라. 누구든지 세상을 사랑하면 아버지의 사랑이 그 속에 있지 아니하니 이는 세상에 있는 모든 것이 육신의 정욕과 안목의 정욕과 이생의 자랑이니 다 아버지께로 좇아 온 것이 아니요 세상으로 좇아 온 것이라. 이 세상도 그 정욕도 지나가되, 오직 하나님의 뜻을 행하는 이는 영원히 거하느니라.(요일 2:15-17)

아미쉬 사람들은 아미쉬 율법(Amish Ways)을 고집한다. 그들은 현대 문명을 철저히 거부한다. 지금도 16세기 농경 사회 모습으로 살고 있다. 우선 전기를 안 쓴다. 따라서 가정에 텔레비전이나 라디오, 비디오가 없다. 집에 전화도 없다. 마을 어귀에 긴급용 전화 한 대가 있을 뿐이다. 밤에는 호롱불을 사용한다. 아이들의 교육도 중학교 2학년까지만 시킨다. 그 이유는 더 교육시키면 자녀들이 못된 인본주의 학문에 물들어 하나님을 배반하기 때문이라고 설명한다. 그들은 철저한 신본주의 사상을 갖고 있다. 성경에 대한 권위를 높이고, 가정을 최우선으로 삼는다.

아미쉬 사람들은 농사와 자연을 소중하게 여긴다. 생업을 위하여 농업과 목축업을 한다. 아버지가 자녀들을 데리고 농사일을 가르치고 성경을 가르친다. 항상 부모와 자녀가 함께 생활한다. 자녀 교육이 대단히 엄하다. 부모

아미쉬 사람들은 현대 문명을 철저히 거부한다. 사진은 아직도 아미쉬 사람들이 자동차 타기를 거부하고 타고 다니는 마차.
앞은 저자의 아들들.

유대인보다 더 철저한 아미쉬 커뮤니티에 있는 구약의 성막 모형. 미국 동부 랭커스터에 있다. 저자 뒤로 제단이 보이고 그 뒤 건물 안에 성소가 있다. 그들은 철저한 신본주의 사상으로 무장되어 있다.

의 말을 거역하면 밥도 안 준다. 지금도 16세기 유럽에서 사용하던 농경 기구를 사용한다. 밭을 갈기 위하여 트랙터 대신 말과 소를 이용하고, 곡식 빻는 기계를 돌리기 위하여 전기 모터 대신 물레방아를 사용한다. 옷은 어른이나 아이나 하얀 저고리에 까만 바지를 입는다. 웬만해서는 신을 신지 않는다.

자연과 친하기 위해서이다. 지금도 자동차를 타지 않고 마차를 타고 다닌다. 산아 제한을 안 하기 때문에 자녀들이 많다. 마차에 탄 아이들을 보면 너무나 귀엽다. 마차가 주요 교통 수단이기 때문에 도로 군데군데에는 말의 오물들이 많다.

역사적으로 보면, 아미쉬 사람들은 16세기 종교 개혁 이후에 등장한 급진적인 아나뱁티스트(Anabaptists)의 후예들이다. 그들은 주로 종교의 자유를 찾아 스위스와 독일에서 건너온 스위스 사람들이다. 그들은 1810년에 오하이오 주에 정착했고, 1822년에 랭커스터에 정착하였다. 미국과 캐나다에 약 7만 명이 살고 있고, 유럽과 남미에도 거주하고 있다.

많은 미국인들이 그들은 50년을 못 넘기고 세속에 물들 것이고, 그 마을은 없어질 것이라고 장담하였다. 그러나 거의 2백 년이 지난 지금도 세계 곳곳에 있는 아미쉬 마을은 점점 커지고 있다. 물론 그들도 세계 선교도 하고 자선 사업도 한다. 그들은 세대 차이 없이 부모의 신앙을 자손에게 전수하는 데에 성공하고 있다. 철저한 종교 교육의 열매이다.

물론 그 중에는 반항아도 있다. 자녀들의 반항이 심할 경우 부모는 그들을 마을 밖으로 내보내는데, 나갔던 아이들이 후에 마을로 다시 돌아오는 경우가 많다고 한다. 그들의 설명에 의하면, 세상에 나가 봐도 정든 자기 집만 못하더라는 것이다. 이것은 무엇을 증명하는가? 어릴 때의 부모 교육이 그만큼 중요하다는 증거이다. "마땅히 행할 길을 아이에게 가르치라 그리하면 늙어도 그것을 떠나지 아니하리라"(잠 22:5)(참고 서적: Hauslin, 1990; Seitz, 1989, 1991).

저자가 왜 아미쉬 사람들의 이야기를 소개하는가 하면, 그들은 유대인보다 더 엄한 율법으로 자녀를 세상과 구별하여 키우는 사람들이기 때문이다. 저자는 그들을 꼭 찬양하는 것은 아니다. 그러나 그들의 자녀 교육에도 유대인처럼 율법이 있기 때문에 그러한 생활이 가능하다는 점을 강조하고 싶다. 율법 하면 무조건 구약의 유대인이란 선입견으로 나쁘게만 생각해서는 안 된다는 뜻이다. 기독교인의 생활에는 방종이 아니라 철저한 경건의 훈련이 필요하다. 질서 속의 자유가 필요하다. 또한 이러한 예는 앞으로 한국 기독교 교육의 방향을 제시하고, 자녀 교육의 내용을 만드는 데에 귀중한 자료가 될 것이다.

IV. 결론

어느 민족이나 자녀를 올바르게 키우려면, 어느 것이 선이고 어느 것이 악인지 구별할 줄 알아야 한다. 그것이 바로 법이다. 법을 지켜야 질서가 생긴다. 그러나 법도 자유로움 속에서의 법이지, 법으로 사람을 너무 얽매면 안 좋다. 사람을 위하여 법이 있는 것이지, 사람이 법을 위하여 있는 것은 아니다.

결론적으로 유대인의 토라에는 두 가지, 첫째, 메시아 사상과, 둘째, 선민 교육이 있다. 유대인은 성경을 잘못 해석하여 메시아로 오신 예수님을 영접하지 않은 민족이다. 그 결과 이 죄에 대한 대가로 그들은 혹독한 고난을 겪었다. 그러나 그들은 구약 성경에 나타난 자녀 교육만은 조상 대대로 잘 지키고 있다. 그 결과 유대인 자녀들은 세계 곳곳에서 이방에 물들지 않고 성공적인 삶을 살고 있다.

그 반대로 한국의 성도들은 예수 믿고 구원은 받았다. 그러나 교육에 많은 어려움이 있다. 성경적인 자녀 교육에 실패했기 때문이다. 저자는 이를 극복하기 위하여 유대인 자녀 교육의 비밀인 성경에 입각한 자녀 교육의 원리를 소개하고, 개혁주의 기독교의 입장에 적합한 성서적인 새로운 기독교 교육의 패러다임을 제시하였다. 아울러 우리 민족이 해야 할 교육적인 비전을 제시하였다. 우리 다 같이 참자녀 교육을 위해 지혜를 모을 때이다.

제2장

유대인과 한국인의 유사점

Ⅰ. 한국인의 교육 사상은 없었는가

저자는 유대인의 자녀 교육을 연구하면서 저자가 유대인을 너무 칭찬하지 않았나 하는 생각도 가졌다. 그러나 결론은 그럴 수밖에 없다이다. 독자들이 읽은 바처럼 그들의 교육 사상 자체가 신본주의 사상이기 때문이다. 성경 말씀에 바탕한 그들의 교육 논리는 세상의 어떠한 논리로도 반박할 수 없다. 다만 그들의 율법주의와 구원론에 대치되는 것만 피하면 된다.

그러면 한국인은 한국 고유의 교육 사상이 없었는가? 사실은 한국인에게도 역사적으로 유대인과 같은 구체적인 교육의 내용과 방법이 있었다. 다만 한국인은 오래 전부터 하나님의 선민이 아니었다는 점이 유대인과는 다르다. 그러나 현재는 한국인도 하나님의 사랑을 너무나 많이 받고 있다.

우리의 선조들도 비록 대부분 중국의 것이긴 하지만, 참인간 교육의 내용을 잘 정리했고, 또 그 내용에 따라 유대인처럼 철저하게 자녀들을 교육시켰다. 오히려 효도나 여성의 도리 같은 것들은 유대인보다 더 철저히 교육시켰을지도 모른다. 소위 한국인의 양반 교육이 그것이다. 양반 교육의 내용은 유대인식 율법으로 구성되어 있다. 다만 한국인의 양반 교육과 유대인의 교육

정통파 유대인은 고난중에도 기쁜 생활을 강조한다. 이러한 사상은 인생은 즐겁고 행복해야 된다는 신본주의 철학에서 나왔다. 인간은 하나님께 감사할 때만이 행복할 수 있다. 사진은 핫시딤파 유대인이 회당에서 춤추는 장면. 그들은 춤추기를 좋아한다. 한국인도 낙천적인 요소가 많다.

의 다른 점을 크게 세 가지로 구별하면, 첫째, 그 기본 사상이 유대인은 철저한 신본주의 사상에 근거를 두었지만, 한국의 것은 동양 철학에 근거를 두었다. 둘째, 교육의 범위가 유대인은 전 국민을 대상으로 한 것이지만, 한국인은 극소수 양반 계층을 주축으로 한 점이다. 셋째, 유대인은 자신들의 것에 대한 자부심이 강하여 아브라함 때부터 현대까지 약 4천2백 년 동안 교육의 내용을 지켜 왔지만, 한국인은 해방 후 서양 문명이 밀려오자 서둘러 우리의 것을 홀대하기 시작했다.

따라서 대부분의 현대 한국인은 서양 것보다도 우리의 것을 더 모르고, 부모들은 자녀들에게 가정 교육을 시키고 싶어도 가르칠 교육의 내용이 없다. 딱한 현실이다.

저자가 한국인의 교육 내용을 간단히 살펴본 바에 의하면 도덕적인 면에서는 유대인의 것과 같은 것들이 너무 많았다. 한학자 김종권 씨가 지은 〈한국인의 내훈〉(명문당, 1986)의 목차 중 일부를 예로 들어 보자.

Ⅱ. 시집가기 전의 가정 생활

  1. 여성다운 생각과 어진 성품
  2. 여자의 곱고 바른 생활
  3. 몸과 마음을 수양하는 일
  4. 고운 말과 바른 몸가짐
  5. 배우고 익히고 실용하는 일
  6. 어버이에게 효도하는 일
    ⋮
  10. 순결 교육

이 외에도 의생활과 한복, 식생활과 한식, 혹은 질병을 다스리는 일, 도적을 막는 일까지 자세하게 쓰여 있다. 비록 기독교 구원론에 어긋나는 제사나 우상에 관한 것도 있지만, 대부분 인간으로서 생명을 존중히 여기고 어른과 상대방을 존중히 여기는 도덕과 윤리 문제를 다루었다.

한국인의 자녀 교육도 유대인들처럼 아버지가 가정에서 권위를 갖고 자녀에게 뜻과 사상을 가르쳤고, 어머니가 정(情)을 가르쳤다. 한국인의 교육 장소도 가정뿐만이 아니라 유대인의 미드라쉬의 집처럼 각 고을마다 서당이 있어서 아이들에게 도덕과 윤리를 가르쳤다.

문제는 무엇인가? 유대인은 세대 차이 없이 그들의 것을 지금까지 자녀에게 교육시키고 지켜 왔지만, 한국인은 신서양 학문의 물결에 밀려 우리 고유의 것을 점차 잃어버리는 우를 범하고 있다는 데 있다. 따라서 이제 더 늦기 전에 우리의 것을 기독교에 맞게 정리해야 한다. 그리고 이 교육 내용을 성경과 함께 전 세계 한국인 자녀의 교육 교과서로 사용해야 한다. 이 일은 기독교인이 해야 한다. 저자가 쉐마기독교교육연구원을 세운 이유도 바로 여기에 있다. 독자 여러분들의 기도와 후원을 바란다.

II. 한국인의 선민 사상, 교육에 응용

1. 한국인의 선민 사상 요소

한국 민족 전체가 유대인 같은 선민 사상을 갖기란 힘들다. 왜냐 하면 우리 민족은 한반도라는 지역을 중심으로 형성된 민족이지 유대인처럼 선민인 아브라함의 혈통으로 내려온 민족이 아니다. 유대인처럼 시내산에서 선지자들을 통하여 말씀을 직접 받고 그 말씀을 전수해 온 민족 또한 아니다.

그러나 신약적 개념에서 하나님이 금세기에 우리 민족을 제2의 이스라엘 선민으로 사용하고 계신다고 자부할 만한 점들이 많다. 훌러 신학교의 폴 피어슨(Paul Pierson) 선교학 교수에 의하면, 선교 운동을 증진시켜 주는 아홉 가지 조건이 있는데 한국인들은 이 조건들을 모두 지니고 있다(최찬영, 1995). 일생을 선교사로 지낸 훌러 신학교 최찬영 교수는 이를 '특별한 하나님의 뜻'으로 보았다(최찬영, 1995). 한국 사람도 여러 면에서 유대인처럼 선민적인 요소가 많다. 몇 가지 예를 들어 보자.

유대인은 선민 사상이 강하다.
사진은 이스라엘 국회의사당 앞에 있는 유대인의 '메노라(Menorah)' 촛대 조각품. '메노라'는 다윗의 별과 함께 하나님의 선민인 유대인을 상징한다(예시바 대학교 안 벽에 걸린 사진을 찍음).

첫째, 한민족의 혈통과 문화가 단일 민족으로서 유대인들처럼 독특하다.

둘째, 고난의 역사가 유대인과 비슷하다.

셋째, 평화를 사랑하는 민족이다. 대부분 외침만 받았지 남을 공격하지 않았다.

넷째, 교육 이념이 홍익인간이다.

다섯째, 경천애인(敬天愛人) 사상이다. 즉 "하늘을 경외하고 이웃을 사랑하라"는 사상이다.

여섯째, 효사상을 중요시한다. 효사상은 유대인의 다섯째 계명과 같다.

위의 여섯 가지 요소는 우리가 이미 잘 아는 사실이다. 한국은 약 오천 년의 역사를 갖고 있으면서 중국과 소련, 그리고 일본의 틈바구니 속에서 어느 한 나라에 흡수되어 동화되지 않고 독특한 단일 민족의 혈통과 고유 문화를 갖고 있다. 또한 한국인은 고유의 언어를 갖고 있을 뿐만 아니라 한글이라는 세계적인 위대한 문자를 갖고 있다. 교육 이념도 홍익인간이다. 홍익인간이란 말의 뜻은 "널리 인간 세계를 이롭게 함"(엣센스 국어 사전, 1983)이다. 얼마나 성서적인가?

일곱째, 한국인은 유대인처럼 가장 작은 민족 중 하나이며, 가장 자랑할 것이 없는 민족이다. 하나님께서는 약한 자를 들어 강한 자를 부끄럽게 하신다(고전 1:27). 하나님이 이스라엘 백성을 택하신 이유도 그들이 많은 민족 중에 규모가 가장 작았기 때문이었다.

> 너는 여호와 네 하나님의 성민이라. 네 하나님 여호와께서 지상 만민 중에서 너를 자기 기업의 백성으로 택하셨나니 여호와께서 너희를 기뻐하시고 너희를 택하심은 너희가 다른 민족보다 수효가 많은 연고가 아니라 너희는 모든 민족 중에 가장 적으니라. (신

7:6-7)

저자가 1973년도에 처음 학생 신분으로 미국에 왔을 때에는 유학 시험에서 배웠던 대로 한국의 금속 활자 발명이나 이순신 장군의 거북선 등을 열심히 자랑했다. 그러나 나중에 깨달은 것은 미국에 이민 온 대부분의 그리스 사람이나 이탈리아 사람, 심지어 이라크나 인도에서 온 사람까지 한국인에 비하여 자랑할 것이 너무나 많다는 사실이다. 그들의 온 국토는 세계적인 문화재로 꽉 차 있다. 그런데도 그들은 우리처럼 자랑하지 않았다. 원래 자랑할 것이 없는 사람이 자랑하는 법이다.

이것은 우리를 비하하는 것이 아니다. 비록 땅과 힘은 적게 가진 민족이지만 우리도 이스라엘 민족처럼 오직 여호와 하나님만을 자랑할 때만이 하나님은 우리를 들어 강한 열국을 부끄럽게 하신다는 것을 강조하기 위함이다.

여덟째, 한국의 지형적 구조가 이스라엘과 비슷하다.

이스라엘의 지형적 위치는 남쪽에는 큰 나라 애굽이 있고, 북쪽에도 큰 나라 바빌론과 아시리아가 있다. 이스라엘은 두 초강대국 사이에 강원도와 경기도를 합친 것만한 작은 땅덩어리로 샌드위치처럼 끼여 있다. 한국도 지형학적으로 남쪽의 일본과 북쪽의 중국 사이에 끼인 조그만 나라이다. 그리고 역사적으로 두 나라 모두 양쪽 강대국에 여러 번 당해 왔다.

이스라엘이 타민족에게 침략을 당한 이유를 살펴보자. 이스라엘은 주위 강대국보다도 하나님만을 의지해야 했다. 그러나 대부분 역대 이스라엘 왕들은 눈에 안 보이는 하나님을 의지하기보다는 눈에 보이는 초강대국인 남쪽의 애굽과 북쪽의 갈대아인을 더 두려워했고 의지해 왔다. 하나님에 대한 믿음이 없었기 때문이다. 남쪽의 애굽이 치면 북쪽의 바빌론에 구원을 청했고, 바빌론이 치면 애굽에 구원을 청했다(사 30:2, 31:1, 36:6; 겔 17:15). 그렇기 때문에 그들은 역사적으로 항상 남·북의 강대국 침략에 시달려 왔다.

한국도 남쪽의 일본이 치면 북쪽의 중국에 구원을 청했고, 중국이 치면 다른 북쪽의 강대국에 구원을 청했다. 그렇기 때문에 한국도 역사적으로 항상 남·북의 강대국에 조공을 바쳐야 했고, 그들의 침략에 시달려 왔다.

하나님은 이스라엘이 남·북에 위치한 강대국에 의지하는 것을 막기 위하여 여러 번 경고하셨다. 하나님은 이스라엘 민족에게 오직 하나님만을 의지하도록 명령하셨다.

> 도움을 구하러 애굽으로 내려가는 자들은 화 있을진저, 그들은 말(아시리아의 기병대)을 의뢰하며 병거의 많음과 마병의 심히 강함을 의지하고, 이스라엘의 거룩하신 자를 앙모치 아니하며 여호와를 구하지 아니하거니와 여호와께서도 지혜로우신즉 재앙을 내리실 것이라. 그 말을 변치 아니하시고 일어나사 악행하는 자의 집을 치시며 행악을 돕는 자를 치시리니 애굽은 사람이요 신이 아니며, 그 말들은 육체요 영이 아니라. 여호와께서 그 손을 드시면 돕는 자도 넘어지며 도움을 받는 자도 엎드러져서 다 함께 멸망하리라. (사 31:1-3)

여기에서 주목할 것은 이스라엘이 애굽이나 갈대아인을 의지했을 때에는 온 국토가 초토화되었지만 그들이 다윗처럼 하나님의 말씀을 따라 하나님만을 의지했을 때에는 강대국이 되었다(삼하 5:10; 대상 11:9, 14, 29:28-30). 이와 마찬가지로 한반도도 중국이나 일본을 의지했을 때에는 온 국민이 갖은 수치를 당했지만, 하나님을 의지한 최근에는 평화를 유지하고 있다. 전

능하신 여호와께서 우리의 방패가 되어 주셨기 때문이다.

이는 앞으로도 우리가 여호와만을 의지할 때에 승리할 수 있다는 증거다. 즉 땅의 것에 의존하면 또다시 고난의 역사가 되풀이된다. 이런 고난을 막기 위하여 우리의 신앙적 자녀 교육이 중요하다.

아홉째, 한민족은 영적 이스라엘이라 할 만하다.

갈라디아서 3장 6절에서 7절에 "아브라함이 하나님을 믿으매 이것을 그에게 의로 정하셨다 함과 같으니라 그런즉 믿음으로 말미암은 자들은 아브라함의 아들인 줄 알지어다"라는 말씀은 우리 한민족이 혈통적인 유대인이 아니라 영적 유대인임을 자랑할 수 있는 신학적 근거이다.

약 1백여 년 전에 미국과 캐나다의 선교사들에 의해서 복음이 전해진 이후 가장 많은 열매를 맺어 이제는 한국 인구의 약 1/4(1천만 명), 미주 교포의 77%가 기독교인이다(현용수, 1993). 이는 하나님의 은혜 가운데, 한국인이 제2의 이스라엘 민족이라고 해도 무리가 아니다.

저자가 유대인 랍비 신학 대학원에서 공부할 때의 일이다. 많은 유대인들이 저자에게 왜 랍비 신학 대학원에서 공부하느냐고 물었다. 그러면서 당신도 유대인이냐고 물었다. 그 때에 저자는 자신있게 "나도 아브라함의 자손입니다" 라고 대답했다. 그러면 보통 많은 사람들이 저자에게 "개종한 유대인"이냐고 되묻는다. 그럴 적마다 저자는 갈라디아서 3장 6절에서 7절에 있는 말씀을 들어 "나도 유대인 혈통에서 난 메시아이신 예수님의 피로 거듭났기 때문에 하나님의 선민이 되어 아브라함의 자손이 되었다. 이는 혈통으로 난 선민이 아니라 영적으로 난 선민이다"고 설명하곤 했다. 어떤 이들은 처음 듣는 성경 해석이라고 하면서 신기해하기도 하였다.

또한 때때로 유대인 지도자들을 만나 유대인 교육의 우수성을 이야기하며 성경에 대하여 토론할 때가 있다. 저자는 유대인 교육의 우수성이 성경에

한국인도 하나님이 선택하신 선민으로서의 요소가 많다. 우리는 제2의 유대인, 선택된 조선(Chosun) 사람이다. 사진은 파티에서 모든 연령층의 정통파 유대인들이 함께 모여 힘차게 춤추는 모습. 강한 열기가 그들의 단합된 민족 의식을 대변해 준다.

근거했기 때문이라고 설명해 준다. 그러면 어느 분은 "똑같은 하나님과 성경을 믿는데 당신도 유대교로 개종하면 어떠냐?"고 물을 때가 있다. 저자에게는 상당히 난처한 질문이다. 왜냐 하면 그들과 어렵게 맺은 친분 관계를 해치지 않도록 해야 하기 때문이다. 그러나 저자는 오히려 이 기회를 복음을 전하는 기회로 삼기 위하여 "나는 당신들이 믿는 아브라함과 이삭과 야곱의 하나님을 예수 그리스도를 통하여 만났다. 그렇기 때문에 예수님과 신약 성경 없이는 못 산다"고 일러 준다.

한번은 로버트라는 유대인 학생과 재미난 대화를 했다. 그 학생은 샌프란시스코에 있을 때에 한국인이 운영하는 회사에 근무하면서 한국에도 가보고 한국 말도 배웠다. 저자가 '선민'을 뜻하는 'a chosen person'을 발음했을 때 그 학생이 저자의 'chosen'이란 단어의 발음이 나쁘다면서 정확한 발음법을 가르쳐 주었다. "조선 시대 때에 너희 한국 사람을 '조선 사람'이라고 했는데 그 '조선(쵸선)'이라는 영어 발음이 'chosen'과 거의 동일하다"고 일러 주었다. 그래서 저자도 "물론 한국 사람은 언어만 '쵸선 사람'이 아니고 실지로 유대인처럼 하나님의 '선택된 민족'인 '조선 민족(the Chosen People)'이다"라고 대답하여 함께 웃었다.

열 번째, 한민족도 유대인처럼 한민족 디아스포라를 형성하였다. 왜정 시대에서부터 시작한 한민족 디아스포라는 가히 세계적이다. 이제 전 세계 어디를 가나 한국인 없는 곳이 없다. 한국 외무부의 통계에 의하면 전 세계에 흩어진 한국인 디아스포라는 1992년 현재 4백90만 명이다(미주 크리스천 신문, 1995년 10월 7일, p. 5). 이 말은 전 이대 총장인 김옥길 교수의 말에서 실감한다. 그는 "전 세계 어디를 여행해도 이대생이 없는 곳은 없었다"고 회고했다. 그런데 한민족 디아스포라의 특징은 초대 교회 유대인의 디아스포라처럼 가는 곳마다 제단 쌓는 민족으로 유명하다. 즉 선교적 차원의 디아스포라이다.

또한 이와 맞물려 이제 자타가 공인하는 세계 선교의 주도적 역할을 하고 있다. 이는 미국의 각 신학교마다 한국인 신학생이 전체 학생의 25% 이상을 차지하고 있다는 사실에서 알 수 있다. 6·25전쟁 때에 총칼로 우리에게 아픔을 주었던 원수의 나라 소련에도 현재 복음 전파로 대신 원수를 갚는(?) 우리가 아닌가?

열한 번째, 우리 나라의 애국가는 성서적이다.

우리 나라의 전통적인 종교는 불교와 유교 및 샤머니즘임에도 불구하고 왜정 시대에 지은 애국가의 첫머리와 끝부분이 신본주의 색채를 띤다. 첫머리는 "동해물과 백두산이 마르고 닳도록 하느님이 보우하사 우리 나라 만세…"라고 되어 있고, 마지막도 "무궁화 삼천리 화려 강산 대한 사람 대한으로 길이 보전하세"로 끝을 맺는다. '길이 보전하세' 라는 말은 바로 '하나님의 보호와 인도로 길이 보전하자' 는 뜻으로 해석해야 앞뒤가 맞는다.

상식적으로 생각한다면 사실 당시 기독교인이 거의 없었던 그 시대엔 마땅히 '하나님' 대신에 '부처님' 이나 '조상님' 이라고 써야 했다. 온 국민이 함께 부르는 애국가의 가사가 이렇게 된 것도 인간의 지혜로 된 것이 아니라 하나님의 간섭하심으로 되었다고 보아야 할 것이다. 한 가지 아쉬운 점은 찬송가 마지막에 기독교인이 쓰는 "아멘"이란 단어가 빠진 점이다. 그러나 머지않아 온 국민이 애국가를 부른 후에 "아멘"이라고 합창할 때가 오리라 믿는다.

이 외에도 한국인과 유대인의 비슷한 점이 더 있다. 그러나 대충 위의 것을 요약하면 우리가 갖고 있는 선민 사상은 우리 민족의 역사 속에서 우리가 이방이었을 때부터 하나님은 은혜로 우리 한민족을 간섭하셨고, 또한 마지막 시대에 주님을 위해서 쓰임 받는 제2의 이스라엘 민족으로 택함 받은 데서 기인한다. 이는 우리가 다른 민족보다 우수해서 그런 것이 아니고 하나님의 온전하신 주권 속에서 하나님의 은혜로 말미암은 것이므로 참으로 감사하지 않을 수 없다.

2. 한국인에 맞는 기독교 교육 철학을 정립해야 한다

우리는 기독교 역사를 볼 때에 하나님은 하나님이 선택한 민족들을 몇백 년 동안 쓰시다가 그 민족들이 다시 타락하면 다시 다른 민족으로 성령의 촛대를 옮기셨다는 역사적인 사실을 명심해야 한다. 하나님께서 선택한 민족은 언제나 커다란 축복을 받았다. 그러나 우리의 선배 기독교인들이나 민족들이 축복받은 이후에는 교만하여 타락하기 시작했다. 그럴 때마다 하나님은 성령의 촛대를 다른 민족에게로 옮기셨다. 하나님은 유대 민족을 쓰셨고, 그리스 및 로마 민족을 쓰셨고, 독일 민족, 영국 민족, 미국인들을 쓰셨다. 그리고 이제 한국 민족을 쓰신다. 선교 2백 주년을 향한 길목에서 교회가 강한 세속 문화에 도전받고 있다. 교회나 청소년들이 부패할 수 있는 요소들이 너무나 많다.

신학적인 의미에서 기독교인의 자녀들은 예수님 믿고 구원받은 선민이기 때문에 예수님을 믿지 않는 다른 아이들과 구별되게 키워야 한다. 기독교인의 자녀들이 세상의 세속적인 문화에 물든 아이들과 마구 섞여서 놀 때, 유대인 부모들처럼 자녀들을 불러서 "애야, 너는 크리스천이야! 예수 그리스도의 보혈로 거듭난 아들이야. 세상 아이들과 같이 나쁜 일을 하면 안 돼!" 하면서 유대인의 선민 교육을 우리 생활에 적용할 수 있어야 한다. 그렇게 하기 위해서는 우리도 유대인의 탈무드같이 영원히 변치 않는 한국인에 맞는 기독교 교육의 내용과 철학을 정립해야 한다. 우리의 것이 필요하다. 사대 사상을 버리고 내 것을 중요시하는 주체 의식을 가진 신학이 있어야 한다. 남의 것을 모방하는 것을 이제는 멈출 때가 되었다.

세월이 바뀌고 환경이 바뀐다고 해서 진리까지 바뀐다면 문제가 있다. 세상 지식은 세대 차이가 나겠으나 진리와 지혜는 영원히 바뀌지 않는다. 유대인 교육의 우수성은 초지일관 그들의 교육의 내용과 철학이 더 이상 변하지

한국인도 한국인에 맞는 기독교 교육의 내용과 철학을 정립하고 교육의 방법을 개발해야 한다. 사진은 저자가 운영하는 '쉐마기독교교육연구원'에서 주최한 제1회 성경적 유대인 자녀 교육 세미나 장면. 미국 LA에서 있었으며, 탈무드 교수, 서기관, 저자가 강사로 유대인 자녀 교육의 이론은 물론 유대인의 박물관, 회당 및 가정의 안식일 절기 참여 등 구체적인 교육을 시켰다. 앞으로 이를 더 확대하여 한국인에 맞는 성경적 자녀 교육의 새로운 패러다임을 펼칠 예정이다.

않는다는 것이다. 외국에서 배운 학문하는 방법과 그들이 그 동안 모아 놓은 정보를 이용하여 우리의 것을 새롭게 정리할 때가 왔다. 찬송가, 예배 의식, 절기, 교육 방법 등을 정립해야 한다. 완전히 기독교에 맞는 문화를 정립해야 한다. 한국의 토속적 우상을 몰아내기 위해서도 기독교 교육의 내용과 방법을 정리해야 한다. 물론 어려운 일도 많이 있을 수 있다. 신학적 논쟁도 많을 것이다. 그러나 더 늦기 전에 지금 시작해야 한다.

이 일을 위해서는 먼저 범국민 운동이 일어나야 한다. 서양의 칼 발트나

니버를 얘기하면 지식인처럼 우러러보고, 주기철 목사나 손양원 목사를 얘기하면 공부를 안 한 사람처럼 생각하는 풍토는 없어져야 한다. 또한 학자들은 강의도 중요하지만 연구에 더 시간을 쏟도록 각 신학교에서 배려를 해야 한다. 따라서 각자의 전공에 맞게 우리의 것을 하나하나 정돈하면서 우리 민족의 기독교 교육 백년대계를 위한 한국식 탈무드를 써야 한다. 구약에 기초한 유대인의 탈무드에다 신약 사상을 더한 우리의 탈무드가 더 성서적이고 더 이상적일 수 있다.

한인 1세 기독교인은 하나님의 은혜 속에서 성령의 촛대의 바통을 예수님 다시 오실 때까지 우리의 2세들에게 물려주어야 된다. 1세의 신앙의 유산을 2세에게 물려주기 위해서는 신앙의 세대 차이가 있어서는 안 된다. 이를 위해 유대인들이 2천 년뿐만 아니라 아브라함 때부터 지금까지 어떻게 세대 차이를 막는 교육을 시켰는가를 연구하여 성서적이고도 좋은 것은 2세 종교 교육에 응용해야 한다.

제3장

결론

저자는 이 책의 제1권 서두에서 다음과 같은 문제점들을 지적하였다.

Ⅰ. 전인 교육의 측면에서: 왜 한국인은 국제화하기 힘든가?

Ⅱ. 신앙적 측면에서: 왜 교회 성장이 둔화되는가?

Ⅲ. 도덕과 윤리적 측면에서: 현대 교육은 점점 더 발전하는데 인간은 왜 점점 더 타락하고 있는가? 그리고 어떻게 부모들이 자녀들에게 존경받을 수 있나?

저자는 이 문제점들을 유대인의 자녀 교육에서 해결할 수 있다고 확신하였다.

유대인, 그들은 누구인가? 세계 인류 역사에 28개의 문명이 태어났다가 사라졌건만 어찌하여 유대인은 아브라함 때부터 현재까지 세계 속에서 사라지지 않는가? 그리고 어떻게 세계 역사 속에서 그들만의 고유 향기를 내면서 인류 역사에 공헌해 왔는가? 그들의 생존은 신비에 속한다. 이 신비는 바로 그들의 자녀 교육에서 벗겨질 수 있다. 그리고 그들의 자녀 교육은 바로 현재 우리 사회의 문제점들을 해결해 줄 수 있다.

어느 민족이 우수한 민족인가? 그 민족의 수준을 재는 척도는 무엇인가? 그것은 첫째, 청결, 둘째, 정직, 셋째, 근면, 넷째, 내핍 생활, 다섯째, 준법 정신, 여섯째, 남을 돕는 자선 행위이다. 유대인은 이 여섯 가지 조건을 다 갖춘 민족이다. 모두 그들의 구약 성경을 토대로 신본주의 사상에 근거한 결과이다. 우리는 그들에게서 무엇을 배울 것인가?

구약 성경을 크게 두 주제로 나누면 하나는 메시아 사상, 다른 하나는 성경적 자녀 교육 방법이다. 유대인은 구약 성경을 잘못 해석하여 메시아이신 예수님을 영접하지 않은 민족이다. 그러나 토라에 나타난 교육만은 철저히 지켰다.

따라서 우리는 그들의 잘못된 메시아 사상은 배격하고 성경적 교육 사상과 그 방법은 겸손히 배워야 한다. 그리고 그들의 교육 방법 중 우리와 맞지 않는 율법적인 것들이라 하여도 일부는 다시 검토하여 기독교에 필요한 것들은 한국 기독교에 맞도록 다시 정립해야 한다.

그렇다면 유대인은 처음부터 우수한 민족이었는가? 그렇지 않다. 하나님께서 이스라엘 민족을 택하신 선택의 기준은 무엇인가? 다른 민족보다 수효가 적은 민족이기 때문이다(신 7:6-7). 그렇다! 하나님은 모든 면에 적은 사람이나 적은 민족을 들어 쓰신다. 이 말은 '모든 면에 겸손한 사람이나 겸손한 민족'을 뜻하기도 한다. 하나님께서는 세상의 미련한 것들을 택하사 지혜 있는 것들을 부끄럽게 하시고, 세상의 약한 것들을 택하사 강한 것들을 부끄럽게 하시며, 세상의 천한 것들과 없는 것들을 택하사 있는 것들을 폐하려 하신다(고전 1:27-28).

이 말씀은 왜 하나님께서 한국 민족을 택하셨나에 대한 답이 된다. 한국인은 얼마나 미련했고, 약했으며, 천하고, 못사는 백성이었던가? 정말로 세계 열방에 자랑할 것이 없는 백성이다. 그렇기 때문에 하나님은 한국 민족을 택하셨고, 기독교 100년사 동안 세계 사상 유래 없는 교회 성장과 이에 비례하는 경제 성장을 이루었다. 가장 적은 한국을 들어 열강을 부끄럽게 하신다.

하나님이 창조하신 가정은 천국의 모형이다. 하나님의 창조 원리대로 가정이 복귀될 때 개인과 가정과 교회와 사회에 진정한 평화가 온다. 사진은 아들에게 성경과 탈무드를 세대 차이 없이 가르치는 유대인 아버지.

이제는 한국이 무엇을 해야 하는가? 하나님께 감사하며 겸손한 신앙을 유지해야 한다. 그리고 자녀들에게 쉐마 교육을 해야 한다. 쉐마 교육은 하나님의 선민인 우리 민족의 교육 지침이기도 하다. 이제 한국 기독교에 맞는 쉐마 교육의 내용을 정립해야 한다. 그리고 전 세계에 흩어진 한국인 디아스포라는 주님 오실 때까지 여호와의 말씀을 자녀에게 부지런히 가르쳐서 말씀에 순종하여 여호와의 율례와 법도를 지켜 행하도록 해야 한다.

여기에서 한 걸음 더 나아가 전 세계에 흩어져 있는 한국인 디아스포라들은 주님 오실 때까지 여호와의 말씀을 자신들이 살고 있는 지역 본토인들에게 선교해야 한다. 하나님께서 한국인을 세계 만방에 흩으신 이유가 한국인 디아스포라를 통한 세계 선교를 위함이 아니겠는가? 이 길이 주님 다시 오실 때까지 제2의 이스라엘 민족으로 살아남는 유일한 비결이다.

유대인은 그들의 자녀 교육을 자신들이 말씀 속에서 살아남기 위해서 했지만 우리는 살아남아서 주님 오실 때까지 세계 선교의 주역을 담당해야 할 제사장 민족으로서의 사명을 다하기 위해 자녀 교육을 해야 한다. 하나님께서 여러 열방 중에서 우리 민족을 선택하신 이유가 바로 여기에 있다.

    이 책을 쓰면서 많은 어려움도 있었지만 그 때마다 하나님이 선한 길을 열어 주셔서 무사히 마치게 되었다. 독자들에게 조금이라도 도움이 되었다면 오직 여호와 하나님과 우리 주 예수 그리스도에게만 감사와 찬송과 영광을 돌린다. 할렐루야!!!

모든 육체는 풀과 같고 그 모든 영광이
풀의 꽃과 같으니 풀은 마르고 꽃은 떨어지되
오직 주의 말씀은 세세토록 있도다.
(벧전 1:24-25)

쉐마 (שְׁמַע)
신명기 6:4-9

이스라엘아 **들으라(쉐마)**. 우리 하나님 여호와는 오직 하나인
여호와시니, 너는 마음을 다하고, 성품을 다하고,
힘을 다하여 네 하나님 여호와를 사랑하라.
오늘날 내가 네게 명하는 이 말씀을 너는 마음에 새기고
네 자녀에게 부지런히 가르치며,
집에 앉았을 때에든지 길에 행할 때에든지 누웠을 때에든지
일어날 때에든지 이 말씀을 강론할 것이며,
너는 또 그것을 네 손목에 매어 기호를
삼으며, 네 미간에 붙여 표를 삼고 또 네 집 문설주와
바깥 문에 기록할지니라.

참고 자료(References)

외국 자료

Abramov, Tehilla. (1988). <u>The Secret of Jewish Femininity</u>. Southfield, MI: Targum Press Inc.

Adahan, Miriam. (1995). <u>The Miriam Adahan Handbook</u>: The Family Connection. Southfield, MI: Targum Press Inc.

_____. (1994). <u>The Miriam Adahan Handbook</u>: After the Chuppah. Southfield, MI: Targum Press Inc.

_____. (1994). <u>The Miriam Adahan Handbook: Nobody's Perfect</u>. Southfield, MI: Targum Press Inc.

_____. (1988). <u>Raising Children to Care</u>. Jerusalem, Israel: Feldheim Publishers.

Aiken, Lisa. (1996). <u>Beyond bashert: A guide to enriching your marriage</u>. Northvale, NJ: Jason Aronson Inc.

Agron, David. (1992). Soviet Jews: <u>A Field God Has Plowed</u>. Fuller Theological Seminary School of World Mission, ThM Thesis. Pasadena, California.

Agus, J. B. (1941). <u>Modern Philosophies of Judaism</u>. New York, NY: Behrman's Jewish Book House.

Allis, O. T. (1982). <u>The Five Books of Moses</u>. Translated into Korean by Jung-Woo Kim. Seoul: Christian Literature Crusade.

Allport, G. W. (1946). Some Roots of Prejudice. <u>Journal of Psychology</u>, 22, 9-39.

_____. (1950). The Individual and His Religion. New York: Macmillan.

_____. (1954). The Nature of the Prejudice. Cambridge, MA: Addison-Wesley.

_____. (1959). Religion and prejudice. Crane Review, 2, 1-10.

_____. (1960). Personality and Social Encounter. Boston: Beacon.

_____. (1963). Behavioral Science, Religion, and Mental Health. Journal of Religion and Health, 2, 187-197.

_____. (1966a). The Religious Context of Prejudice. Journal for the Scientific Study of Religion. 5, 447-457.

_____. (1968). The Person in Psychology. Boston: Beacon.

Allport, G. W., & Ross, J. M. (1967). Personal Religious Orientation and Prejudice. Journal of Personality and Social Psychology, 5, 432-443.

Angoff, Charles. (1970). American Jewish Literature. New York, NY: Simon and Schuster.

Baeck, Leo. (1958). Judaism and Christianity. Philadelphia: Jewish Publication of America.

Barclay, William. (1959a). Train Up A Child. Philadelphia: Westminster Press.

_____. (1959b). Educational Ideals in the Ancient World. Grand Rapids, MI: Baker House.

Barker, K. (1985). The NIV Study Bible. Grand Rapids, MI: Zondervan.

Bavinck, Herman. (1988). 개혁주의 교의학. 이승구 역, 서울: 기독교문서선교회.

_____. (1988). 개혁주의 신론. 이승구 역, 서울: 기독교문서선교회.

Bedwell, et al. (1984). Effective Teaching. Springfield, IL: Charles C. Thomas.

Bennett, William J. (1993). The Book of Virtues. New York, NY: Simon & Schuster.

Benson, C. H. (1943). History of Christian Education. Chicago, IL: Moody Press.

Ben-Sasson, H. H. Editor. (1976). A History of the Jewish People. Cambridge, MA: Harvard University Press.

Berenbaum, Michael. (1993). The World Must Know, The History of the Holocaust As Told in the United States Holocaust Memorial Museum. Boston, MA: Little, Brown and Company.

Berkhof, Louis. (1971). Systematic Theology. London: Banner of truth.

_____. (1983). Manual of Christian Doctrine. Grand Rapid, MI: Eerdmans.

Bigge, Morris L. (1982). Learning Theories for Teachers. New York, NY: Harper & Row.

Birnbaum, Philip. (1991). Encyclopedia of Jewish Concepts. New York, NY: Hebrew Publishing Company.

Bloch, Avrohom Yechezkel. (   ). Origin of Jewish Customs: The Jewish Child. Brooklyn, N. Y: Z. Berman Books.

Botterweck & Ringgren, ed. (1977). Theological Dictionary of the Old Testament, Vol. 1. Grand Rapids, MI: Eerdman Publishing Company.

Bower, G & Hillgard, E. R. (1981). Theories of Learning. Englewood Cliffs, NJ: Prentice-Hall.

Branden, Nathaniel. (1985). Honoring the Self: Self-Esteem and Personal Transformation. New York, NY: Bantam.

_____. (1988). How to Raise Your Self-Esteem. New York, NY: Bantam.

_____. (1995). Six Pillars of Self-Esteem. New York, NY: Bantam.

Bridger, David. ed. (1962, 1976). The New Jewish Encyclopadia. West Orange, NJ: Behrman House, Inc.

Brown, Collin, ed. (1975). The New International Dictionary of New Testament Theology, Vol. 1. Grand Rapids, MI; Regency Reference Library, Zondervan.

Brown, Driver & Briggs. (1979). The New Brown - Driver - Briggs - Genesis Hebrew and English Lexicon. Peabody, Ma: Hendrickson Publishers.

Brown, Michael. (1989). The American Gospel Enterprise. Shippensburg, PA: Destiny Image Publishers.

_____. (1992). Our Hands Are Stained with Blood. Shippensburg, PA: Destiny Image Publishers.

_____. (1994). Our Hands Are Stained with Blood. Translated into Korean by Hansarang World Mission College Press. Seoul: Hansarang World Mission College Press.

_____. (1990). How Saved Are We? Shippensburg, PA: Destiny Image Publishers.

_____. (1991). Power of God. Shippensburg, PA: Destiny Image Publishers.

_____. (1993). It's Time to Rock the Boat. Shippensburg, PA: Destiny Image Publishers.

_____. (1995a). Israel's Divine Healer. Grand Rapids, MI: Zondervan Publishing House.

_____. (1995b). High-Voltage Christianity. Lafayette, LA: Huntington House Publishers.

Calvin, John. (1981). Genesis, the Pentateuch, Vol. I. Grand Rapid, MI: Baker Book House.

_____. (1981). <u>Exodus, the Pentateuch, Vol. II.</u> Grand Rapid, MI: Baker Book House.

_____. (1981). <u>Institutes of the Christian Religion</u>. Translated by Moon Jae Kim, Seoul: Haemoon-sa.

Canfield, Jack. (1993). <u>Chicken Soup for the Soul</u>. Deerfield Beach: Health Communications, Inc.

Chait, Baruch. (1992). <u>The 39 Avoth Melacha of Shabbath.</u> Jerusalem, Israel: Feldheim Publishers, Ltd.

Cohen. (1992). <u>The Psalms</u>. Revised by Rabbi Oratz. New York, NY: The Soncino Press, Ltd.

Cohen, Abraham. (1983). <u>Everyman's Talmud</u>. Translated in Korean by Ung-Soon Won, Seoul: Macmillian

_____. (1995). <u>Everyman's Talmud</u>. New York, NY: Schocken Books.

Cohen, Simcha Bunim. (1993). <u>Children in Halachan</u>. Brooklyn, NY: Mesorah Publications, Ltd.

Coleman, William L. (1987). <u>Environments and Customs of Bible Times</u>. Seoul: Seoul books.

<u>Commonweal(Magagine)</u>. (1981). April 24.

<u>Complete Word Study Dictionary(The).</u> (1992). Complied and edited by Spiros Zodhiates. Chattanooga, TN: AMG Publishers.

Cooper, James. (1986). <u>Class Room Teaching Skills</u>. Lexington, MA: D. C. Heath and Company.

Daloz, Laurent A. (1986). Effective Teaching and Mentoring. San Francisco, CA: Jossey-Bass.

Darmesteter, A. (1897). The Talmud. Philadephia: The Jewish Publication Society of America.

Debour, Rolang. (1992). Social Customs in Old Testaments(I). Seoul: Kidok Jungmoon-sa.

_____. (1993). Social Customs in Old Testaments(II). Seoul: Kidok Jungmoon-sa.

Derovan & Berliner. (1978). The Passover Haggadah. Los Angeles, CA: Jewish Community Enrichment Press.

Dewey, John. (1916). Democracy and Education. New York, NY: The Free Press.

_____. (1938). Experience and Education. New York, NY: Macmillian publishing Co.

Ditmont, Max I. (1979). Jews, God and History(한국역: 이것이 유대인이다). Translated into Korean by Young Soo Kim, Seoul, Korea: 한국기독교문학연구 출판부.

Dobson, James. (1992). Dare to Discipline. Wheaton, IL: Tyndale House Publisher, inc.

Doerksen, V. D. (1965). The Biblical Doctrine of Progressive Sanctification. Unpublished ThM. Thesis of Talbot Seminary.

Donin, Hayim Halevy. (1972). To Be A Jew: A Guide to Jewish Observance in Contemporary Life. USA: Basic Books.

_____. (1977). To Raise A Jewish Child: A Guide for Parents. USA: Basic Books.

_____. (1980). To Pray As A Jew: A Guide to the Prayer Book and the Synagogue Service. USA: Basic Books.

Drazin, N. (1940). History of Jewish Education. Baltimore: The Johns Hopkins press.

Eavey, C. B. (1964). History of Christian Education. Chicago, IL: Moody.

Ebner, Eliezer. (1956). Elementary Education in Ancient Israel. New York: Bloch publishing Co.

Emma Gee. (1976). Counter Point, Perspectives on Asian America.

Encyclopedia Britannica, Macropaedia, Vol. 10. (1979). Chicago, IL: Encyclopedia Inc.

Encyclopaedia Britannica, Micropaedia, Vol. V. (1979). Chicago, IL: Encyclopedia Inc.

Encyclopaedia Britannica, Micropaedia, Vol. IX. (1979). Chicago, IL: Encyclopedia Inc.

Encyclopaedia of Judaica. (1993). Decennial Books 1983-1992. NY: Mc Millan.

Erikson, E. (1959). Identity and the Life Cycle, Psychological Issues. Vol. 1. New York: International University Press.

Erikson, E. (1959). Dimensions of New Identity (1st Ed.). New York: W. W. Norton & Co.

_____. (1963). Childhood and Society (2nd Ed.). New York: W. W. Norton & Co.

_____. (1968). Identity Youth and Crisis. New York: W. W. Norton & Co.

_____. (1982). The Life Cycle Completed. London: W. W. Norton & Co.

Feldman, Emanuel. (1994). On Judaism. Brooklyn, NY: Shaar Press.

Feldman, Sharon. (1987). The River the Kettle and the Bird. Spring Valley, NY: Philip Feldheim Inc.

Fowler, J. W. (1981). The Psychology of Human Development and the Quest for Meaning. New York: Harper & Row, Publishers, Inc.

Friedman, Avraham Peretz. (1992). Table for Two. Southfield, MI: Targum Press Inc.

Fromm, Erich. (1989). The Art of Loving. NY: Harper & Row, Publishers.

Fuchs, Yitzchak Yaacov. (1985a). <u>Halichos Bas Yisrael, A Woman's Guide to Jewish Observance. Vol. 1</u>. Oak Park, MI: Targum Press.

_____. (1985b). <u>Halichos Bas Yisrael, A Woman's Guide to Jewish Observance. Vol. 2</u>. Oak Park, MI: Targum Press.

Gangel, K & Benson, W. (1983). <u>Christian Education: It's History & Philosophy</u>. Chicago: Moody Press.

Geiger, K. (1963). <u>Further Insights Into Holiness</u>. Kansas City: Beacon Hill Press.

Goetz, Bracha. (1990). <u>The Happiness Book</u>. Lakewood, NJ: CIS Publishers and Distributors.

Gold, Avie. (1989). <u>Artscroll Youth Pirkei Avos</u>. Brooklyn, NY: Mesorah Publications Ltd.

Golding, Goldie. (1988). <u>Arrogant Ari</u>. Brooklyn, NY: Sefercraft, Inc.

Goleman, Daniel. (1995). <u>Emotional Intelligence.</u> New York, NY: Bantam Books.

Gollancz, S. H. (1924). <u>Pedagogies of the Talmud and That of Modern Times.</u> London: Oxford University press.

Gordon, M. M. (1964). <u>Assimilation in American Life</u>. New York, NY: Oxford University Press.

Greenbaum, Naftali. (1989). <u>Honor Your Father and Mother</u>. Bnei Brak, Israel: Mishor Publishing Co. , Ltd.

Grider, J. K. (1980). <u>Entire Sanctification: The Distinctive Doctrine of Wesleyanism.</u> Kansas City: Beacon Hill Press.

Guder, Eileen. (1982). <u>We are Never Alone</u>. Translated by Eujah Kwon, Seoul: Voice Publishing Company.

Han, Woo Keun. (1970). <u>The History of Korea</u>. Seoul: Eul-yoo Publishing Co.

Hauslin, Leslie. (1990). The Amish: The Ending Spirit. New York: Crescent Books/Random House.

Hefley, James. (1973). How Great Christians Met Christ. Chicago, IL: The Moody Bible Institute of Chicago.

Heller, A. M. (1965). The Jew and His World. New York, NY: Twayne Publishers, Inc.

Heller, Rebbetzin Tziporah. (1993). More Precious Than Pearls. Spring Valley, NY: Feldheim Publishers.

Hertz, Joseph H. (1945). Sayings of the Fathers(Ethics of the Fathers). USA: Behrman House Inc.

Hirsch, Samson Raphael. (1988). Collected Writings of Rabbi Samson Raphael Hirsch. Jerusalem, Israel: Feldheim Publishers Ltd.

_____. (1989a). Genesis, the Pentateuch, Vol. I. Gateshead: Judaica Press Ltd.

_____. (1989b). Exodus, the Pentateuch, Vol. II. Gateshead: Judaica Press Ltd.

_____. (1989c). Leviticus, the Pentateuch, Vol. III. Gateshead: Judaica Press Ltd.

_____. (1989d). Numbers, the Pentateuch, Vol. IV. Gateshead: Judaica Press Ltd.

_____. (1989e). Deuteronomy, the Pentateuch, Vol. V. Gateshead: Judaica Press Ltd.

_____. (1990). The Pentateuch. Edited by Ephraim Oratz, New York, NY: Judaica Press, Inc.

Holloman, H. W. (1989). Highlights of the Spiritual Life(N. T), Unpublished class syllabus of Talbot School of Theology.

Holocaust(The). (   ), Yad Vashem, Jerusalem: W. Turnowasky & Son Ltd.

Holy Bible. (NIV, KJV). (1985).

The Jewish Bible, TANAKH, The Holy Scriptures by JPS, 1985.

Hook, S. (1950). John Dewey. New York, NY: Barnes & Noble, Inc.

Hurh & Kim. (1984). Korean Immigrants in America. Cranbury, NJ: Associated University.

Hyun, Yong Soo. (1990). The Relationship between Cultural Assimilation Models, Religiosity, and Spiritual Well-Being Among Korean-American College Students and Young Adults in Korean Churches in Southern California. Doctoral dissertation, Biola University, Talbot School of Theology, La Mirada CA. Ann Arbor: University Microfilms International.

_____. (1993). Culture and Religious Education. Seoul: Qumran.

_____. (1993). Jewish Education Seminar Note. Los Angeles, CA: SCEI.

_____. (1993). Jewish Education Seminar Cassette Tapes. Los Angeles, CA: SCEI.

Ives, Robert. (1991). Shabbat and Festivals Shiron. Beverly Hills, CA: The Medi Press.

Jacobs, Louis. (1984). The Book of Jewish Belief. New York, NY: Behrman House, Inc.

_____. (1987). The Book of Jewish Practice. West Orange, NJ: Behrman House, Inc.

Jensen, I. R. (1981a). Genesis: A Self-Study Guide. Translated into Korean by In-Chan Jung. Seoul: Agape Publishing House

_____. (1981b). Exodus: A Self-Study Guide. Translated into Korean by In-Chan Jung. Seoul: Agape Publishing House.

Josephus. (1987). Wars of Jews, VII, Translated by Jichan Kim, Seoul, Korea: Word of Life Press.

Joyce, B & Weil, M. (1986). Models of Teaching. Englewood Cliffs, NJ: Prentice-Hall.

Kaplan, Aryeh. (1983). If You Were God. New York, NY: Olivestone Print Communications, Inc.

Kaufman, Y. The Lawyers Unite. (Sept. 1985). Moment 10, 8, 45-46.

Keil & Delitzsch. (1989a). Genesis, the Pentateuch, Vol. I. Grand Rapid, MI: Hendrickson.

_____. (1989b). Exodus, the Pentateuch, Vol. II. Grand Rapid, MI: Hendrickson.

Kling, Simcha. (1987). Embracing Judaism. New York, NY: The Rabbinical Assembly.

Koh, Yong Soo. (1994). A Theology of Christian Education as Encounter. Seoul: Presbyterian Theological Seminary Press.

Kohlberg, L. (1981). Essays on Moral Development: The Philosophy of Moral Development. (Vol. 1). New York: Harper & Row.

_____. (1984). Essays on Moral Development: The Psychology of Moral Development. (Vol. 2). New York: Harper & Row.

Kolatch, Alfred J. (1981). The Jewish Book of Why. Middle Village, NY: Jonathan David Publishers, Inc.

_____. (1985). The Second Jewish Book of Why. Middle Village, NY: Jonathan David Publishers, Inc.

_____. (1988). This Is the Torah. Middle Village, NY: Jonathan David Publishers, Inc.

Korea Times(The), (Los Angeles Edition), (1989). Korean-American Population Increase. May 26.

Kosmin, Barry. (1990). Exploring and Understanding the Findings of the 1990 National Jewish Population Survey. Unpublished research paper in University of Judaism. Los Angeles: CA.

Kuyper, A. (1956). The Work of the Holy Spirit, trans. Henri De Vries, Grand Rapids: Wm. B. Eerdmans Publishing Company.

LaHaye, Beverly. (1978). The Spirit Controlled Woman. Translated by Eun-Soon Yang. Seoul: Word of Life Press.

Lamm, Maurice. (1969). The Jewish Way in Death and Mourning. New York: Jonathan David Publishers.

_____. (1980). The Jewish Way in Love and Marriage. Middle Village, NY: Jonathan David Publishers, Inc.

_____. (1991). Becoming a Jew. Middle Village, NY: Jonathan David Publishers, Inc.

_____. (1993). Living Torah in America. West Orange, NJ: Behrman House, Inc.

Lampel, Zvi. trans. (1975). Maimonides' Introduction to the Talmud. New York, NY: Judaica Press.

Lange, J. p. (1979). The Book of Genesis I & II. Translated into Korean by Jin-Hong Kim. Seoul: Packhap.

Lee, Nam-Jong. (1992). Christ in the Pentateuch. Seoul: Saesoon Press.

Lee, Sang-Keun. (1989). Genesis, the Lee's Commentary. Seoul: Sungdung-sa.

_____. (1989). Exodus, the Lee's Commentary. Seoul: Sungdung-sa.

Lee, Sung Eun. (1985). Conflict Resolution Styles of Korean-American College Student. Ann Arbor, MI: University Microfilms International, A Bell & Howell Information Company.

Leedy, p. D. (1980). Practical Research. New York, NY: Mcmillan.

Leri, Sonie B. & Kaplan, Sylvia R. (1978). Guide for the Jewish Homemaker. New York, NY: Schocken Books.

Leupold, H. C. (1942). Exposition of Genesis. Vol. I. Grand Rapids: Baker.

_____. (1974). Exposition of the Psalms. Grand Rapids: Baker.

Levinson et al. , (1978). The Season's of Man's Life. New York, NY: Alfred A. Knopf.

Lipson, Eric-Peter. (1986). Passover Haggadah. USA: Thomas Nelson, Inc.

Los Angeles Times, Police Link Slain Honor Student to Theft Scheme. 1993, January 6, A1, 13.

_____. Slaying of Honors Student Detailed. 1994, April 8, A3.

_____. 2 Rabbis Accused of Molesting Girl,15, June 2, B1.

_____. Hostage Drama in Moscow, 1995, Oct. 15, A1, 4

Lowman, Joseph. (1984). Mastering the Techniques of Teaching. San Francisco, CA: Jossey-Bass.

Luther, Martin. (1962). On the Jews and Their Lies. trans. Martin H. Bertram, in Martin Luther's Works, 47:268-72(1543). Philadelphia, Pa: Muhlenberg.

Luzzatto, Moshe Chaim. (1989). The Ways of Reason. Jerusalem, Israel: Feldheim Publishers Ltd.

Martin, Doris & Boeck, Karin. (1996). E.Q. Munchen, Translated into Korean by Myong Hee Hong. Germany: Wilhelm Heyne, Veriag Gmbtt & Co.

Matzner-Bekerman, Shoshana. (1984). The Jewish Child: Halakhic Perspectives. New York, NY: KTAV Publishing House, Inc.

McGavran, Donald. (1980). Understanding Church Growth. Grand Rapid, MI: Zondervan.

Meier, Paul. (1988). Christian Child-Rearing and Personality Development. Translated into Korean by Jeoung Hee-Young. Seoul: Chongshin College Press.

Miller, Basil. (1943). John Wesley. Grand Rapid, MI: Zondervan Publishing House.

Miller Yisroel. (1984). Guardian of Eden. Spring Valley, NY: Feldheim Publishers.

Moment, No. 10, 8, 1985.

_____. January and February 1988.

_____. No. 9, 1988.

Morris, V. C. & Pai, Y. (1976). Philosophy and American School. Boston: Houghton Miffin.

Munk, Meir. (1989). Sparing the Rod. Brooklyn, NY: Mishor Publishing Co., Ltd.

Narramore, Clyde M. (1979). A Woman's World. Grand Rapids, MI: Zondervan Publishing House.

The New International Dictionary of New Testament Theology Vol. 1. Edited by Collin Brown, 1975, Grand Rapids, MI; Regency Reference Library, Zondervan.

Nye, Joseph Jr. (1990). Bound to Lead: The Changing Nature of America Power. Translated in Korean by No-Woong Park. (21세기 미국파워). Seoul: The Korea Economic Daily.

Orlowek, Rabbi Noach. (1993). My Child, My Disciple. Nanuet, NY: Feldheim Publishers.

The Outlook, Rabbi's Aide Gets 22 Months in Prison. 1996, Jan. 20. B1.

Payne, J. B. (1954). An Outline of Hebrew History. Grand Rapid, MI: Baker Book House.

Piaget, Jean. (1972). Biology and Knowledge. Chicago, IL: The University of Chicago Press and Edinburgh: Edinburgh University Press.

Pilkington, C. M. (1995). Judaism. Lincolnwood, Il: NTC Publishing Group.

Paloutzian, R. F. , & Ellison, C. W. (1982). Loneliness, Spiritual Well-Being and Quality of Life. In L. A. Peplau and D. Perlman (Eds). Loneliness: A Sourcebook of Current Theory, Research and Therapy. New York: Wiley Interscience.

Radcliffe, Robert J. Bloom's Taxonomy-Cognitive Domain Levels of Critical Thinking. Peabody Journal of Education, 3/70.

Radcliffe, Sarah Chana. (1988). Aizer K'negdo: The Jewish Woman's Guide to Happiness in Marriage. Southfield, MI: Targum Press Inc.

Radcliffe, Sarah Chana. (1989). The Delicate Balance. Southfield, MI: Targun Press Inc.

Rashi. (1996). The Metsudah Chumash. vol. V. Hoboken, NJ: KTAV Publishing House.

Ratner, J. (1928). The Philosophy of John Dewey. New York, NY: Henry Holt and Co.

Rausch, David A. (1990). A Legacy of Hate: They Christians Must Not Forget the Holocaust. Grand Rapids: Baker.

Reuben, Steven Carr. (1992). Raising Jewish Children In A Contemporary World. Rocklin, CA: Prima Publishing.

Sanders, E. P. (1995). Paul, the Law, and the Jewish People. Translated by Jin-Young Kim, Seoul: Christian Digest.

Scherman, Nosson. (1992). The Complete ArtScroll Siddur. NY: Mesorah Publication, Ltd.

Scherman, Nosson & Zlotowitz, Meir. Editors (1994). The Chumash. Brooklyn, NY: Mesorah.

Schlessinger, B. & Schlessinger, J. (1986). The Who's Who of Nobel Prize Winners. Oryx Press.

Seitz, Ruth. (1991). Amish Ways. Harrisburg, PA: RB Books.

_____. (1989). Pennsylvania's Historic Places. Intercourse, PA: Good Books.

Shapiro, Michael. (1995). The Jewish 100. Secaucus, NJ: Carol Publishing Group.

Shilo, Ruth. (1993). Raise A Child As A Jew. Translated and edited by Hyun-Soo Kim, Gae-Sook Bang. Seoul: Minjisa.

Singer, Shmuel. (1991). A Parent's Guide to Teaching. Hoboken, NJ: Ktav Publishing House, Inc.

Skinner, B. F. (1969). Contingencies of Reinforcement. Meredith.

Solomon, Victor M. (1992). Jewish Life Style. Translated into Korean by Myung-ja Kim, Seoul: Jong-ro Books.

Stalnaker, Cecil. (1977). The Examination and Implications of Hebrew Children's Education Through A. D. 70. A Unpublished ThM Thesis, Biola University, Talbot School of Theology.

Stevenson, William. (1977). 90minutes at Entebbe Airport. Translated into Korean by Yoon Whan Jang. Seoul: Yulwhadang.

Swift, Fletcher H. (1919). Education in Acient Israel from Earliest Times to 70 A. D. The Open Court Publishing Company.

Talmud, Babylonian Edition.

_____. Jerusalem Edition.

TANAKH. The Jewish Bible, The Holy Scriptures by JPS, 1985.

Telushkin, Joseph. (1991). Jewish Literacy. New York, NY: William Morrow and Company, Inc.

_____. (1994). Jewish Wisdom. New York, NY: William Morrow and Company, Inc.

Theological Dictionary of the Old Testament Vol. 1. Edited by Botterweck & Ringgren, 1977, Grand Rapids, MI: Eerdman Publishing Company.

Thurow, Lester. (1985). The Zero Sum Solution: "Is America a Global Power in Decline? Boston Globe, 20 March 1988, p. A22. New York, NY: Simon & Schuster.

Tillich, Paul. (1950). Der Protestantismus: Prinzip und Wirklichkeit. Stuttgart: Evangelisches Verlagswerk.

Times(The). April 27. 1998.

Tokayer, Marvin. (1979). 탈무드. 서울: 태종출판사. 김상기 역.

_____. (1989a). 짤막한 탈무드. 서울: 기독태인문화사. 김상구 역.

_____. (1989b). 유대인의 처세술. 서울: 민성사. 신기선 역.

_____. (1989c). 탈무드의 도전. 서울: 태종출판사. 지방훈 역.

Touger, Malka. (1988a). Sefer HaMitzvot Vol. 1. New York, NY: Moznaim Publishing Corporation.

_____. (1988b). Sefer HaMitzvot Vol. 2. New York, NY: Moznaim Publishing Corporation.

Tournier, Paul. (1997). The Gift of Feeling. 서울: 한국기독학생회출판부(IVP).

Towns, Elmer. L. Editor (1984). A History of Religious Education. Translated into Korean by Young-Kum Lim. Seoul: The Presbyterian Church of Korea, Department of Education.

Toynbee, Arnold J. (1958a). A Study of History. New York, NY: Oxford University Press.

_____. (1958b). A Study of History. New York, NY: Oxford University Press.

Twerski, Abraham J. (1992). Living Each Week. Brooklyn, NY: Mesorah Publications, Ltd.

Twerski, Abraham & Schwartz, Ursula. (1996). Positive Parenting: Developing Your Child's Potential. Brooklyn, NY: Mesorah Publications, Ltd.

Unger, M. F. (1957). <u>Unger's Bible Dictionary</u>. Chicago: Moody Press.

Unterman, Isaac. (1973). <u>The Talmud</u>. New York, NY: Bloch Publishing Company.

Vilnay, Zev. (1984). <u>Israel Guide</u>. Jerusalem: Daf-Chen.

Vine, W. E. (1985). <u>An Expository Dictionary of Biblical Words</u>. Nashville: Thomas Nelson Publishers.

Wagschal, S. (1988). <u>Successful Chinuch</u>. Jerusalem, Israel: Feldheim Publishers Ltd.

Walder, Chaim. (1992). <u>Kids Speak Children Talk About Themselves</u>. Jerusalem, Israel: Feldheim Publishers.

Walker, . et al. (1985). <u>A History of the Christian Church</u>. New York, NY: Charles Scribner Sons.

Washington Post, <u>Dole Plan on Shutdown</u>. 1996, Jan. 3.

<u>Webster New Twentieth Century Dictionary. (2nd ed.)</u>. (1983). New York, NY: Simon & Schuster.

Wilson, Marvin R. (1993). <u>Our Father Abraham, Jewish Roots of the Christian Faith</u>. Grand Rapid, MI: William B. Eerdmans Publishing Company.

<u>World Book Encyclopedia Vol. 2</u>. (1986). Chicago: Field Enterprises Educational Corp.

<u>World Book Encyclopedia Vol. 11</u>. (1986). Chicago: Field Enterprises Educational Corp.

Young, R. (1982). <u>Young's Analytical Concordance to the Bible</u>. Nashville: Thomas Nelson.

Yuro, Dejima. (1988). <u>Jewish Thinking Way</u>. Seoul: Namsung Publishing Co.

Zlotowitz, Meir. (1989). <u>Pirkei Avos Ethic of the Fathers</u>. Brooklyn, NY: Mesorah Publications, Ltd.

Zuck, Roy B. (1963). <u>The Holy Spirit in Your Teaching</u>. Scripture Press.

한국 자료

김석환. 범죄 소굴로 변한 러시아 대도시. 중앙일보, 1995년 10월 16일, p. 3.

김용진. 광복 50주년 축전 음악회 왜 우리 작품 하나도 없나. 중앙일보, 1995년 8월 17일, p. 5.

김정우. (1995). 1995년, 희년으로 호칭하는 것이 성경적인가. 목회와 신학. 3월호. 통권 68호. pp. 152-155. 서울: 두란노서원.

김종권. (1986). 한국인의 내훈. 서울: 명문당.

데지마 유로. (1988). 유대인의 사고 방식. 고계영, 이시준 역, 도서출판 남성.

미주복음신문, 메아리 칼럼 연재. 1994년 12월 11일.

_____. 캠퍼스 기도 부활 움직임. 1994년 5월 15일.

_____. 미국, 세계 최대의 채무국으로 전락. 1996년 1월 7일.

미주크리스천신문, 아이들 TV 너무 많이 본다. 1996년 12월 21일.

미주크리스천신문, 이민 교회 성장 둔화 우려. 1995년, 1월 17일, p. 4.

_____. 세계 속 한인의 어제와 오늘을 조명한다. 1995년 10월 7일, p. 5.

_____. 모유와 우유의 차이점. 윤삼혁 건강 칼럼, 1996년 2월 3일, p. 6.

박미영. 아이 기르기를 즐기는 이스라엘식 육아법을 아세요? 라벨르(labelle), 1995년 8월호, pp. 381-393.

_____. (1995). 유대인 부모는 이렇게 가르친다. 서울: 생각하는 백성.

박우희. 현대 교육의 문제점. 중앙일보, 1994년 10월 14일.

박윤선. (1980). 성경 주석, 창세기 출애굽기. 서울: 영음사.

_____. (1980). 성경 주석, 레위기 민수기 신명기. 서울: 영음사.

박태수(Thomas Park, MD). (1994). 미국은 과연 어디로 가고 있는가? 서울: 하나의 학사

박형룡. (1988). 박형룡 박사 저작전집 I.서론, 교의신학. 서울: 한국기독교교육연구소.

박희민. (1996). 'IQ는 아버지 EQ는 어머니 몫이다.' 서평에서. 1997년 10월 26일.

변태섭. (1994). 한국사 통론. 서울: 도서출판 삼영사.

성경: (1984). 현대인의 성경. 생명의 말씀사.

성경: (1956). 한글판 개혁. 대한성서공회.

스포츠서울, 청소년 16% 책 안 읽는다. 1994년 5월 23일.

신용하(1995). 구 조선총독부 청사는 하루 속히 철거해야 한다. 월간조선, 1995년 1월호, p. 606.

심상권, 목회자의 열등감, 그 쓴뿌리의 심리적 이해. 목회와 신학, 두란노, 1996년 2월호, pp. 48-56.

양춘자. 세상 과외공부 대신 성경 과외공부. 신앙계, 1993년. 7월호, p. 51.

엣센스 국어사전. (1983). 서울: 민중서림.

유의영. 2세의 눈에 비친 1세의 모습. 한국일보(미주판), 1991년 9월 8일.

US News, 유대인 학살 추도 박물관 개관, 독일선 의도 무엇이냐 항의, 1993년 5월 10일.

윤종호, 크리스천포스트, 망국 백성의 슬픈 노래. 1995년 8월 12일.

이기백. (1983). 한국사 신론. 서울: 일조각.

이상근. (1990). 갈. 히브리 주석(8). 서울: 성등사.

_____. (1989). 창세기 주석. 서울: 성등사.

_____. (1990). 출애굽기 주석. 서울: 성등사.

_____. (1990). 레위기 주석(상). 서울: 성등사.

_____. (1994). 잠언 · 전도 · 아가서 주석. 서울: 성등사.

이야기 신한국사. (1994). 신한국사연구회, 서울: 태을출판사.

이원설. 한국인의 병리 현상. 총신목회신학원 특강, 1995년 1월 9-20일, 서울: 한강호텔.

이회창, 정치가 법을 만들지만 법치는 정치의 위에 있다. 월간조선, 1995년 1월호.

일요서울, 사랑 못 받으면 세포 손상. 1997년 11월 8일, p. 8.

林建彦(하야시 다께히꼬). (1989). 남북한 현대사. 서울: 삼민사.

전인철. 책읽기 운동이 생활로 바뀌어야. 크리스천 신문(USA), 1995년 8월 19일, p. 12.

정훈택. (1993). 열매로 알리라. 서울: 총신대학 출판부.

조선일보, 이혼시 편부 부양 증가. 1996년 11월 19일, p. 32.

중앙일보, 박한상 군 부모 살해 및 방화. 1994년 5월 19일.

_____. '뒤집힌 윤리' 꼬리 물어. 1994년 11월 2일.

_____. 용서의 심리학 발표. 1994년 11월 19일.

_____. TV가 범죄꾼 만든다. 1994년 12월 15일, 미주판.

_____. 한인 대학생 미국 직장 취업 미국 학생 절반 수준. 1995년 2월 9일, 미주판.

_____. 국립 서울대학교 수재 뽑아 범재 만드는 교육 실상, 대학촌. 1995년 3월 20일.

_____. 제2 박한상, 교수인 아들이 범행. 1995년 3월 20일.

_____. 잇단 친부 살해 사건 이후. 1995년 3월 20일, p. 3.

_____. 서강대 신입생 조사. 1995년 3월 24일.

_____. 박석태 전 제일은행 상무 자살. 1995년 4월 29일, pp. 1, 3, 21.

_____. 신촌 유흥가 무기한 단속. 1995년 6월 3일, p. 22.

_____. 1천만 명이 전과자였다니. 1995년, 8월 14일.

_____. 구 일본총독부 중앙돔 첨탑 철거. 1995년, 8월 15일.

_____. 지존파 살인. 1995년 9월 19일.

_____. 한국인 인질 9시간 만에 구출. 1995년 10월 16일, p. 1.

_____. (김석환). 범죄 소굴로 변한 러시아 대도시. 1995년 10월 16일, p. 3.

_____. 독서 빈리락(위진록). 1995년 10월 17일, 미주판.

_____. 모유 먹여야 산모·아기 모두 건강. 1995년 10월 18일.

_____. 치안 공백 동구권 곳곳에 위험. 1995년 10월 23일, p. 4.

_____. 반드시 결혼할 필요 없다. 1995년 11월 14일, 미주판.

_____. 반성하는 독일, 궤변 반복 일본. 1996년 1월 16일.

_____. '남편 외도' 앞질러… 작년 52%. 1996년 2월 9일.

_____. 20대 흑인 40%가 전과자. 1996년 2월 13일, p. 3, 미주판.

_____. 미국의 정직도 이젠 옛말. 1996년 2월 24일, 미주판.

_____. 메넨레스 형제 유죄 평결. 1996년 3월 21일, 미주판.

_____. '슈퍼맨' 흉내 어린이 2명 사망. 1996년 3월 26일.

_____. 대학 캠퍼스 범죄 온상화. 1996년 4월 23일, 미주판.

_____. '한 유대인 어머니,' 전서영 칼럼. 1996년 4월 29일, 미주판.

_____. 여성 46%·남성 28% 종교 집회 참석. 1996년 5월 9일.

_____. 美서 '한국 자료' 찾는 현실 안타까와. 1996년 5월 15일, 미주판.

_____. 세대차 세계 최고. 1996년 10월 4일, p. 8.

_____. 미국에도 3대 부자 드물다. 1996년 10월 22일.

_____. 올브라이트 美 국무 유대인이란 사실, 이스라엘 2년 간 숨겼다. 1996년 12월 31일.

_____. 한인 2세 여성 66.5%, 타인종과 결혼. 1997년 2월 14일.

_____. 중년 離婚 10년새 2倍. 1997년 2월 21일.

_____. 세탁기 교체 주기 비교해 보니… 한국 6년 美선 13년 사용. 1997년 12월 2일.

_____. 나이 들수록 남자 뇌 여자보다 더 축소. 1998년 2월 13일, 미주판.

_____. 술집 댄서 춤에 천주교 신부 심장마비. 1998년 2월 14일.

_____. 권영빈 칼럼, 역사 文盲이 늘고 있다. 1998년 4월 24일.

_____. 박세리의 승리 비결, 1998년 5월 19일, 7월 7일.

_____. 세리야, "잘 했다. 아빠가 그 동안 너무 모질었지…," 1998년 5월 19일.

_____. 말 말 말, 1998년 5월 19일.

최찬영. 이민 목회와 21세기 기독교 선교의 방향. 크리스천 헤럴드 USA, 1995년 9월 29일, pp. 10-11.

크리스천 신문, 아이들 TV 너무 많이 본다. 1996년 12월 21일.

크리스천 저널(미주). 3·1 운동과 기독교. 1995년 2월 23일.

Christian Today, 인본주의 교육의 특징. 1998년 2월 20일.

크리스천 포스트, Single Mother의 문제들(Henry Hong). 1993년 2월 16일.

크리스천 헤럴드, USA. 장로 교단이 집계한 교세 현황. 1995년 9월 29일, p. 11.

크리스천 헤럴드, 상하의원 개신교 293, 카톨릭 151, 유대교 35명. 1997년 2월 2일.

피종진, 1995년 2월 26일, 한국 교회의 미래. 나성 영락교회 대예배 설교에서 발췌.

한국일보. 흑인 20대 초반 절반이 갱. 1992년 5월 22일, 미주판.

_____. '돈-행복' 상관 지수론. 1992년 6월 14일, 미주판.

_____. 강도 모의 중 갈등 태이 군 유인 살해. 1993년 1월 7일, p. 1, 미주판.

_____. 섹스 미디어 범람 가장 큰 요인. 1993년 3월 23일, 미주판.

_____. 남녀 성격 유전적으로 다르다. 1993년 5월 11일, 미주판.

_____. 6·25 기념관 꼭 지어야 하는가. 1993년 6월 22일.

_____. 실록 청와대, "지는 별 뜨는 별" 제 34회. 1993년 8월 24일.

_____. 친부모와 사는 미성년자, 백인 56.4, 흑인 25.9%. 1994년 8월 30일, 미주판.

_____. 장교 40% 사명감 없이 입대. 1995년 1월 11일.

_____. 교포 대학생 취업율 美 대학생 절반 수준. 1996년 6월 17일.

_____. 佛 마지막 戰犯 모리스 파퐁. 1996년 9월 20일.

_____. 범람하는 유흥 업소. 1996년 11월 10일.

_____. 무엇이 한국적인가. 1997년 1월 27일.

_____. 해외 토픽, 러 10대 女 25% '매춘부 희망.' 1997년 12월 8일.

한승홍. (1991). 한국 신학 사상의 흐름. 서울: 한국신학사상 연구원.

현용수. (1993). 문화와 종교 교육. 서울: 쿰란출판사.

홍인규. (1994). 바울은 율법을 잘못 전하고 있는가. 목회와 신학. 12월호. 통권 66호. pp. 287-301. 서울: 두란노서원.

홍일식. (1996). 한국인에게 무엇이 있는가. 서울: 정신세계사.

본서에 사용한 사진의 출처

Canon Institute 조한용 선생 제공 ⓒ, 미국 Los Angeles, CA. Tel. (213) 382-9229 USA(각 사진에 출처가 표기돼 있음).

Shema Christian Education Institute, ⓒ Yong-Soo Hyun, 3446 Barry Ave Los Angeles, CA 90066 USA. (각 사진에 출처가 표기 안 된 모든 사진들)

Solomon, Victor M. ⓒ (1992). <u>Secret of Jewish Survival</u>. Translated into Korean by Myung-ja Kim, Seoul: Jong-ro Books(각 사진에 출처가 표기돼 있음).

Times(The). April 27. 1998.

Wiesenthal Center Museum of Tolerance, ⓒ Jim Mendenhall, 9786 West Pico Blvd. , Los Angeles, CA USA. 90035-4792 Tel. (310)553-8403 제공 (각 사진에 출처가 표기돼 있음)

Yad Vashem, P.O. Box 3477, Jerusalem, Israel. Tel. 751611 (각 사진에 출처가 표기돼 있음)

교육학 교과서(고등학교, 서울시 교육감 인정): 교학사(1998).

참고 사항

1. 본 책자에 사용된 사진의 불법 복사 및 사용을 금합니다.
2. 만약 독자가 본서에 포함된 사진을 사용하기를 원할 때에는 반드시 사진 작가의 허가를 받아야 합니다.
3. 본 책자의 저자 이외의 사진은 저자가 권한을 갖고 있지 않으므로 위의 주소로 직접 연락하시기 바랍니다.

교육 혁명이 시작되었습니다!
- 가정교육 · 교회교육 · 교회성장 위기의 대안 -

자녀교육 + 교회성장 고민하지요?

Q1: 왜 현대 교육은 점점 발달하는 데 인성은 점점 더 파괴되는가?
Q2: 왜 자녀들이 부모와 코드가 맞지 않아 갈등을 빚는가?
Q3: 왜 대학을 졸업하면 10%만 교회에 남는가? 교회학교의 90% 실패 원인은?
Q4: 왜 해외 교포 자녀들이 남은 10%라도 부모교회를 섬기지 않는가?
Q5: 왜 현대인에게 전도하기가 힘든가?

근본 대안은 유대인의 인성교육과 쉐마교육에 있습니다

– 어떻게 유대인은 위의 문제를 4,000년간 지혜롭게 해결하고 세계를 지배하고 있는가?
– 어떻게 유대인은 아브라함 때부터 현재까지 세대차이 없이 자손 대대로 말씀을 전수하는데 성공했는가?

■ 쉐마교육연구원은 무슨 일을 하나?

1. 2세 종교교육 방향제시
혼돈 속에 있는 2세 종교교육의 방향을 성경적이고 과학적인 연구에 의해 옳은 방향으로 제시해 준다.

2. 성경적 기독교교육 재정립
유대인의 자녀교육과 기존 기독교교육 자료를 중심으로 백년대계를 세울 수 있도록 한국인에 맞는 기독교교육 방법을 재정립한다.

3. 한국인에 맞는 기독교교육 자료(내용) 개발
현 한국 및 전 세계 한국인 디아스포라를 위해 한국인의 자녀교육에 맞는 기독교교육 내용을 개발한다.

4. 해외 및 기독교교육 문제 연구
시대와 각 지역 문화의 변화에 대처하기 위해 계속 연구하고 대안을 제시한다.

5. 교회교육 지도자 연수교육
각 지교회에 새로운 교회교육 지도자를 양성 보충하며 기존 지도자의 필요를 충족시켜준다.

6. 청소년 선도 교육 실시
효과적인 청소년 교육 프로그램을 개발하여 선도교육을 실시한다.

7. 효과적 성서 연구 및 보급
성경을 교육학적으로 보다 깊이 연구하고 효과적인 전달 방법을 개발하여 이를 보급한다.

8. 세계 선교 교육
본 연구원의 교육 이념과 자료가 세계 선교로 이어지게 한다.

■ '쉐마지도자클리닉'이란 무엇인가?

쉐마교육연구원은 세계 최초로 현용수 교수에 의해 설립된, 인간의 인성과 성경적 쉐마교육을 가르치는 인성교육 전문 교육기관이다. 본 연구원에서 가르치는 핵심 교육의 내용 역시 현 교수가 하나님이 주신 지혜로 계발한 것들이며, 거의 모두가 세계 최초로 소개된 인성교육의 원리와 실제를 함께 가르치는 성경적 지혜교육이다. 본 연구원은 바른 인성교육 원리와 쉐마교육신학으로 가정교육·교회교육·교회성장 위기의 대안을 제시해 준다.

쉐마교육연구원에서 주관하는 '쉐마지도자클리닉'은 전체 3학기로 구성되어 있다. 1주 집중 강의로 3차에 걸쳐 제1학기는 '유대인을 모델로 한 인성교육 노하우', 제2학기는 '유대인의 쉐마교육'이 국내에서 진행된다. 제3학기는 '유대인의 인성 및 쉐마교육 미국 Field Trip'으로 미국에서 진행되며 현용수 교수의 강의는 물론 LA에 소재한 유대인 박물관, 정통파 유대인 회당 및 안식일 가정 절기 견학 등 그들의 성경적 삶의 현장을 견학하고, 정통파 유대인 랍비의 강의, 서기관 랍비의 양피지 토라 필사 현장 체험을 한 후 현지에서 졸업식으로 마친다.

3학기를 모두 마친 이수자에게는 졸업 후 쉐마를 가르칠 수 있는 'Teacher's Certificate'를 수여하여 자신이 섬기는 곳에서 쉐마교육을 가르칠 수 있도록 도와준다.

■ 누가 참석해야 하는가?

- 기존 교육에 한계를 느끼고 자녀교육과 교회학교 문제로 고민하시는 분.
- 한국 민족의 후대 교육을 고민하며 그 대안을 간절히 찾고자 하시는 분.
- 하나님의 말씀을 자손에게 물려줄 수 있는 비밀을 알고자 하시는 분.
- 유대인의 효도교육의 비밀과 천재교육+EQ교육의 방법을 알고자 하는 분.

미국 : 3446 Barry Ave. Los Angeles, California 90066 USA
　　　쉐마교육연구원 (310) 397-0067
한국 : 02)3662-6567, 070-4216-6567, Fax. 02)2659-6567
　　　www.shemaiqeq.org　shemaiqeq@naver.com

IQ · EQ 박사 현용수의
유대인 자녀교육 총서

	인성교육론 시리즈	쉐마교육론 시리즈	탈무드 시리즈
1	인성교육론 + 쉐마교육론의 총론: IQ는 아버지 EQ는 어머니 몫이다 (쉐마) 전3권		탈무드 1 : 탈무드의 지혜 (원저 마빈 토카이어, 편저 현용수, 동아일보사)
2	현용수의 인성교육 노하우 1 - 인성교육이란 무엇인가 - (동아일보)	부모여, 자녀를 제자삼아라 (쉐마) 전2권 - 유대인 자녀교육이 필요한 이유 -	탈무드 2 : 탈무드와 모세오경 (이하 동)
3	현용수의 인성교육 노하우 2 - 인성교육의 본질과 원리 - (동아일보)	잃어버린 구약의 지상명령 쉐마 (쉐마) 전3권 - 교육신학의 본질 -	탈무드 3 : 탈무드의 처세술 (이하 동)
4	현용수의 인성교육 노하우 3 - 인성교육과 EQ + 예절 교육 - (동아일보)	유대인 아버지의 4차원 영재교육 (동아일보) - 아버지 신학 -	탈무드 4 : 탈무드의 생명력 (이하 동)
5	현용수의 인성교육 노하우 4 - 다문화 속 인성 ·국가관 - (동아일보)	자녀들아, 돈은 이렇게 벌고 이렇게 써라 (쉐마) - 경제 신학 -	탈무드 5 : 탈무드 잠언집 (이하 동)
6	문화와 종교교육 (쉐마) - 박사 학위 논문을 편집한 책 -	자녀의 효도교육 이렇게 시켜라 (쉐마) 전3권 - 효 신학 -	탈무드 6 : 탈무드의 웃음 (이하 동)
7	IQ · EQ박사 현용수의 쉐마교육 개척기 (쉐마) - 자서전 -	신앙명가 이렇게 시켜라 (쉐마) 전2권 - 가정 신학 -	옷을 팔아 책을 사라 (원저 빅터 솔로몬, 편저 현용수, 쉐마)
8	가정해체로 인한 인성교육 실종 대재앙을 막는 길 (쉐마) - 논문 -	성경이 말하는 남과 여 한 몸의 비밀 (쉐마) - 부부 · 성 신학 -	
9		성경이 말하는 어머니의 EQ 교육 (쉐마) 전2권 - 어머니신학 -	
10		한국형 주일가정식탁예배 예식서, 순서지 (쉐마) - 가정예배 -	
11		하나님의 독수리 자녀교육 (쉐마) - 고난교육신학 1 -	
12		유대인의 고난의 역사교육 (쉐마) - 고난교육신학 2 -	

이런 순서로 읽으세요 (전 36권)

인성교육론과 쉐마교육론

- 전체 유대인 자녀교육에 대한 개론을 알려면
  - 《IQ는 아버지 EQ는 어머니 몫이다》(전3권)
- 유대인을 모델로 한 인성교육의 원리를 이해하려면
  - 《현용수의 인성교육 노하우》(전4권)
- 인성교육론이 나오게 된 학문적 배경을 이해하려면
  - 《문화와 종교교육》(현용수의 박사 학위 논문)
  - 《IQ · EQ 박사 현용수의 쉐마교육 개척기》(현용수 박사의 자서전)
- 왜 기독교교육에 유대인의 선민교육이 필요한지를 알려면
  - 《부모여, 자녀를 제자 삼아라》(전2권)
- 쉐마교육론(교육신학)이 나오게 된 성경의 기본 원리를 알려면
  - 《잃어버린 구약의 지상명령 쉐마》(전3권)
    (쉐마와 자녀신학이 포함됨)
- 가정 해체와 인성교육과의 관계를 알려면
  - 《가정 해체로 인한 인성교육 실종 대재앙을 막는 길》

각 쉐마교육론을 더 깊이 연구하려면 다음 책들을 읽으세요

- 아버지 신학 《유대인 아버지의 4차원 영재교육》
- 경제 신학 《자녀들아, 돈은 이렇게 벌고 이렇게 써라》
- 효 신학 《자녀의 효도교육 이렇게 시켜라》(전3권)
- 가정 신학 《신앙명가 이렇게 세워라》(전2권)
- 부부 · 성신학 《성경이 말하는 남과 여 한 몸의 비밀》
- 어머니 신학 《성경이 말하는 어머니의 EQ 교육》(전2권)
- 가정예배 《한국형 주일가정식탁예배 예식서》(별책부록: 순서지)
- 고난교육신학 1 《하나님의 독수리 자녀교육》
- 고난교육신학 2 《유대인의 고난의 역사교육》

앞으로 더 많은 교육 교재가 발간될 예정입니다. 계속 기도해 주세요.